Ins Netz gegangen

Mein Leben mit einem Nachwuchskicker zwischen Schulbank und Torjubel

Susanne Amar, geboren 1967 in Bonn, ist Autorin und Bloggerin zum Thema Jugendfußball. Als systemischer Coach unterstützt sie Fußballer-Eltern und Vereine und hält Impulsvorträge und Seminare mit dem Schwerpunkt effiziente Kommunikation zwischen Eltern und Trainern. Zuvor arbeitete sie 25 Jahre als freiberufliche TV-Producerin für verschiedene Produktionsfirmen und Fernsehanstalten. Susanne Amar ist verheiratet, Mutter von zwei erwachsenen Kindern und lebt in Köln.

Susanne Amar

Ins Netz gegangen

Mein Leben mit einem Nachwuchskicker zwischen Schulbank und Torjubel

Ein Handbuch für Eltern, Trainer, Betreuer

© 2. Auflage 2019 Susanne Amar, www.ins-netz-gegangen.info
Umschlag, Illustration: Barbara Thoben,
www.lnt-design.de
Coverfotos: © André Bezerra, www.andrebezerra.com, © Bayer 04
Leverkusen, © privat, © Frank Mausbach
Cover- und Autorenfoto: © Martin Rottenkolber,
www.rottenkolber.net
Lektorat, Korrektorat: Barbara Lauer,
www.lektoren.de/BarbaraLauer

Verlag: tredition GmbH, Hamburg

ISBN
Paperback   978-3-7439-5205-8
E-Book   978-3-7439-5206-5

Printed in Germany

Inhalt

JULI 2012 – HEUTE
DAS NACHWUCHSLEISTUNGSZENTRUM

Prolog
Januar 2015

Die Bundesliga startet in die Rückrunde.
Der 21. Januar ist Tag der Jogginghose.
Joshua ist Spieler der U17.

Vor einem halben Jahr ist die deutsche Nationalmannschaft in Brasilien Weltmeister geworden. Marco Reus hat nie eine Führerscheinprüfung abgelegt und fährt seit Jahren ohne den Lappen. Der BVB überwintert auf Platz 17 in der 1. Bundesliga. Laut Männermagazin *GQ* ist Jérôme Boateng der bestangezogene Mann Deutschlands. Bastian Schweinsteiger, Mesut Özil und Manuel Neuer haben sich nach der WM von ihren Freundinnen getrennt und Timo Horn heiratet zwei Tage vor dem Jahreswechsel seine Carina. Junior Malanda, Spieler von VFL Wolfsburg, stirbt bei einem Autounfall.

Egal welche Zeitung ich aufschlage, der Fußball ist überall – unerheblich ob es um Spielergebnisse, Transfers, Gerüchte darüber, wer mit wem zusammen ist, Urlaubsspots der Spieler oder so traurige Nachrichten wie im Fall von Junior Malanda geht. Im Sportteil der Tageszeitungen dominiert er, die Wirtschaftsressorts sind voll von der „Geldmaschine" Fußball, und auch aus den Rubriken „Gesellschaft" und „Lifestyle" ist er nicht mehr wegzudenken. Lese ich die *Gala* oder *Bunte*, stoße ich immer auf eine Fotostrecke über das „social life" der Schweinis, Ronaldos und Co., und der *Spiegel* kommt selten ohne einen Artikel rund ums Thema Fußball auf den Verkaufstisch. Aus der für viele Menschen „schönsten Nebensache der Welt" ist die wichtigste Nebensache der Welt geworden. Nur nicht für mich.

Seit meiner frühesten Jugend stehe ich mit dem Fußball auf Kriegsfuß. Wenn ich mich zurückerinnere, ist Fußball für mich immer mit Verzicht verbunden. Denn wegen des Sports ums runde Leder konnte ich oft am Samstagabend meine Lieblingssendung *disco* nicht schauen. Pünktlich um 18 Uhr hieß es bei meinem Vater nämlich *Sportschau* – ohne Wenn und Aber. Und auch von meinen Freunden hörte ich meistens: „Hab keine Zeit, die Sportschau kommt." Mann, war das langweilig.

In meiner Jugend habe ich verschiedene Mannschaftssportarten ausprobiert. Egal ob als Einzelkämpfer oder Mannschaftstyp – sich mit anderen zu messen, dieses Schneller, Höher, Weiter ist überhaupt nicht mein Ding. Nur das Laufen bleibt in all den Jahren mein ständiger Begleiter, regelmäßiges Yoga und Pilates runden mein Sportprogramm ab. Es dient mir als Ausgleich, zum Dampf ablassen und Energie tanken und ein Leben ohne Sport kann ich mir nicht vorstellen.

Ich verstand also grundsätzlich die Leidenschaft für Fußball als Sport. Aber ich teilte sie nicht. Was ist toll daran, dass elf Spieler hinter einem Ball herlaufen? Grölende Fans ihre Mannschaft lautstark anfeuern? Erwachsene Männer weinen, wenn der Lieblingsverein absteigt?

Aber genau das ist die Welt unseres Sohnes, das liebt er mehr als alles andere auf der Welt. Fußball ist seine Leidenschaft, dafür brennt er seit der Kindergartenzeit. Im Alter von sieben Jahren nimmt er am Probetraining im ansässigen Verein teil. Und wird genommen ...

Das ist nun zehn Jahre her, und seitdem hat sich mein Leben in ungeahnter Weise verändert. Durch unseren Sohn Joshua werde ich unfreiwilligerweise in den Fußballzirkus gezogen. Denn er gehört zu den ca. 2,2 Millionen Jugendlichen, die unter dem Dach des Deutschen Fußball-Bundes kicken. Für unseren Sohn ist der Fußball alles. Mit ihm begebe ich mich auf eine Expedition in mir fremde Gefilde, er freudig erregt, ich mit einem sehr mulmigen Gefühl im Bauch.

Bin ich anfangs mit Trikotwaschen, dem Fahrdienst und Trostspenden beschäftigt, wenn ein Spiel verloren ist oder das aufgeschlagene Knie verarztet werden muss, kommen im Laufe der Jahre für mich sehr essenzielle Themen hinzu. Ist Trainern und Verantwortlichen eigentlich bewusst, wie sehr ihr Tun das Familienleben, insbesondere die Urlaubs- und Wochenendplanung, bestimmt? Und wir? Wie können wir der Schule und dem Fußball gerecht werden? Ist der wiederholte Muskelfaserriss ein Zeichen von Überforderung? Bedeutet er irgendwann für Joshua das fußballerische Aus? Kann er auch nach der Verletzung seinen Stammplatz behaupten?

Ich habe einige Jahre gebraucht, um zu akzeptieren, dass unser Sohn nicht nur Lust auf den Fußball hat, sondern ein Talent mitbringt. Lange habe ich diese Phase unter kindlichem Sichausprobieren verbucht. Doch dauert diese „Probezeit" bei uns bereits zehn Jahre ...

In dieser Zeit zeigt Joshua mir seine Leidenschaft, Ausdauer und Aufopferungsbereitschaft für den Sport. Ihn auf seinem Weg zu begleiten, sich mit ihm zu freuen über ein gewonnenes Spiel oder ein tolles Feedback durch den Trainer, zu zweifeln, wenn die nächste Verletzung den guten Trainingsstand wieder zunichtemacht, zu bibbern, wenn es um die Kaderaufstellung oder den nächsten Vertrag geht, aber auch einfach mal die Tränen zu trocknen, wenn gerade alles nicht rund läuft – all das möchte ich nicht missen. So wie sich Joshua als Nachwuchsfußballer entwickelt, lerne auch ich von Jahr zu Jahr immer mehr über den Fußball. Dinge, die mich staunen lassen, die mich überraschen, und manches, was mich sprachlos macht.

Natürlich quälen mich auch viele Fragen. Hat der Fußball im Alter von sieben Jahren noch sehr viele spielerische Züge, verändert er sich mit zunehmendem Alter. Und damit verbunden stehen auch die Eltern vor neuen Herausforderungen.

Ich will, dass unser Sohn eine gute Schulbildung bekommt, dass er das Fachabi oder Abitur macht. Geht beides? Sind Schule und Fußball nicht zu viel? Leidet die schulische Ausbildung unter der Doppelbelastung? Wie bekommt man Fußball und Familienleben unter einen Hut? Durch zunehmende Trainingstage in der

Woche und immer längere Anfahrten zu den Trainingsorten ist es für mich schwer, unseren beiden Kindern gerecht zu werden. Wie gleiche ich das aus, ohne mich selbst völlig aufzureiben?

Auch wenn ich Joshuas Sport kritisch gegenüber stehe, zolle ich ihm und seinem Fußball den größten Respekt. Ich bin unglaublich stolz auf ihn und den Weg, den er bisher gegangen ist – auch und gerade, weil der nicht immer leicht ist. Und ehrlich: Die Rollen zu tauschen – der „kleine" Joshua (mittlerweile überragt er mich um Haupteslänge) zeigt seiner erwachsenen Mutter seine Welt –, ist nicht das Schlechteste ...

Mein Buch richtet sich an Eltern, die auch so ein Exemplar zu Hause haben wie ich. Als Coach für Fußballer-Eltern erlebe ich oft Väter und Mütter, die sich in vielen Situationen hilflos fühlen und nicht wissen, wo sie Antworten für ihre Fragen, Ängste und Unsicherheiten finden können. Ich möchte daher anderen interessierten Familien zeigen, dass sie nicht alleine sind und es uns mit unseren fußballverrückten Kindern ähnlich ergeht. Je nach Alter erkennen sie die ein oder andere Situation wieder, lesen, was noch auf sie zukommen kann, oder entscheiden sich für einen anderen Weg. Denn im Fußball gibt es **den** richtigen Weg nicht. Entwicklungen können oft unterschiedlicher nicht sein.

Gleichzeitig möchte ich auch den Fachleuten – den Trainern und Verantwortlichen im Jugendbereich – vermitteln, wie unser Leben jenseits des Fußballplatzes mit einem Nachwuchsfußballer aussieht und welche Auswirkungen „ihre" Welt auf „unsere" Welt hat.

Ich erteile keine „Fußballtipps", sondern gebe meine Sicht auf den Fußball meines Sohnes wieder. Alle Abläufe und Zusammenhänge in meinem Buch sind so geschildert, wie sie sich mir in der Situation dargestellt haben. Ebenso möchte ich die beschriebenen Erlebnisse nur mit eben diesem Trainer, Physiotherapeuten, Arzt, Verein u. Ä. verstanden wissen und meine Erfahrungen nicht auf den jeweiligen Berufszweig verallgemeinern.

Juni 2005 – Juni 2008

Der Traditionsverein

JUNI 2005

BRASILIEN GEWINNT DEN CONFEDERATIONS CUP GEGEN
ARGENTINIEN IN DEUTSCHLAND.
DER BRAUNBÄR IST WILDTIER DES JAHRES.
JOSHUA BESTREITET SEIN ERSTES PROBETRAINING.

„Hey, Mama. Yannick hat mir heute erzählt, dass die morgen Probetraining haben. Du weißt doch, die suchen einen neuen Spieler." Er schnauft. „Yannick hat gefragt, ob ich komme. Ich will da echt gern hin." Kurze Pause. „Hab mich eigentlich schon angemeldet."

Mit den Worten kommt Joshua kurz vor den Sommerferien 2005 aus der Schule. Mir schießt der Gedanke durch den Kopf: Was machen wir nur falsch? Warum bloß Fußball?! Joshua könnte doch auch schwimmen oder Leichtathletik machen.

Natürlich machen wir nichts falsch, und für Joshua würde es nie einen anderen Sport geben. Er ist sozial, gesellig, ist ein Teamplayer und misst sich gerne mit anderen. Da ist klar, dass er nur einen Mannschaftssport ausüben kann.

Ich kann es nicht so richtig erklären, aber mich schrecken die Vereinsmeierei und die Tatsache ab, womöglich viele Nachmittage mit Eltern zusammen am

17

Spielfeldrand zu verbringen, deren Leben einzig aus Fußball besteht. Ich sehe schon Fußball-Väter, ähnlich wie Schlittschuh-Mütter, vor mir, die selbst sportlich nie erfolgreich waren, in ihrem Kind aber nun die Chance sehen, ihren Traum zu verwirklichen. Oft wird ein solcher Druck auf den Nachwuchs ausgeübt, dass es mir Sorgen macht. Es ist der Mix aus all dem, der mich dem Thema Fußball kritisch gegenüber stehen lässt.

Dass dieser Ballsport wie kaum eine andere Sportart die Massen bewegt und verbindet, verwundert mich dennoch nicht, da sprechen die Zahlen für sich: Laut aktueller Mitglieder-Statistik 2015 sind knapp 91.600 Junioren-Mannschaften von G- bis A-Jugend im Deutschen Fußball-Bund gelistet.

„Der Fußball ist einer der am weitesten verbreiteten religiösen Aberglauben unserer Zeit. Er ist heute das wirkliche Opium des Volkes."

Umberto Eco[1]

Mein Mann und ich waren uns früh einig, dass wir Joshua nicht in einem Fußballverein anmelden wollen. Wäre es nach unserem Sohn gegangen, dann wäre er bereits bei den Bambini eingestiegen. Joshua war schon immer ein Kind, das bei Wind und Wetter draußen spielt und gerne tobt. Mit der Zeit entwickelte er immer mehr Lust am Fußball.

Uns war bewusst, dass wir ihm eine Möglichkeit bieten müssen, seinen Bewegungsdrang und die Lust am Ball auszuleben. Aber muss es unbedingt ein Verein sein? Gibt es nicht auch Alternativen? Ich machte mich auf die Suche und fand eine Fußballschule, die in den Ferien Fußballcamps anbietet. Kompakt, zeitlich begrenzt und keine Verpflichtungen – perfekt.

Das erste Mal nimmt Joshua in den Osterferien 2005 teil – von Montag bis Freitag zwischen 9 und 16 Uhr dreht sich alles nur um Fußball.

Zu Campbeginn sind wir pünktlich am Trainingsgelände. Hier geht es zu wie in einem Flohzirkus. Jungs und vereinzelte Mädels laufen aufgeregt umher, einige in den aktuellen Bundesliga-Trikots ihres Lieblingsvereins, ausgestattet in kompletter Montur mit Schienbeinschonern, Stutzen und Fußballschuhen, andere mit T-Shirt, Trainingshose und Turnschuhen, dazu einen Rucksack mit Wechselklamotten. Dazwischen Mütter und vereinzelte Väter.

Jungs, die sich aus früheren Camps kennen, begrüßen sich, die Neulinge harren der Dinge, die kommen werden. So auch Joshua und ich.

Treffpunkt ist vor dem Gebäude der Fußballschule. Dort werden alle bereits von den Trainern erwartet. Jedes Kind wird vom Chef-Trainer einzeln aufgerufen, begrüßt und seinem Team zugewiesen. Als hätte er damit nicht schon genug zu tun, muss er zwischendurch immer wieder Fragen besorgter Eltern beantworten. „Wenn es regnet, wird dann auch trainiert?", will eine Mutter wissen. „Mein Sohn hat keine Regenjacke dabei." – „Mein Sohn kennt hier keinen. Ich weiß nicht, ob ihm das gefallen wird", meint ein Vater.

Joshua ist auch allein hier, aber weder er noch ich haben Sorge, dass es ihm nicht gefallen könnte. Die Fußballschule und das Trainerteam machen auf mich einen sehr netten Eindruck. Viele Trainer sind Sportstudenten mit angehender Trainerlizenz. Und Joshua freut sich schon, seitdem er angemeldet ist.

Nachdem Joshuas Trainer seine jungen Spieler beisammen hat, machen sie sich auf den Weg zum Trainingsgelände. Vorher dreht sich Joshua zu mir um und sagt: „Tschüss, Mama. Du kannst jetzt gehen."

Die nächsten sieben Stunden wird er nun in seiner Welt sein – er wird auf Kinder treffen, die genau so viel Spaß am Fußballspiel haben, sie werden gemeinsam erste Spieltechniken ausprobieren und beim Mittagessen die Fußballwelt Sechsjähriger in ihren Dimensionen erörtern. Das geht von Spielern und Lieblingsvereinen über Fußballschuhe bis hin zu Sammelbildern.

Als ich Joshua nachmittags abhole, erlebe ich eins der Phänomene, die mir bis heute zuwider sind: Eltern, die nach dem Training zum Trainer laufen und wissen wollen, wie ihr Kind „sich denn gemacht hat". Was soll mir ein Trainer nach einem Tag mit meinem Sohn sagen? Soll er den kommenden Ronaldo prophezeien? Reicht es nicht aus, dass die Kids Spaß an der Sache haben? Aber genau das kann ich am besten von meinem Sohn persönlich erfahren.

Joshua kommt verschwitzt mit seinem Rucksack auf mich zu gerannt. „Mama, das war super!", sagt er ganz außer Atem, „ich habe heute drei Tore geschossen. Und wir mussten mit dem Ball um so Hütchen herum spielen. Das ist echt ganz schön schwer."

Plappernd gehen wir zum Auto. Müde und glücklich steigt er ein und wir fahren nach Hause. Auf dem Weg schläft er bereits zufrieden ein.

Unser Sohn freut sich auf die nächsten Tage. Jedes Mal hole ich ihn strahlend und angefüllt mit neuen Eindrücken ab. Er ist glückselig, und wenn er glücklich ist, bin ich es auch.

Am Ende der Woche erhalten alle Kinder eine Urkunde dafür, dass sie am Fußballcamp teilgenommen haben. Stolz wie Oscar zeigt mir Joshua seine. Ich glaube, das ist das erste Mal, dass er überhaupt eine Auszeichnung erhalten hat.

Als Joshua und ich seine Sachen einpacken, kommt sein Trainer auf mich zu. „Wir sind ja nicht nur eine Fußballschule, sondern auch ein Verein mit Spiel- und Trainingsbetrieb. Haben Sie schon mal daran gedacht, Joshua in einem Verein anzumelden?", fragt er mich.

Jetzt nicht auch noch der, denke ich. „Ja, mein Mann und ich haben mal darüber nachgedacht, finden aber, dass er noch zu jung ist. Er ist gerade in der 1. Klasse, und das regelmäßige Training in einem Verein finden wir ein bisschen viel." Während ich das sage, wird mir selber klar wie dünn die „Erklärung" ist.

„Ihr Sohn hat gute Anlagen. Er hat ein gutes Gespür für den Ball, bewegt sich gerne und kann gut das umsetzen, was wir in kleinen Schritten den Jungs vermitteln. Denken Sie mal drüber nach."

Ich verspreche es und wir verabschieden uns mit den Worten, dass er in den Sommerferien wiederkommen wird. In den folgenden Jahren werden einige dieser Gespräche mit dem Jugendleiter der Fußballschule folgen.

Im Auto stellt Joshua natürlich wieder die „Gretchen-Frage", warum er nicht im Verein spielen darf. Meine Antwort, dass wir mal schauen, vertröstet ihn vorerst. Ich weiß aber, dass ihn das dauerhaft nicht befriedigen wird.

Joshua nimmt aus der Fußballwoche nicht nur den Spaß mit, sondern erhält einen Eindruck davon, wie es ist, unter Anleitung eines Trainers Fußball zu spielen und dabei Fertigkeiten zu erlernen. Etwas, was er bisher nicht kannte.

Oft müssen die Jungs aus der Nachbarschaft oder seine drei Jahre ältere Schwester samt Freundinnen ran. Für sie steckt natürlich nicht so viel Ernst hinter der Sache, wie für unseren Sohn. Kopflos laufen sie hinter dem Ball her, versuchen auf irgendeins der kleinen Tore zu schießen, merken sich nicht in welcher „Mannschaft" sie spielen und ein heilloses Durcheinander herrscht. Es ist meist nur eine Andeutung von Spiel erkennbar und für Joshua nicht das, was er will.

Im Zeitalter der „Wilden Kerle" sind alle Kindergeburtstage der Jungs Fußballgeburtstage – entweder wird der Nachmittag auf einer Wiese mit Ball verbracht oder in den zahlreichen neu etablierten Soccerhallen. Auch in diesem Rahmen ist Joshuas Affinität zum Ballsport deutlich erkennbar. Das kann schon mal zum Eklat führen, wenn die anderen Jungs nicht die gleiche Leidenschaft wie unser Sohn zeigen. Ich erinnere mich an einen Geburtstag, der im Streit und unter Tränen endet, weil Joshua nicht einsehen will, dass nicht jeder den ganzen Nachmittag kicken möchte. Bereits hier ist schon ein gewisser Wahnsinn erkennbar ...

Mein Mann und ich merken seit dem Fußballcamp, dass Joshua die bisherigen Angebote nicht mehr ausreichen. Immer öfter nörgelt er, dass seine Freunde heute mal wieder keine Lust hatten mit ihm zu spielen. Bei ihm ist es wie bei Menschen, die von etwas infiziert sind – entweder ganz oder gar nicht, ein bisschen geht nicht. Die Zeit auf irgendeiner Wiese scheint vorbei zu sein, daher verwundert es uns beide nicht, als Joshua mit der Hiobs-Botschaft nach Hause kommt, dass er zum Probetraining gehen will, um in einem Verein zu spielen.

Schnell finden mein Mann und ich uns in einer Pro und Contra-Diskussion wieder. Auch wenn ich selbst nichts für Mannschaftssport übrighabe, weiß ich, wie wichtig er für das Erlernen der sogenannten Social Skills ist.

Soziale Kompetenzen wie Teamfähigkeit, Respekt, Toleranz und Fairplay werden nirgendwo so einfach vermittelt wie in einem Mannschaftssport. Siege und Niederlagen zu verarbeiten und nicht nur für sich selbst, sondern für die ganze Mannschaft Verantwortung zu übernehmen, sind wichtig für eine gesunde Persönlichkeitsentwicklung. Je früher erlernt, desto besser lassen

> sie sich auf andere Lebensbereiche übertragen. Eine
> Menge an Fakten, die für den Sport sprechen.

Aber ... Ich will keine Fußballmami sein, will nicht jeden Samstag auf dem Fußballplatz stehen, will meine Freizeit nicht mit fußballverrückten Eltern verbringen. Drei dürftige Punkte auf der Contra-Seite. Und alle haben nur mit mir zu tun.

Sollten diese Ego-Punkte Grund genug sein, dass Joshua niemals seiner Leidenschaft nachgehen darf? Wir haben unsere Kinder früh zu Offenheit und Toleranz für Menschen und Dinge erzogen. Sollte ausgerechnet ich mich einem Thema verschließen, ohne wirklich etwas darüber zu wissen? Man muss die Kirche auch mal im Dorf lassen. Joshua will ja nicht Mitglied der Hells Angels werden, sondern nur in einem Fußballverein.

Am nächsten Tag steht Joshua bereits Stunden, bevor es losgehen soll, in seinem viel zu großen Podolski-Trikot, Fußballhose bis über die Knie und den neuen Fußballschuhen in der Tür.

„Wir müssen pünktlich sein", ermahnt er mich zum wiederholten Male.

„Nur weil du es mir immer wieder sagst, wird das Training auch nicht früher beginnen", antworte ich langsam entnervt, merke aber auch in mir ein leichtes Kribbeln aufsteigen.

Bisher musste sich unser Sohn außerhalb der Schule noch nie einer Fachmeinung stellen. Ein Probetraining ist nämlich nichts anderes als eine Bewerbung und damit Beurteilung seines sportlichen Könnens. Ich bin gespannt, wie er diese Situation meistern wird. Die Chancen stehen zwar ganz gut, doch als Mutter mache ich mir auch Gedanken darüber, wie er damit umgehen wird, wenn der Trainer sich vielleicht nicht für ihn entscheidet.

Schweigend fahren wir die kurze Strecke zum Trainingsgelände. Joshua steigt aus dem Auto und nimmt seinen Rucksack. Da wir allein auf dem Parkplatz sind, darf ich ihn fest drücken und wünsche ihm viel Glück – das Alter, in dem Zärtlichkeiten in der Öffentlichkeit nicht mehr gewünscht sind, ist zu meinem Leidwesen gekommen. Dann stapfen wir beide los und stellen uns unseren neuen Herausforderungen.

Auf dem Platz angekommen, begrüßen wir den Trainer und die Eltern. Joshua freut sich, seinen Freund Yannick zu sehen, der ihn direkt mit in die Umkleide nimmt. Ich bin froh, dessen Eltern zu treffen, und fühle mich nicht ganz so fremd. Eltern wie Spieler kennen sich teils schon seit Jahren, haben eine gemeinsame Fußballhistorie und sind eine eingeschworene Gemeinschaft. Als möglicher Neuzugang muss man sich erst einmal dort hineinfinden.

Während sich zwei weitere Mütter zu uns gesellen, werde ich von ihnen mit den wichtigsten Informationen versorgt. Erst mal lerne ich ihre Jungs kennen, als die Mannschaft an uns vorbei auf dem Weg zum Platz ist. Dann erfahre ich, wann die Trainingstage und -zeiten sind, dass Samstagvormittag in der Regel die Spiele angesetzt sind und es eine Mannschaftskasse gibt. Bevor das Probetraining beginnt, bin ich bereits bestens informiert.

Mir fällt auf, dass die Eltern – größtenteils Mütter, ich entdecke zwei Väter – bleiben und ihren Söhnen beim Training zuschauen.

Entspricht natürlich dem Klischee, wie ich den Fußball bisher sehe, und ich denke bei mir, hoffentlich packen sie nicht auch noch die Thermoskanne aus. Aber so weit kommt es nicht, und mit Trainingsbeginn liegt mein Fokus auf Joshua.

Trainer und Co-Trainer, Yannicks Vater Frank, stellen Joshua der Mannschaft vor und teilen den Jungs mit, dass er heute mit ihnen trainieren wird. Dann wird zum Aufwärmen ein Fangspiel gespielt. Joshua orientiert sich anfangs noch sehr an Yannick, bekommt aber schnell immer mehr Sicherheit.

Hier kann er also mitspielen, wenn sie ihn aufnehmen, denke ich, während die Jungs über den Platz rennen.

Danach beginnen die ersten Übungen mit dem Ball. Das runde Leder muss am Fuß um verschiedene Hindernisse geführt und abschließend aufs Tor geschossen werden. Joshua ist voll konzentriert bei der Sache, versucht, das umzusetzen, was von Trainerseite vorgegeben wird. Ist er nicht dran, beobachtet er die anderen Spieler. Wenn es mal nicht klappt, ärgert er sich schnell, wird von den Trainern motiviert, es noch mal zu versuchen.

Ich merke, wie in mir die Spannung steigt. Was halten sie von Joshua? Nach welchen Kriterien werden

Spieler in der F-Jugend überhaupt ausgewählt? Welche Voraussetzungen muss ein Spieler mitbringen? Fragen, die ich mir bis dahin noch nie gestellt habe und nicht beantworten kann.

Den Großteil des Trainings macht das Spiel aus. Joshua ist zusammen mit Yannick in einer Mannschaft. Eine Mutter, deren Sohn seit Beginn in der Mannschaft kickt, fragt mich, auf welcher Position Joshua gern spielt. Woher soll ich denn so etwas wissen? Ich habe keine Ahnung, dass es überhaupt verschiedene Positionen im Fußball gibt. Ich dachte, dass einfach fünf Jungs bzw. mit zunehmendem Alter elf Spieler hinter einem Ball herlaufen und aufs Tor schießen.

Noch nicht mal während des Spiels kann ich erkennen, dass Joshua im Sturm spielt. Das erklärt mir ein Vater, der unser Gespräch mitverfolgt hat.

„Ist Ihr Sohn Linkshänder?", fragt mich eben dieser Vater.

„Nee, wie kommen Sie denn darauf?", frage ich erstaunt zurück und kann mir beim besten Willen nicht vorstellen, dass das im Fußball eine Bedeutung haben könnte.

„Na ja, weil er Linksfuß ist", erwidert er.

„Weil er was ist?" ich weiß nicht, was er meint.

„Er schießt mit dem linken Fuß", erklärt er mir „und mit einem gehörigen Bums dahinter, wie man gerade gesehen hat. Das ist nicht so häufig. Der hat eine gute Größe, für den Sturm genau richtig."

Zwei Dinge habe ich gerade gelernt. Erstens, dass unser Sohn Linksfuß ist, obwohl er Rechtshänder ist und als Stürmer spielt. Und zweitens, dass besagter Vater wohl Ahnung vom Fußball hat oder so tut, als hätte er Ahnung. Was bei meiner Unwissenheit aufs Gleiche rauskommt.

Zum ersten Mal sehe ich unserem Sohn beim Fußballspielen in solch einem Umfeld zu und merke, wie viel Spaß ihm das macht. Habe ich ihm diesen Sport vielleicht viel zu lang vorenthalten? Hätte er viel früher beginnen sollen? Im Sport allgemein heißt es, wer erfolgreich sein will, muss früh anfangen. Was ist früh? Ist es jetzt schon zu spät? Und was ist denn erfolgreich?

Das Probetraining neigt sich dem Ende zu. Die Spieler sammeln Bälle und Hütchen ein und versammeln sich beim Trainerteam. Der Trainer sagt ihnen, dass sie heute gut trainiert haben, und gibt noch ein paar Infos zum Spiel am kommenden Wochenende. Dann verschwinden die Jungs in der Kabine, außer Joshua. Er kommt mit dem Trainer auf mich zu. Jetzt bin ich schon sehr gespannt, was er sagen wird. Wird er schon heute eine Entscheidung treffen?

Joshua hat seine Sache anscheinend ganz gut gemacht, denn der Trainer möchte ihn als Spieler in der F-Jugend haben. Ihm hat gefallen, wie viel Spaß Joshua am Training hatte, und er glaubt, dass er als Stürmer die Mannschaft unterstützen kann. Wir erhalten den Aufnahmeantrag und sollen ihm Bescheid geben, wie wir uns entscheiden. Joshua schaut mich erwartungsvoll an.

„Joshuas größter Wunsch ist es, in einem Verein zu spielen. Wenn er das hier kann, dann soll er das machen", sage ich.

Mein Mann und ich stehen zu unseren Absprachen.

Der Trainer erklärt uns noch die wichtigsten Verhaltensregeln – Pünktlichkeit, respektvoller Umgang untereinander und rechtzeitiges Entschuldigen bei Nichtteilnahme am Training bzw. Spiel. Ab sofort heißt es nun: montags und donnerstags Training für mich und am Wochenende Spiel für meinen Mann.

Joshua ist total verschwitzt und dreckig, aber dafür überglücklich und angefüllt mit vielen neuen Eindrücken. „Mama, das war cool. Ich spiele jetzt Fußball", sagt er mit leuchtenden Augen. Obwohl es um Fußball geht, freue ich mich sehr für ihn. Denn wie dieser kleine Kerl mit einer Beharrlichkeit für seinen Traum einsteht und kämpft, macht mich sehr stolz.

Für uns alle wird sich die Freizeit nun verändern. Wie genau, das wird sich zeigen. Ich kann nur erahnen, dass Spiele zu unchristlichen Zeiten auf uns zukommen werden, regnerische und kalte Momente auf Fußballplätzen, in denen man lieber gemütlich auf dem Sofa liegen würde, Tränen, die es zu trocknen gilt, wenn wieder ein Spiel verloren ist. Ob ich langfristig bereit bin, die neue Welt unseres Sohnes zu unterstützen, bleibt abzuwarten.

August 2005

Sven Hannawald gibt das Ende seiner Skisprungkarriere bekannt.

Hurrikan Katrina verwüstet New Orleans.

Joshua ist Spieler der U8.

Nach den Sommerferien beginnt für Joshua das lang ersehnte Vereinsleben. Hier kennt jeder jeden, und viele wohnen seit Jahrzehnten im gleichen Viertel. Am Nachmittag bringen ganze Familien ihre Kinder zum Training. Vom ersten Tag an werde ich freundlich von jedem begrüßt – unabhängig davon, ob man sich kennt. Das vermittelt mir schnell das Gefühl von „Großfamilie und Dazugehörigkeit".

Ein Großteil der Trainer und Verantwortlichen hat schon als Knirps in diesem Verein gespielt, ist später in die Jugendmannschaften gewechselt und entweder noch heute im Seniorenbereich oder als Trainer aktiv oder dem Verein in anderer Form verbunden. Der Fußballklub hat sich früh auf die Fahne geschrieben, die Kids von der Straße zu holen und jeder Fußballerin und jedem Fußballer eine Heimat zu bieten. Die Jugendabteilung gehört daher zu einer der größten Deutschlands, und hier spielen die unterschiedlichsten Nationalitäten miteinander.

Das fällt mir auch auf, als ich Joshua zu seinen ersten Trainingseinheiten bringe. Auf dem Trainingsgelände wuseln Can aus der Türkei, Daniele aus Italien, Cedric aus Kroatien, Anthony aus Ghana, Ashkan aus dem Iran mit Luiz aus Brasilien und Lukas aus Deutschland herum. Gerade in den Jugendmannschaften wachsen die Kinder und Jugendlichen selbstverständlich mit einem multikulturellen Blick aufs Leben auf. Sie laden sich gegenseitig zu den Geburtstagen ein und teilen sich bei Turnieren ein Zimmer. Integration ist hier längst gelebter Alltag.

Das Training findet zweimal pro Woche bei Wind und Wetter statt. In den Wintermonaten wird von Dezember bis Februar einmal wöchentlich in der Halle trainiert.

Da ich für die Trainingstage zuständig bin, mein Mann für die Spieltage, haben Joshua und ich eine Regel aufgestellt: Ich bringe ihn zum Training, bleibe aber nicht da. Ich komme erst kurz vor Trainingsende zurück und schaue mir ein paar Minuten das Abschlussspiel an.

Viele Eltern finden es schön, ihre Kinder beim Training zu beobachten und einen Schnack mit den anderen Eltern zu halten. Genau dieses Am-Platz-Stehen ist eine meiner Horrorvorstellungen, die ich mit dem Fußball verbinde. Für mich ist es wichtig, dass es nicht mein Sport ist, sondern Joshuas Hobby. Was aber nicht bedeutet, dass ich kein Interesse daran habe. Denn das kann ich ihm auch anders zeigen als mit meiner Anwesenheit. Indem ich den Fahrdienst übernehme, die Sportklamotten wasche, mir nach dem Training von ihm berichten lasse, wie es war, mich mit ihm freue oder auch mal die Tränen trockne, wenn es „doof gelaufen ist". Oder indem ich ihn bei den Spielen hin und wieder anfeuere. Ich muss nicht dabei sein, denn ich traue unserem Sohn zu, dass er die anderthalb Stunden Training auch gut ohne mich bewältigen kann. Seine Schwester Grace habe ich im vergleichbaren Alter auch nur zu ihrem Schwimmkurs gebracht und wieder abgeholt, denn es war gar nicht erwünscht, dass Eltern dabei blieben.

Außerdem fehlt mir auch die Zeit. Wer wie wir noch eine ältere Tochter hat, will beiden Kindern gerecht werden. Auch Grace soll ihre Freizeitaktivitäten ausleben, und da der Fußballverein nicht weit von unserem Wohnort entfernt ist, kann ich während Joshuas Training nach Hause fahren und mich um sie kümmern. Oder ich nutze die Zeit und gehe mit unserem Hund spazieren.

Joshuas Mannschaft besteht dem Alter entsprechend aus 14 Spielern, dem Trainer und Co-Trainer – Väter zweier Söhne, die auch in der Mannschaft kicken – und Yannicks Vater, der als Betreuer unterstützt.

Nach den ersten Trainingswochen bemerke ich: Fußballer ist definitiv nicht gleich Fußballer.

Als Erstes fallen mir die auf, die genauso fußballver-rückt sind wie Joshua. Sobald sie den Ball am Fuß ha-ben, sind sie wie Wildpferde, die man freilässt. Sie lau-fen über den Platz, sie geben alles und sind in manchen Momenten schwer zu bändigen. In der Regel lassen sie sich wieder einfangen, sobald der Trainer spricht und Anweisungen gibt. Doch gilt das nicht für alle „Wild-pferde".

Im Team sind zwei Spieler, die kein Ende kennen und nicht verstehen wollen, wieso sich jeder nach dem richten muss, was der Trainer sagt. In dem Alter gilt eben noch nicht für alle „Der Trainer hat das Sagen und was der Trainer sagt, wird gemacht!", sodass es auch mal zu Diskussionen, Wutausbrüchen und manchmal sogar zum verordneten Trainingsabbruch kommt. Die Zeit bis zum Trainingsende muss dann in der Kabine abgesessen werden – nicht nur zu Hause gibt es erziehe-rische Maßnahmen.

Dann gibt es die Spieler, die gern Fußball spielen wollen, die den Sport aber noch sehr spielerisch sehen und denen der Ehrgeiz fehlt. Die während der Übungen herumblödeln, lachen und quatschen.

Oder Spieler, die sich noch nicht entschieden haben, ob Fußball für sie das Richtige ist, ihre Eltern aber gern möchten, dass sie den Sport ausüben. Die laufen dann eher lustlos herum und brauchen viel Motivation.

Und zu guter Letzt gibt es einen Spielertypus, der überhaupt kein sportliches Gen hat, dessen Talente in ganz anderen Bereichen liegen, der sich aber trotz allem nicht von seinem Wunsch, Fußball zu spielen, abbringen lässt. Obwohl er keine sportlichen Fähigkeiten mitbringt wie die anderen Spieler und eher Angst vor dem Ball hat, sei es beim Abschuss oder der Ballannahme, ist er doch Mitglied der Mannschaft. In den Spielen wird er vom Trainer eingewechselt, und die Spieler unterstützen ihn und „springen" für ihn ein, wenn er seine Position während eines Spiels nicht halten kann und vom Gegner überrollt wird.

Mir gefällt der Teamgedanke sehr gut, wird hier doch „gelebt", dass nicht jeder gleich ist, jeder aber Qualitäten mitbringt, die für eine Gemeinschaft wichtig sind. Die Selektion beginnt im Fußball wie im Leben noch früh genug, daher freue ich mich über jede Möglichkeit, in der die Kinder im Alter von sieben Jahren davon verschont bleiben.

Alle Spieler unter einen Hut zu bekommen, ist nicht leicht. Das Trainerteam führt jeden Spieler seinen Fähigkeiten entsprechend an den Fußball heran. Eine nicht immer leichte Aufgabe – so gehört mein größter Respekt den Trainern.

Im Kleinen erlebe ich ähnliche Szenarien auf den Geburtstagen von Grace und Joshua und weiß, was für starke Nerven oft dazu gehören. Ich stehe in Mitten einer Horde von Kindern. Die einen toben wild, die anderen streiten um den letzten Brownie, die letzte vergießt ein Tränchen, weil Freundin Mia lieber mit Pia und nicht mit ihr gemeinsam Sack hüpfen will. Jeder will zuerst drankommen, jedem muss sofort geholfen werden, jeder hat etwas ganz Wichtiges zu erzählen und ich muss ein Ohr für sie haben. So sehr ich die Feiern liebe, mich gern schon wochenlang in die Planung stürze, für jeden ein passendes Motto aussuche – für Joshua die Kletterparty oder die Soccerhalle, für Grace die Grusel-Übernachtungsparty. So glücklich ich bin, wenn meine Kinder und ihre Freunde Spaß haben, bin ich aber ebenso froh, dass der nächste Geburtstag erst wieder in einem Jahr ansteht.

Das Leben der „Wilden Kerle" ist vorbei

Da wir bereits den Antrag beim Westdeutschen Fußballverband gestellt haben, hat Joshua einen Spielerpass und ist damit berechtigt, an Meisterschaftsspielen teilzunehmen. Sein erstes Spiel ist aber weder ein Freundschafts- noch ein Ligaspiel. Joshua soll im Rahmen des Abschiedsspiels von Thomas „Icke" Häßler mit seiner Mannschaft am 22. August 2005 gegen die Mannschaft vom 1. FC Köln spielen. Das ist der letzte Tag der Sommerferien, und das Mannschaftstraining hat noch nicht begonnen.

„Wer ist Thomas Häßler?", fragt mich Joshua.

„Keine Ahnung", sage ich. „Lass uns mal im Internet schauen."

Schnell finden wir heraus, dass er ein sehr erfolgreicher Bundesligaspieler ist, über hundert Mal für die Nationalmannschaft auflief, Deutschlands Fußballer des Jahres wurde und nun seine aktive Karriere beendet.

Aber eigentlich ist das nebensächlich, für Joshua gibt es viel wichtigere Fragen.

„Bekomme ich ein Trikot und werde ich auch spielen?", fragt er mit großen Augen. „Sind da auch Zuschauer?" Und immer wieder: „Spielen wir wirklich in dem großen Stadion?". Das RheinEnergieStadion, in dem der 1. FC Köln kickt, kennt Joshua aus einer Führung, die er vor einiger Zeit mitgemacht hat, und ich weiß, wie sehr ihn die Größe damals beeindruckt hat.

Das fängt ja schon gut an. Kaum ist unser Sohn im Fußballverein, geht es nicht entspannt mit den ersten Trainingseinheiten los, sondern die Mannschaft startet mit etwas ganz Besonderem in die Saison. Wir werden beide direkt ins kalte Wasser geworfen und müssen schwimmen lernen.

Also, beste Voraussetzungen!, denke ich. Gut, dass Kinder in dem Alter noch so unbedarft sind.

Eine Stunde vor Anpfiff treffen wir uns mit den Trainern, Spielern und Eltern. Die erste Hürde ist für uns, den Treffpunkt zu finden. Ich kenne mich mit den verschiedenen Meeting-Points am Stadion nicht aus, und es sind doch zahlreiche Zuschauer gekommen, sodass es nicht leicht ist, die Mannschaft ausfindig zu machen. Nicht zu vergessen, dass es das erste Treffen seit dem Probetraining ist, ich kenne also bis auf die Eltern von Yannick niemanden.

Nachdem wir endlich auf die anderen aus der Mannschaft getroffen und Spieler und Trainer in die Umkleiden gegangen sind, suchen wir Eltern uns einen Sitzplatz auf der Tribüne. Einige Väter sind sehr aufgeregt, verbinden sie mit Icke Häßler eine langjährige Fußball-ära, die nun zu Ende geht. Dass ihre Söhne nun im Rahmen seines Abschieds auf dem heiligen Rasen spielen, erfüllt sie mit Stolz. Ich kann mich dem Gefühl nicht so anschließen, da ich das Außergewöhnliche daran nicht empfinde.

Als ich auf das Spielfeld blicke, ist mein erster Gedanke, wie sollen denn diese kleinen Kerle auf dem großen Feld spielen? Schnell klärt mich Yannicks Vater auf, dass sie auf einem Kleinfeld spielen.

Kleinfeld, lerne ich, ist eine Spielfläche von maximal 40 x 55 m, auf der pro Mannschaft sechs Spieler plus Torwart spielen.

Nach der formellen Begrüßung laufen unsere Jungs zusammen mit „Ickes Dream-Team" und dem All-Star-Team ins Stadion ein. Süß sehen sie aus mit ihren viel zu großen Trikots und Hosen, und ganz andächtig an der Hand eines Fußballers. Aber bevor die Großen spielen, sind erst mal die Kleinen dran.

Mit dem Anpfiff laufen zehn Jungs wie die Hühner hinter dem Ball her. Und wie ich vermutet habe, es ist ein heilloses Durcheinander. Die beiden Trainer gestikulieren am Spielfeldrand. Eltern um mich herum rufen und feuern die Jungs an. Was stecken da für Emotionen drin! Mütter, die auf mich eigentlich einen ganz ruhigen Eindruck machen, brüllen sich die Seele aus dem Leib. Ich weiß gar nicht, ob ich dazu je fähig wäre.

Ich rufe auch mal Joshuas Namen, wenn ich glaube, ihn am Ball ausmachen zu können, gehe aber in der Lautstärke des Stadions unter. Ein wirkliches Spiel kann ich nicht erkennen, weiß aber auch nicht wie ein Spiel in der Regel in dem Alter abläuft. Ich habe damit ja noch keine Erfahrung.

Josef Kelnberger beschreibt das in dem Buch *Mein Sohn, der Fußball und ich*[2] sehr treffend:

„Man stelle sich ein Kleinfeld, also die Hälfte eines normalen Fußballfeldes vor, darauf jeweils sechs junge Hunde (...) Sie bewegen sich in Rudeln über den Platz, mittendrin der Ball, und am Spielfeldrand Trainer und Eltern, die wie wild brüllen und irgendetwas herauslesen wollen aus dem Chaos (...) Die Hauptaufgabe der Trainer ist es, den Kindern beizubringen, in welches Tor sie schießen müssen und in welches der Gegner keinesfalls treffen darf. Die Halbzeitpause ist ein ganz gefährlicher Moment, weil verbunden mit einem Seitenwechsel."

So ähnlich erlebe ich das auch. Ich finde das Spektakel sehr amüsant, freue mich, dass die Spieler offensichtlich Spaß haben, und ich denke, es spricht für meine Unbefangenheit, dass ich mich nicht mehr daran erinnern kann, ob es überhaupt einen Sieger gab.

Nach 20 Minuten ist das Spiel vorbei, und eine Viertelstunde später kommen die Jungs umgezogen und mit roten Köpfen zu uns auf die Tribüne.

„Ich will eine Bratwurst", ist die erste Reaktion meines Sohnes. Von Aufregung keine Spur.

Auf die Frage, wie es denn war, antwortet er: „Ganz gut." Eine Antwort, die ich als Mutter „liebe". Interessant auch zu sehen, wie schnell sich die Anspannung bei Siebenjährigen legt und sie ganz schnell zur Normalität zurückkehren.

Mit der Bratwurst in der Hand sitzt Joshua auf meinem Schoß. Gemeinsam verfolgen wir das Abschiedsspiel. Das findet aber nur so lange Interesse bei ihm, bis die Wurst aufgegessen, das Wasser ausgetrunken und die Gespräche mit seinen Mitspielern erschöpft sind. Denn anderen beim Fußballspiel zuzuschauen steht nicht hoch im Kurs und wird schnell langweilig. Nicht nur bei Joshua bemerke ich das, bei den anderen Jungs ist es ähnlich. Das hat wohl mit dem Alter zu tun.

Nach der ersten Halbzeit machen wir uns mit der Mannschaft auf den Weg nach Hause zum Kraftsammeln. Denn morgen startet das langersehnte Mannschaftstraining.

Auch wenn Joshua leidenschaftlich gern Fußball spielt, muss er erst erlernen, was regelmäßiges Training bedeutet. Gerade im Sommer auf den Fußballplatz zu gehen statt mit den Freunden ins Freibad, ist anfangs nicht einfach und mit vielen Diskussionen verbunden. Klar kann man auch mal eine Einheit ausfallen lassen. Würde das aber jeder Spieler machen, wüsste der Trainer nie, mit wem er rechnen kann. Und die fußballerische Ausbildung, die ja hinter jedem Training steckt, würde sehr darunter leiden. Oft höre ich in solchen Momenten von Joshua: „Dann höre ich eben auf."

Egal ob es um Fußball oder etwas anderes geht – ich finde es wichtig, dass Joshua lernt, dass es Regeln gibt, die man einhalten muss. Da er das noch nicht kennt, reagiert er erst mal mit Unwillen, wenn er keine Lust hat. Vollkommen in Ordnung, das gehört zum Lernprozess dazu. Unsere Aufgabe als Eltern ist es, ihn in dieser Entwicklung zu begleiten.

Vergleichbar mit der Schule. Da ist die Lust auch nicht immer die Gleiche. An den „blöden" Tagen müssen wir ihn davon überzeugen, dass auch die dazu gehören und er sich den Tag vielleicht dadurch ein bisschen leichter machen kann, dass er seine Freunde trifft oder wir uns am Nachmittag zu einem Eis verabreden, mit dem er sich dann belohnt.

Im Fußball ist es nicht anders. Im Vorfeld haben wir Joshua erklärt, dass er sich mit dem Eintritt in den Fußballverein dazu verpflichtet, regelmäßig zum Training zu gehen. Auch wenn ich Fußball anfänglich nicht so toll finde, helfen wir ihm dabei, eine Kontinuität zu entwickeln. Je älter er wird, desto besser gelingt ihm das.

Joshua weiß, dass er mit dem Fußball aufhören kann, wenn er nicht mehr möchte. Das aber nur zur Wintersaison oder am Ende einer Saison. Denn in einer Mannschaft verlässt man sich aufeinander, und so „mitten drin" lässt man seine Mitspieler und seinen Trainer nicht im Stich.

Exemplarisch für viele Spiele in der F- und E-Jugend ist mir Joshuas erstes Meisterschaftsspiel noch gut in Erinnerung. Für Ende September ist es empfindlich kalt, und es regnet in Strömen. Das macht Joshua nichts aus, er freut sich auf sein erstes Spiel. Ich stehe mit Boots, Regenjacke und Schirm auf dem Platz und beglückwünsche mich selbst: Willkommen in der Fußballwelt. Gewöhn dich an die Gänsehaut!

Schon vor dem Anpfiff sind die Jungs bis auf die Knochen nass, und auf dem Ascheplatz bilden sich die ersten Pfützen. Ich selbst bin eine Frostbeule, friere schnell und mir tun die Spieler leid, wie sie so durchgefroren auf dem Platz stehen. Aber so ist nun mal der Fußball – ist der Platz bespielbar, wird gekickt.

Die Eltern trinken Kaffee, fachsimpeln, geben Prognosen ab, halten den Gegner für gefährlich, wollen, dass unsere Jungs gewinnen. Ich stehe dabei und schweige, habe keine Ahnung und kein Gefühl. Vor allem in meinen Eisfüßen.

Anpfiff. Ich merke, wie ich plötzlich kleine Flugzeuge im Bauch habe – unser Sohn gibt sein Debüt als „Fußballer". Joshua spielt im Sturm. Er ist vom ersten Moment an hellwach und versucht, den Ball zu bekommen.

Weiß er, was er tun muss? Wird er der Aufgabe gewachsen sein? Wird er gut spielen? Auch wenn ich nicht weiß, was „gut" spielen bedeutet, hoffe ich, dass es ihm gelingt. Warum? Ist es Stolz? Verfalle ich schon jetzt in den Kampfgeist, sich mit anderen zu messen und der Bessere zu sein? Das, was mir für mich selbst nie wichtig ist?

Als Joshua das erste Mal auf das Tor zuläuft, halte ich den Atem an. Wird das runde Leder reingehen? Haarscharf verfehlt der Ball das Tor. Trainer und Eltern feuern ihn und die Mannschaft an. Zusammen mit seinem Stürmerkollegen, der die andere Seite abdeckt, machen sie beide ihre Sache ganz gut, stürmen immer wieder auf den Gegner zu. Sein Mitspieler gehört in die Kategorie Kicker, der für den Fußball alles gibt, ehrgeizig ist und nicht gut verlieren kann. Daher lässt er sich vom Gegner keinen Ball wegnehmen.

Immer wieder gelingt es Joshua, sich den Ball zu holen und auf das Tor zu laufen. Beim dritten Anlauf ist es endlich soweit. Er zieht mit links ab und der Ball ist im Tor!!

Die Jungs fallen sich um den Hals – eher etwas unbeholfen und noch nicht so geschmeidig wie die Profis. Der Jubel bei ihm, seinen Mitspielern, den Trainern und Eltern ist groß. Ich vergesse vor Freude sogar meine Eisfüße.

Schnell folgen Tor Zwei und Drei durch seine Mitspieler. Jedem auf dem Fußballplatz ist klar, dass unsere Mannschaft dem Gegner überlegen ist. Sogar mir.

Nächste Aktion Joshua. Wieder gelingt es ihm, seine Gegner zu umspielen und torgefährlich in die gegnerische Hälfte zu gelangen. Der Torwart sieht das, kommt weit aus dem Kasten gelaufen. Joshua hat die Chance auf ein leeres Tor zu schießen und den Ball zu versenken. Er zieht mit links ab, verzieht, und der Ball landet weit neben dem Tor.

„Na, der hätte aber drin sein müssen. Den hätte er ja reinrollen können. Ein größeres Geschenk konnte der Torwart ihm nicht machen", höre ich einen Vater aus unserer Mannschaft zum anderen sagen.

Na ja, ist ja nur Fußball. Darf man alles nicht so ernst nehmen, denke ich. Mich in das Gespräch einzumischen kommt mir gar nicht in den Sinn.

Joshua gelingen in dem Spiel noch drei oder vier Tore. Ebenso oft schießt er aber auch an dem fast leeren Tor vorbei, wenn der Torhüter zu weit herauskommt. Als braucht er das Spiel Auge in Auge mit dem Gegner, um erfolgreich zu sein. Ein Phänomen, das bei Trainern und Eltern für große Belustigung sorgt.

Am Ende gewinnt Joshuas Mannschaft, ich glaube, sogar im zweistelligen Bereich, alle sind glücklich, und unserem Sohn ist ein guter Einstieg gelungen. Eigentlich ist mir das Ergebnis egal. Ich freue mich viel mehr darüber, dass er so viel Spaß am Fußball hat.

Legendär in allen Jahren ist auch ein Nachholspiel. Da viele Vereine auf Asche spielen, kann es passieren, dass bei Dauerregen der Platz gesperrt wird. Dann kann das Ligaspiel nicht stattfinden und muss nachgeholt werden.

Besagtes Spiel ist mitten in der Woche um 17 Uhr. Das ist immer kritisch, denn die Jungs sind zu dem Zeitpunkt nach einem langen Schultag einfach platt und die Ergebnisse oft dementsprechend.

Joshua sitzt die gesamte Fahrt gähnend im Auto. Ich sehe ihm an, dass er sich lieber faul aufs Sofa legen würde, als gleich spielen zu müssen. Als ich in die Gesichter der anderen Jungs blicke, merke ich, dass es denen nicht anders geht.

Mit müden Füßen laufen sie sich warm, ihr Trainer versucht, sie darauf einzuschwören, die nächsten zweimal 20 Minuten ihr Bestes zu geben. Leichter gesagt als getan.

Schon in den ersten paar Minuten will nichts gelingen. Der Ball wird irgendwohin geschossen, nur nicht dahin, wo ein Spieler der eigenen Mannschaft steht. Viele Zweikämpfe gehen verloren, weil der Gegner schneller am Ball ist. Die Beine wollen anscheinend nicht so wie der Geist. Die Abwehr ist auch nicht hellwach und es verwundert niemand, dass es nach der ersten Halbzeit bereits 2:0 für die gegnerische Mannschaft steht.

Der Frust ist groß, die Trainer versuchen zu motivieren. In der zweiten Hälfte kommt es zu dem gefährlichen Moment, von dem Josef Kelnberger schreibt: das „richtige" Tor.

Es herrscht Tumult im Strafraum, und Joshua, der den Ball auf den Fuß bekommt, zieht ab. Tor! Aber leider ins eigene ... Joshua hat ein Eigentor geschossen!

So schnell kann ich gar nicht gucken. Und ohne Fernsehkameras keine Wiederholung.

O je, das ist nicht gut!, denke ich.

Unkonzentriert und müde, trotz allem bemüht, erfolgreich zu sein, hat er einfach drauflos geschossen.

Um es kurz zu machen – danach sind Joshua und viele seiner Mitspieler so von der Rolle, dass gar nichts mehr geht. Sie verlieren, sein Trainer versucht, Joshua aufzumuntern, dass so etwas schon mal passieren kann, dennoch geht er geknickt vom Platz.

„Als ich sah, dass der Ball im Tor war, dachte ich: große Scheiße!"

Christoph Kramer, Fußballspieler[3]

Als Mutter tut es immer weh, seine Kinder leiden zu sehen, und es ist nicht immer leicht auszuhalten. Ich nehme Joshua in den Arm, mache ihm klar, dass so etwas passieren kann, er den Kopf nicht hängen lassen soll und das auch schon den besten Profis passiert ist. Selbst der „Kaiser" Franz Beckenbauer kommt auf vier Eigentore während seiner aktiven Zeit, und Michael Ballack hat im Spiel zwischen Bayer 04 Leverkusen und SpVgg Unterhaching die bereits sicher geglaubte Meisterschaft 1999/2000 durch seinen unabsichtlichen Torerfolg verspielt.

„Fußball ist nicht alles. Ist doch nur ein Spiel", darf ich zu dem Zeitpunkt noch sagen. Ich glaube, ein Satz, der Fußballfans ganz schnell auf die Palme bringen kann, und im Laufe der Zeit auch Joshua nicht mehr tröstet.

Ich kenne das von mit selbst. In Situationen, in denen der Frust groß ist, will ich eigentlich nichts mehr hören, nur noch meine Ruhe haben und allein sein. Aber Joshua wäre kein „richtiger" Fußballer, wenn er nicht wie die Profis mit einer Niederlage umgehen würde. Nach dem Spiel lässt er seinen Gefühlen freien Lauf und ist im nächsten Training wieder fokussiert auf das ausstehende Fußballduell am Wochenende.

Neben seinem starken Linksfuß bringt Joshua eine gute Fitness mit. Er tobt sich körperlich gern aus und ist auch bei schlechtem Wetter draußen. Ich bin mit ihm viel im Wald unterwegs, er klettert über Stock und Stein oder regelmäßig in der Kletterhalle mit seiner Tante. Wir unternehmen viel mit dem Fahrrad, und er liebt Rollerblades und sein Skateboard. Schon zu der Zeit ist er für sein Alter sehr groß. Obwohl Joshua agil ist, zeigt sich schnell, dass er im Spiel lauffaul ist. Zwischen seinem Trainer und ihm entwickelt sich im Lauf der Zeit daher ein sehr unterhaltsames Auswechselritual.

Auch wenn es in der U8 „nur" zweimal 20 Minuten sind, ist das schon eine lange Zeit in dem Alter. Und was er und seine Mitspieler noch nicht wirklich können, ist, ihre Kräfte richtig einzusetzen. Da wird ab der ersten Minute Gas gegeben, dass man glaubt, Gollum sei hinter ihnen her. Dass ihnen dann die Puste ausgeht, kein Wunder. Merkt der Trainer, dass sie nicht mehr können, wechselt er die Spieler aus.

Wegen seiner Torgefährlichkeit spielt Joshua von Anfang an. Er gehört zu denen, die spielen wollen und es eigentlich doof finden, keine Energie mehr zu haben. Er verlangt sich in der Beziehung aber auch nicht alles ab.

Daher kann es schon mal passieren, dass Joshua den Wechsel selbst fordert.

„Trainer, ich kann nicht mehr, ich muss raus", signalisiert er dann bereits vor der geplanten Auswechslung.

„Was macht er denn da?", frage ich in die Runde der umstehenden Eltern, als ich das erste Mal erlebe, wie Joshua gestikulierend in Richtung Trainerbank läuft.

„Der kann nicht mehr. Das macht dein Sohn immer so. Es kann gleich auch passieren, dass er wieder eingewechselt wird, wenn er wieder Puste hat", werde ich aufgeklärt.

Und so kommt es dann auch. Joshua trinkt etwas, setzt sich ein paar Minuten auf die Bank und steht dann wieder neben seinem Trainer und bittet darum, eingewechselt zu werden.

In der E- und F-Jugend kann während eines Spiels so oft ein- und ausgewechselt werden, wie der Trainer möchte.

Ich finde das sehr befremdlich, habe ich doch das Gefühl, dass hin und wieder unser Sohn entscheidet und nicht immer der Trainer. Erst viel später wird mir klar, dass dahinter ein pädagogischer Ansatz steckt. Was soll ein Trainer mit Spielern machen, die einfach keine Kraft mehr haben? Die bleiben irgendwann stehen und sind keine Hilfe für die Mannschaft. Denn im Alter von sieben, acht Jahren lernen die Jungs ihren inneren Schweinehund erst kennen. Sie haben einfach noch nicht den

Biss, alles, aber auch wirklich alles zu geben. Das zu erzwingen würde auf Kosten der Lust gehen. Und genau das erkennt der Trainer. Er holt individuell aus ihnen heraus, was geht, nimmt ihnen aber trotzdem nicht den Spaß. Für unseren Sohn bedeutet das, dass es hin und wieder Spiele gibt, in denen er aus- und wieder eingewechselt wird.

Für Joshua ist sein Trainer im Laufe der drei Jahre Vereinszeit die Basis für seine Fußballentwicklung. Er ist streng und leistungsorientiert, ist mit Leib und Seele bei der Sache, und man merkt ihm an, wie viel Spaß ihm die Arbeit mit den Spielern macht. Zusammen mit seinem Co-Trainer vermittelt er ihnen das 1x1 des Fußballs, schafft die Grundlagen für Koordination und Kondition, Dribbling und Torschuss. Er brennt für den Fußball – egal ob als Coach neben dem Spielfeld oder als Seniorenkicker auf dem Feld. Er kann sich über ein Tor genauso wie die Jungs freuen, lässt seinen Gefühlen freien Lauf und stellt sich wie ein Löwe vor die Mannschaft, fühlt er sie vom Schiedsrichter ungerecht behandelt. Mit dieser Leidenschaft und Freude wird Joshua im Fußball „groß" und etwas, mit dem man aufwächst, verliert man nicht mehr.

Sein Trainer ist aber nicht nur Trainer, sondern auch Vater eines Spielers, ebenso wie der Co-Trainer. Dadurch sind beide nicht nur die sportliche Instanz, sondern auch Eltern wie du und ich, mit denen ich mich über Kinder, Hunde und das alltägliche Leben austauschen kann. Und sie kennen die Befindlichkeiten der Jungs aus der Mannschaft bereits von zu Hause.

Je weiter Joshua in seinem Werdegang kommt, desto mehr werden Trainer für mich eine Spezies wie von einem anderen Stern. Denn die, auf die wir noch treffen werden, sind entweder jung, unerfahren und ohne Kinder oder Trainer meines Alters mit wenig pädagogischer Erfahrung ohne Familie und/oder Kinder. Und wenn sie Kinder haben, dann im Kindergarten- oder Grundschulalter. Ohne viel vorweg greifen zu wollen, fehlt ihnen oft der Blick auf pubertierende Jugendliche. Übrigens bin ich bis zum heutigen Tag auf keine einzige Jugendmannschaft getroffen, die von einer Frau trainiert wird – egal in welchem Alter.

AN DEN SCHUHEN ERKENNT MAN DEN FUSSBALLER

Einen Kleiderkodex, wie in den älteren Jahrgängen üblich, gibt es in der U8 noch nicht. Zum Training wird getragen, was gefällt. Die Jungs laufen im Trikot ihres Idols und farbigen Schuhen, die bei mir fast Augenkrebs erzeugen, auf den Platz. Und fühlen sich wie Beckham, Poldi, Ronaldo und Rooney.

Ich kann verstehen, dass man cool aussehen möchte. Aber bevor der Begriff „Fashion Victim" in den Fußballzirkus Einzug hielt, war er bereits für unseren Sohn erfunden. Ich weiß gar nicht, wie viel Zeit wir in Fußballläden verbracht haben, um **die** Fußballschuhe zu finden.

„Joshua, schau mal. Der Copa ist doch okay. Lass uns den nehmen."

Nach fast einer Stunde und unzähligen Anproben verschiedener Schuhe mit Noppen, Stollen und Co. versuche ich mal wieder mein Glück.

„Nee, den will ich nicht. Der sieht so langweilig aus. Hast du Tim gesehen, was der gestern an hatte? Die neuen von Puma in Pink! Die will ich auch ...", kontert mein Sohn.

Wenn ich ihn bei einer Sache bis heute nicht überzeugen kann, dann ist das bei der Wahl der Fußballschuhe. Wenn es nach mir gehen würde – und das ging es leider nur einen ganz kurzen Zeitraum – würde ich immer nur den Klassiker kaufen. Ich finde, es gibt nichts Schöneres als den Copa Mundial.

Er wurde für die WM 1982 entworfen, ist komplett aus Känguruh-Leder und der meist verkaufte Fußballschuh der Welt. Einfach nur schwarz mit den drei weißen Streifen steht er für Understatement und Beständigkeit.

Aber solche Werte sind Joshua in seinem Alter egal. Er will das tragen, was die Profis an den Füßen haben, und das ist bunt und fällt auf.

Ich laufe seit Jahren dreimal die Woche in den immer gleichen Klamotten, und mir ist es wichtig, dass die Sachen funktional sind. Mir wäre es im Grunde auch egal, welche Schuhe Joshua trägt, würde er nicht so schnell wachsen, dass wir alle drei Monate wieder vor der Qual der Wahl stehen.

Einige Eltern werden mir sicherlich beipflichten, es gibt nichts Nervigeres als Schuhkauf allgemein und Fußballschuhe im Speziellen.

Überhaupt würden sich in dem Alter die Jungs am liebsten mit allen Merchandising-Artikeln ihres Lieblingsvereins eindecken. Joshuas Vorbild ist Lukas Podolski. Das fängt mit dem Poldi-Trikot mit entsprechender Beflockung an und geht über den Fanschal, die Tasse, das Schulmäppchen, das Badetuch, die Mütze oder Baseball-Cap und den Bademantel weiter. Von der Bettwäsche bleiben wir glücklicherweise verschont, aber sonst lassen wir wenig aus. Ich habe das Gefühl, ich bin Dauergast im FC-Shop. Es gibt kaum einen Geburtstag, zu dem Joshua nichts von seinem Lieblingsverein mitbringt oder sich zu Geburtstag, Ostern, Weihnachten etwas wünscht.

Zu den Spielen werden die alten, meist viel zu großen Trikots getragen, die vom Verein gestellt werden und in denen schon viele vorher gespielt haben. Da die Spieler in dem Alter unterschiedlich entwickelt sind – der eine wird schon für einen U10-Spieler gehalten, der andere wird gefragt, in welcher F-Jugend er denn spielt – ist das immer ein sehr lustiges Bild. Dem einen Fußballer reicht die Hose gerade mal bis zur Mitte der Oberschenkel, der andere hat sie in den Knien hängen. Der eine trägt das Trikot knielang, der andere fast hauteng.

Joshua gehört aufgrund seiner Größe immer zu den Jungs, bei denen alles kurz und knapp sitzt.

Glücklich sind wir als Eltern, wenn sich ein Sponsor findet, der neue Trainingsanzüge stiftet. Somit kann die Mannschaft wenigstens zu Auswärtsspielen in einheitlicher Kluft fahren, und jeder trägt seine entsprechende Größe. Zumindest bis zum nächsten Wachstumsschub.

ELTERN – GANZ ANDERS ALS GEDACHT

Auch wenn für mich der Fußball Joshuas Sport ist und ich mich, soweit es geht, heraushalten will, lerne ich schnell, dass das natürlich Blödsinn ist. Fußball ist ein Mannschaftssport und in der Regel bringen Eltern, die den Gruppengedanken mögen und auch leben, ihn ihren Kindern nahe. Das ist auch in Joshuas Mannschaft so. Gegen Mannschaftssport habe ich ja auch nichts, ich will im übertragenen Sinne nur nicht auf „Schlittschuh Mütter und -Väter" treffen. Ich habe kein Schweigegelübde abgelegt, sondern bin im Gegenteil schon sehr kommunikativ, habe aber meine bekannten Vorurteile, die ich irgendwie nicht ganz ablegen kann.

Im Alter von sieben oder acht Jahren geht noch nicht viel ohne Eltern. Das ist im Fußball nicht anders. Da ich Joshua zum Training aufs Gelände begleite und am Ende dort auch wieder abhole, habe ich zwangsläufig Kontakt zu den Eltern. Ansonsten müsste ich einen Harry-Potter-Tarnumhang tragen.

Anfangs beschränken sich meine Unterhaltungen mit den anderen Eltern zwar auf „Hallo" und „Wie geht's?" und „Weiß jemand, wo und wann wir am Wochenende spielen?". Ansonsten stehe ich schweigend die letzten Minuten des Trainings am Rand. Mit der Zeit merke ich aber, dass dieser Mikrokosmos ganz interessant ist. Denn hier treffe ich auf die alleinerziehende Mutter, die die Trainingszeit dazu nutzt, ihre Freundinnen anzurufen, und die ich nie ohne Handy am Ohr antreffe; auf den Lehrer, der seinen Sohn immer mit dem Fahrrad zum Training bringt; auf den Vater, der im Schichtdienst arbeitet, aber kaum ein Training seines Sohns verpasst; auf die Mutter, die sich jedes Mal aus dem Büro abhetzt, damit ihr Sohn pünktlich beim Training ist; auf den hyperaktiven Beamten, der beim Spiel jedem Ball hinterher rennt, der ins Aus geschossen wird; auf den Vater, der sich noch mehr darüber aufregt, dass sein Sohn sich aufregt, und der dabei wie ein HB-Männchen über den Platz rennt; auf den Kinderarzt, die Juristin, den Professor und den Medienschaffenden – alles Menschen, die das Hobby ihrer Kinder zusammenführt. Die sind hier genau wie ich, weil ihre Söhne Fußball spielen wollen und Spaß daran haben. Erst mal keine so schlechten Voraussetzungen, denke ich.

Der Bann bricht dann relativ schnell, als ich ins Gespräch mit einer Mutter komme, die mir erzählt, dass sie unsere Tochter Grace kennt. Das bietet erst mal Futter zum Unterhalten, und es überrascht mich auch – die Kommunikationsbrücke ist nicht der Fußball, sondern mein privates Leben.

Eine andere Mutter fragt in die Runde, ob jemand ein paar Tipps für den nächsten Kindergeburtstag hat. Oder einfach eine Idee, was heute Abend auf den Tisch kommt. Oder wohin der nächste Urlaub gehen wird. Aber ebenso gibt es den Vater, der mir auf die Frage „Wie geht's?" von seinem Arbeitstag erzählt, an dem nahezu alles schief gelaufen ist.

Was ich damit sagen will: Fußball ist das eine, aber der normale Alltag spielt hier ebenso eine Rolle. Keiner von uns sieht in dem Sport mehr als ein Hobby unserer Jungs, hier ist noch niemand etwas Besonderes, kein Elternteil glaubt, den nächsten Kroos oder Ronaldo auf dem Platz stehen zu haben.

Ich merke rasch, dass meine Befürchtungen, nur auf „Nerds" zu treffen, in der Mannschaft völlig unbegründet sind. Dadurch machen mir die Eltern den Einstieg in die Welt des Fußballs leicht. Meine Vorurteile, hier träfe ich nur auf Menschen, die nichts anderes im Kopf haben als aus ihren Kindern Fußballprofis zu machen, muss ich sehr schnell revidieren. Meine erste Hürde ist genommen.

Hin und wieder, wenn mein Mann beruflich unterwegs ist, fahre ich mit Joshua zu den Spielen. Wenn die Jungs älter werden, ist das gar nicht mehr denkbar, aber jetzt gehört es einfach dazu – die gemeinsame Fahrt zu den gegnerischen Vereinen. Alle Eltern treffen sich dann auf dem Parkplatz des Vereins, die immer gleichen sind überpünktlich und zehn Minuten zu früh da. Ebenso kommen die gleichen Kandidaten zu spät und erst, kurz bevor sich der Tross in Bewegung setzt, um die

Ecke gefahren. Das Blut des Trainers ist dadurch oft schon in Wallung, bevor es losgeht. Dann reiht sich jeder mit Kind und Auto in den Konvoi ein. Ökologisch ein Albtraum, aber so ist es halt. Für mich auf jeden Fall sehr hilfreich, da ich viele der Vereine nie finden würde, liegen sie doch oft sehr versteckt. Das hat schon ein bisschen was von „Klassenfahrt".

Die Spiele in der E- und F-Jugend sind meist Samstagmorgens angesetzt. Das bedeutet je nach Fahrtzeit frühes Aufstehen und einen müden Joshua wecken und motivieren. Und hoffen, dass er alles dabei hat, was er braucht. Damit das gelingt, soll Joshua seine Tasche bereits am Abend vorher packen. Gilt übrigens auch für die Trainingstage.

Er soll erlernen, seinem Alter entsprechend Verantwortung für sich zu übernehmen. Und da ist das Kümmern um die „Ausrüstung" ein guter Anfang. Denn er weiß am besten, was er alles braucht und was er tragen soll und will. Sind die Schienbeinschoner mal vergessen, auch nicht schlimm, davon geht die Welt nicht unter. Aber spätestens beim schmerzhaften Tritt gegen das Schienbein wird er merken, dass es sinnvoll ist, sie zu tragen. Er wird das nächste Mal dran denken. Das ist viel wirkungsvoller als mein ständiges Hinterherfragen.

Jetzt ist das Equipment noch überschaubar mit Schuhen und Schienbeinschonern, da er meist schon umgezogen zum Training erscheint bzw. zu den Spielen Trikots vom Verein erhält. Später wird mehr dazukommen, wenn er sich am Platz umzieht und dort auch duscht. Dann ist die geschaffene Basis recht hilfreich, aber ich kann von vielen Erlebnissen berichten, in denen das Erziehungsziel nicht erreicht ist und besagte Schienbeinschoner, Unterhose, Getränke, Hose und was alles so dazu gehört, vergessen werden.

Wenn wir beim Verein ankommen, verschwinden die Trainer in der Regel mit den Spielern in den Kabinen und die Eltern in der „Kaffeebud". Oft sind das kleine Vereinsheime, in denen meist Mütter liebevoll belegte Brote und Kaffee reichen. Ich nutze die halbe Stunde bis zum Anpfiff oft für einen Spaziergang mit unserem Hund.

Häufig sind die Väter aufgeregter als ihre eigenen Söhne. Mein Mann eingeschlossen, was ich früher nicht vermutet hätte, gehört er eigentlich nicht zu den fußballverrückten Vätern. Er ist keiner, der seinem neugeborenen Sohn bereits die ersten Adidas-Babyschuhe kauft und ihn komplett mit dem Trikot seines Lieblingsvereins ausstattet. Denn er hat zu besagtem Zeitpunkt gar keinen Klub, für den sein Herz schlägt. Selbst spielt er mit ein paar Freunden eher unregelmäßig und nur bei gutem Wetter auf einer Wiese Fußball, die rechts und links von Straßenbahnschienen und vor Kopf von einer Hauptstraße umgeben ist und auf der die größte Herausforderung darin besteht, die zahlreichen Hundehaufen mit dem Ball zu umlaufen.

Jetzt steht er mit den anderen Vätern, den Kaffee in der Hand, die Zigarette zwischen den Lippen, auf dem Trainingsgelände und fachsimpelt. Wie stark ist der Gegner? Auf welchem Tabellenplatz steht er? Wie viele Spiele haben sie gewonnen? Wie ist das Torverhältnis?

Wenn das Spiel dann angepfiffen wird, fühle ich mich vereinzelt, als wäre ich im Kolosseum, und zwei Gladiatoren werden aufeinander losgelassen. Gerade bei Spielen zeigen sich die unterschiedlichen Temperamente. Von jetzt auf gleich brüllen nicht nur Trainer und Co-Trainer aus der Coaching-Zone auf die Spieler ein. Unzählige Väter und auch vereinzelte Mütter entwickeln ebenfalls Trainerambitionen.

Ähnliche Situationen, nur in verkehrten Rollen, erlebe ich in der Handballmannschaft unserer Tochter. Parallel zu Joshua versucht es auch Grace mal mit einem Mannschaftssport, zwar nur ein Jahr und mit weniger Engagement, weil es ihr schlichtweg keinen Spaß macht und die Neuankömmlinge – sie tritt dem Verein zusammen mit ihrer Freundin bei – nicht richtig integriert werden. Einige Mütter vereinzelter Spielerinnen waren selbst Handballerinnen und laufen zu alter Form auf, sobald ihre Töchter sich im Wettkampf befinden. Das aber in einem Ausmaß, das mich schier sprachlos werden lässt: Sie feuern sie in einer Lautstärke an, dass die Wände wackeln, übergehen die Trainerin und coachen von der Tribüne, nehmen kein Blatt vor den Mund in der Kritik am Schiri.

Von Fair Play keine Spur. Im Fußball versucht Ralf Klohr, Initiator der FairPlayLiga[4] seit 2007 dieses Problem in den Griff zu bekommen. Bis in die E-Jugend wird nach drei festen Regeln gespielt:
1. Kinder sind ihre eigenen Schiedsrichter.

2. Eltern/Zuschauer müssen ca. 15 m Abstand zum Spielfeld halten.
3. Trainer beider Teams stehen in einer gemeinsamen Coachingzone und greifen nur in Ausnahmefällen ein.

Mein Mann gehört zum Glück nicht zu der Spezies. Er ist eher der Stille, der mich – bei den wenigen gemeinsamen Spielbesuchen – fragt, was ich denn denke? Ob unser Sohn gut spielt? Was er besser machen könnte? Was bitte schön, soll ich denn darauf antworten? Wie kommt mein Mann auf die Idee, dass ich dazu etwas sagen könnte? Ich bin froh, dass ich weiß, wie der Gegner heißt und wo wir gerade spielen.

Für mich gibt es zwei Möglichkeiten, darauf zu reagieren: Entweder sage ich: „Keine Ahnung!", und beantworte seine Fragen damit gar nicht, zu seinem Leidwesen. Oder ich frage ihn, warum das so wichtig für ihn ist. Meist ergibt sich daraus eine hitzige Diskussion und ich gerate in Rage. Denn das ist es ja genau, was ich für mich nicht will – unseren Sohn unter dem Leistungsaspekt sehen. Er soll Spaß haben und ich will mir darüber gar keine Gedanken machen.

Übrigens lässt sich mein Mann bis heute nicht davon abbringen, mich nach meiner Meinung bezüglich der Leistung unseres Sohnes zu fragen, obwohl er weiß, wie ich darauf reagiere.

„Mach es wie Beckham", „Was machst du denn da?" oder „Lauf nach vorne" sind oft gehörte Sprüche von Eltern, die ihre Jungs damit zu irgendetwas motivieren wollen. Zu was, frage ich mich jedes Mal, denn ich verstehe auch nicht, was damit gemeint ist. Sind die Jungs nicht schon kopflos, werden sie es spätestens jetzt. Denn im Spiel Konzentration, Koordination und Spieltaktik miteinander zu verbinden, muss erst gelernt werden.

Mittlerweile weiß auch ich, dass Fußball ein sehr emotionaler Sport ist. Anfeuerungen und Unterstützung sind wichtig und oft nicht unerheblich für den Ausgang eines Spieles. Doch frage ich mich, was es meinem Sohn bringen soll, wenn ich ihm irgendwelche Anweisungen, die – sind wir mal ehrlich – oft total idiotisch sind, vom Spielfeldrand zurufe. Das ist Aufgabe des Trainers, denn der hat das Sagen und verfolgt meist einen Plan, von dem ich nichts weiß.

Daneben bekommt hin und wieder auch der Schiedsrichter einiges ab. Nämlich dann, wenn eine Seite mit seiner Entscheidung nicht zufrieden ist. In dessen Haut möchte ich eh nicht stecken. Der Schiri hat doch das Los gezogen, es keinem Recht machen zu können.

Die Eltern, die sich nicht der emotionalen Entladung hingeben, und – Überraschung – zu denen gehöre ich auch, sind oft verblüfft. Unsere Hinweise, die anderen sollen sich nicht so aufregen, kontern sie damit, dass wir nicht mitfiebern und die Mannschaft unterstützen.

„Ich weiß echt nie, was ich machen soll, wenn uns alle immer was zurufen. Ich versteh da auch nie was", erzählt mir Joshua mal wieder nach einem Spiel, in dem sich die Eltern untereinander einen verbalen Battle geliefert haben. „Den anderen geht's auch so", ergänzt er.

Für mich ein Grund, das Thema auf dem nächsten Elternabend mal anzusprechen. Ich weiß, ich bewege mich auf gefährlichem Terrain. Denn die „Coacher" unter uns sehen da kein wirkliches Problem und halten uns anderen eher vor, dass wir keinen sportlichen Ehrgeiz zeigen. Teils haben sie ja auch Recht damit. Um den Abend nicht eskalieren zu lassen, hebe ich mir das Thema bis zum Schluss auf.

„Mir liegt da noch was am Herzen, was vielleicht bei dem ein oder anderen für Unverständnis sorgt", melde ich mich zu Wort.

„Unsere Jungs nervt das ständige Reinrufen bei Spielen. Die fühlen sich ..." Weiter komme ich gar nicht.

„Zum Fußball gehören Emotionen. Und dass man die loswerden will, ist doch wohl klar", ruft der Vater, bei dem ich die Sorge habe, dass der mal einen Herzanfall am Spielfeldrand erleidet, so sehr engagiert er sich immer.

„Ja, das ist schon klar. Nur, wenn das alle machen ...", versuche ich es wieder.

„Ich weiß, ich bin ja auch ein emotionaler Typ. Aber ich weiß, was Joshuas Mutter meint. Mir ist das auch schon aufgefallen. Viele von Euch feuern euer eigenes Kind an. Und das führt zu einem heillosen Chaos", kommt mir der Trainer zu Hilfe. „Mich stört das auch extrem. Lasst uns doch eine Regelung finden, dass das Coachen meine Aufgabe ist und ihr nur die Mannschaft anfeuert. Was meint ihr? Und wer sich nicht daran halten kann und will, muss eben vom Platz".

Das sind klare Worte. Aber überraschenderweise stimmen die zahlreichen Möchtegern-Trainer zu. Einen sehr ambitionierten Vater voller Leidenschaft trifft das besonders hart. „Wenn mein Sohn spielt, dann kann ich einfach nicht ruhig bleiben. Ich weiß ja, dass das stört, aber so bin ich nun mal. Ich weiß nicht, ob ich mich daran halten kann", gibt er auf dem Heimweg zu.

Bei den folgenden Spielen versucht er es, hat sein Temperament aber nicht wirklich unter Kontrolle. Immer wieder rutschen ihm von der Seitenlinie Anweisungen in Richtung seines Sohnes raus. Wenn wir ihn darauf hinweisen, achtet er einige Zeit darauf, verfällt dann aber schnell wieder in das alte Verhaltensmuster – was einmal gelernt ist, polt sich so leicht nicht um. Um dem Ganzen zu entgehen, entscheidet er sich dazu, sich die Spiele aus sicherer Distanz anzuschauen. Dann steht er allein an der äußersten Ecke des Platzes, weit weg von allen anderen, sodass niemand ihn hören kann. Auch die anderen Eltern halten sich im Großen und Ganzen an die neue Regelung. Den Spielern – und ich vermute auch seinem Sohn – tut es gut. Mich berührt es aber schon. Das, was in großen Stadien ein Muss ist – aus Leibeskräften seine Mannschaft anfeuern –, steht ihm hier nicht zu.

In den USA gibt es eine klare Regelung[5]. Einige Fußball-vereine geben sogar Handbücher heraus, in denen das Verhalten der Eltern vorgeschrieben ist. Beleidigungen und Beschimpfungen sind absolut tabu. Eltern dürfen generell nicht anfeuern. Wenn sie es doch nicht lassen können, dann darf nur die gesamte Mannschaft unter-stützt werden. Solche Tumulte wie zum Teil bei uns mit Spielabbruch und Platzverweisen sind dort undenkbar.

Der Hintergrund hinter all dem ist, dass die Kinder erst den Spaß am Spiel entdecken und nicht direkt mit dem Konkurrenz- und Wettbewerbsgedanken groß werden sollen. So wie der Hochschulsport in den Sieb-zigerjahren definiert wurde: Er solle sozialintegrativ und nicht kompetitiv sein. Erst ab den Achtjährigen werden dort Tore gezählt, bis dahin stehen Eltern recht desinteressiert am Spielfeldrand.

Das ist das Extrem zur deutschen Elternschaft und für mich nun auch keine wirkliche Lösung. Fußball ist ja nun kein Schweigemarsch. Auch die Kleinsten sollen ruhig schon angefeuert werden. Wenn das in einem erträglichen Rahmen erfolgt, ist auch das Wettbewerbs-denken nicht verwerflich.

Mein Wunsch wäre eine gesunde Mischung aus bei-dem – Emotionen zeigen, ja, aber bitte in einem res-pektvollen Maß und ohne den Fußball zu ernst zu neh-men.

Neben den Liga- und Freundschaftsspielen nimmt die Mannschaft auch an zahlreichen Turnieren teil. Im

Sommer hat das noch immer einen gewissen Charme, wenn wir bei schönem Wetter Mannschaften aus ganz Deutschland treffen. Mit viel Liebe werden selbst gebackener Kuchen oder frisch belegte Brötchen gereicht, wir sitzen zwischen den Spielen zusammen und warten auf den nächsten Gegner.

Im Winter sieht das schon ganz anders aus. Wir verbringen den ganzen Tag in schlecht belüfteten Turnhallen, in denen es nach Schweiß, Kaffee und Bockwurst riecht. Gefühlt warten wir den ganzen Tag auf das nächste Spiel. Meist werden zweimal 10 Minuten gespielt, und dann heißt es wieder bis zum nächsten Spiel 40 Minuten warten.

Da wird meine Geduld oft auf die Probe gestellt. Vor allem, wenn die Mannschaft schon früh ausscheidet, aber bis zur Siegerehrung warten muss. Den Spielern ist es wichtig, dass jede Medaille, ist es auch nur eine für die Teilnahme, nach Hause mitgenommen wird. Natürlich bleibe ich bis zum oft bitteren Ende, allein um Vorbild zu sein.

Nach jedem Spiel bekommen wir Mütter unseren Auftritt, denn dann heißt es: „Du musst heute die Trikots waschen."

Wer das schon mal gemacht hat, weiß, was es bedeutet, 14 Trikots, plus Hosen und Stutzen nach einem regnerischen Spiel auf Asche in die Waschmaschine zu stecken. Oft ist danach mehr Geröll in der Waschtrommel als in einem Betonmischer. Ich bin froh, dass wir eine Waschküche im Keller haben, in der ich die rotbraune, lehmige Erde und die kleinen schwarzen Schottersteine gut beseitigen kann. Donnerstag vor dem Spiel müssen die sauberen Trikots an den Trainer ausgehändigt werden, damit sichergestellt ist, dass sie für Samstag da sind.

Übrigens fällt mir in meinem „neuen" Leben auf, dass die Fußballwelt auf dem Platz recht „männerlastig" ist und ich nur ein paar vereinzelte Mädchen in den gegnerischen Mannschaften entdecke. Jenseits des Spielfelds sind allerdings wir Mütter in der Mehrzahl. Neben dem Wäschedienst übernehmen die anderen Mütter – wie ich – die Fahrten an den Trainingstagen. Die Männer tauchen entweder zum Ende des Trainings oder gar nicht auf, reißen sich aber um die Spiele am Wochenende. Dann, wenn es um was geht, wenn es spannend wird und der Sohn sein Können unter Beweis stellt. Klar, ist natürlich prickelnder als der langweilige Alltag.

Obwohl es auch hier Ausnahmen gibt. Ich erinnere mich an einen Vater, mit dem wir bis heute freundschaftlich verbunden sind, der auch die Trainingstage seines Sohnes übernimmt, wenn es sein Berufsalltag zulässt.

Trotzdem glaube ich, dass mir als Mutter jetzt noch eine besondere Bedeutung zukommt. Ich trockne die Tränen. Egal ob sich Joshua verletzt, mal wieder den Ascheplatz geküsst hat oder Knie und Ellbogen aufgeschrammt sind und verarztet werden müssen. Oder wenn der Frust besonders groß ist. Wenn die Augen immer größer werden und Joshua es gerade noch schafft, ins Auto zu steigen, ohne dass eine Träne kullert, weil er sich vor den anderen keine Blöße geben will. Doch sobald die Autotür zuklappt, bricht alles aus ihm heraus. Ohne meinem Mann zu nahe zu treten: In solchen Momenten bin ich die Anlaufstelle. Ich versuche, die kleine Seele zu beruhigen und das angeknackste Selbstbewusstsein wieder aufzubauen. Manchmal komme ich mir wie eine Löwenmutter vor, bei der ihr Junges Zuflucht und Schutz sucht.

In dem Alter sind also meist die Mütter die „Zeugwarte" und unterstützen das Hobby ihrer Söhne. Wenn es aber um besondere Events geht, sind ganz schnell die Väter wieder im Rennen. Bei uns so geschehen, als es um die Wochenendfahrt der Mannschaft geht.

Ich weiß nicht, ob überhaupt jemand von uns Müttern mitfahren will, aber es wird auch gar nicht gefragt. Was wäre mal mit einem Mums-Weekend? Da würde vielleicht nicht so viel Fußball gespielt, trotzdem könnte das ganz nett werden.

Im zweiten Jahr werde ich immer mehr ein Teil der Fußballgemeinde und stelle mich sogar in den Dienst der Mannschaft. Ich übernehme die Mannschaftskasse und sammele jeden Monat von den Eltern 5 Euro ein. Davon wird am Ende des Jahres die Weihnachtsfeier finanziert, entweder im Vereinsheim, beim Italiener oder der Kneipe mit Kegelbahn. Und für die Jungs gibt es Weihnachtsgeschenke. Das kann mal ein Sweatshirt mit Beflockung oder eine Fußballtasche sein, die von zwei Müttern in großen Weihnachtstüten liebevoll mit Nüssen, Nikoläusen und Mandarinen verpackt werden. Ein Vater spielt den Nikolaus. Jeder Spieler wird ein-

zeln aufgerufen und muss nach vorn kommen, der Nikolaus erzählt eine Anekdote aus der Saison und übergibt
das Geschenk. Das führt jedes Jahr zu viel Gelächter
und ist für alle ein großer Spaß.

Viel Vergnügen bereitet auch das Grillen zum Abschluss der Saison, das regelmäßig am Rhein stattfindet.
Jeder bringt etwas für den Grill mit, und nach dem Essen, Quatschen und Füße ins Wasser halten, spielen die
Väter gegen ihre Söhne Fußball – ein Highlight, auf das
die Jungs das ganze Jahr warten.

Egal ob Spiele, Turniere, Fahrten, Weihnachtsfeier
oder Grillen – die Elternschaft aus dieser Zeit erscheint
mir bis heute einzigartig. Warum das so ist, keine Ahnung. Zufall? Sind Eltern in dem Alter unserer Kinder
noch nicht so auf den Sport fokussiert, wie das später
der Fall ist? Ist es das Unaufgeregte, das zu der Zeit den
Fußball umgibt und uns einfach die Zeit mit unseren
Kindern genießen lässt?

In den drei Jahren Vereinszugehörigkeit habe ich all
das schätzen gelernt. Wenn ich das Gelände betrete,
spüre ich, dass der Verein eine große Gemeinschaft, ja
vielleicht eine Familie ist, und das finde ich auch in der
Mannschaft wieder.

Mit Yannicks Eltern Ela und Frank, die wir bereits
durch die Schule kannten, ist über den Fußball eine
andauernde Freundschaft entstanden. Die Männer
schauen miteinander Fußball oder fahren in den Ski-
urlaub, wir vier gehen gemeinsam ins Kino oder zu
Konzerten, treffen uns zum Essen, feiern Geburtstage
zusammen.

Aber auch mit anderen Eltern sind wir noch in Kontakt. Wir schwelgen dann in alten Zeiten, sprechen über unsere Söhne. Wer spielt gerade wo? Ist der Muskelfaserriss auskuriert? Ist er wieder im Mannschaftstraining?

Viele Eltern aus der Mannschaft, die wir glücklicherweise immer mal wieder treffen – sei es auf dem Fußballplatz oder im privaten Umfeld – empfinden genauso wie ich. Wir können uns einfach nicht erklären, was so außergewöhnlich an unserer „Truppe" war. Aber auch sie finden in den nachfolgenden Jugenden und anderen Vereinen nie mehr so einen Zusammenhalt wie in unserer Mannschaft.

Im Laufe der drei Jahre hat sich meine Einstellung zum Fußball verändert. Ich bin noch immer nicht der größte Fan, habe mich aber in meine Rolle der „Begleiterin" eingelebt. Es ist die unbändige Leidenschaft unseres Sohnes, die mich einfach mitreißt. Da kann ich nicht widerstehen und „Nein" sagen. Außerdem finde ich es wichtig, Joshua zu zeigen, dass ich mich selbst zurücknehmen und trotzdem Interesse für etwas zeigen kann, was auf der Hitliste meiner Aktivitäten keinen vorderen Rang belegt.

FEBRUAR 2008

IN DEN NIEDERLANDEN FINDET DIE 2. BADMINTON-
MANNSCHAFTS-EUROPAMEISTERSCHAFT STATT.
NICOLAS SARKOZY HEIRATET CARLA BRUNI.
JOSHUA IST SPIELER DER U10.

Joshua ist mittlerweile zehn Jahre alt und durch die
Teilnahmen an den Camps der Fußballschule lernt er
andere Trainingsmodelle kennen. Er ist ein Kind, das
sportlich neue Herausforderungen sucht. Vergleichbar
mit dem Klettern auf Bäume. Jedes Mal klettert er ein
Stück höher als das Mal davor und testet sich aus. Über-
setzt in den Fußballkosmos heißt das: Die Möglichkeiten im Rahmen des Vereins füllen ihn nicht mehr aus.
Joshua möchte gern mit Trainern arbeiten, die ihn neu
und anders fordern. Das formuliert er natürlich nicht so,
das ist meine Übersetzung.

Die Trainer sind entweder frisch von der Uni oder noch
im Studium und bringen aus ihren zahlreichen Fortbil-
dungen und Lehrgängen die neuesten Trainingsideen
mit. Da kann sein bisheriges Trainerteam nicht mithalten. Sie machen den Trainerjob ehrenamtlich neben
ihrem Job und nehmen hin und wieder an den vorge-

schriebenen Lehrgängen teil. Meist müssen sie diese aus eigener Tasche bezahlen oder erhalten eine geringe Aufwandsentschädigung, da der Verein das finanziell nicht tragen kann. Wie so oft sind auch Joshuas Trainer über ihre Söhne ins Amt gekommen. Sie stiegen bei den Bambini in die Trainerarbeit ein und wechselten zusammen mit ihren Söhnen in die nächste Jugend. Bereits jetzt steht fest, dass sie nach der Saison beide ihre Trainerjobs abgeben werden.

Ich stehe dem Wechsel in die Fußballschule nach wie vor kritisch gegenüber. Denn ich finde den Weg zur Fußballschule zu weit und dreimal die Woche Training zu viel neben der Schule. Dazu wechselt Joshua im kommenden Sommer auf die weiterführende Schule, was mir Sorge bereitet, wie beides zu bewerkstelligen ist.

Der Jugendleiter versteht meine Bedenken und bietet uns eine „Zwischenlösung" an: Joshua könne das halbe Jahr bis zum Ende der Saison einmal wöchentlich als Gastspieler am Training teilnehmen, um den Trainingsbetrieb des Vereins kennenzulernen und zu schauen, ob es ihm gefällt. Und ich könne an einem Tag in der Woche feststellen, wie so ein Szenario aussehen kann. Mein Mann und ich entscheiden, dass wir das Angebot annehmen, wenn auch der Verein grünes Licht gibt für diese Doppellösung.

Als Erstes spreche ich mit Joshuas Trainer. Er ist zwar überrascht über die konkrete Anfrage, als leidenschaftlicher Spieler und ambitionierter Trainer aber offen für neue Entwicklungsschritte und gibt ohne Umschweife sein Einverständnis. Einzige Bedingung: Joshua muss den Probetag auf die trainingsfreien Tage legen, er möchte im Training nicht auf ihn verzichten. Gut, das lässt sich einrichten.

Auch wenn er so positiv reagiert, habe ich ein komisches Gefühl. Denn der Grund für das Probetraining ist, dass Joshua die Fußballschule kennenlernt und wir gemeinsam mit ihm über einen Wechsel in der nächsten Saison nachdenken. Diese lieb gewonnene Truppe womöglich verlassen? Ein Gedanke, der mir in dem Moment gar nicht behagt.

Als Nächstes steht das Gespräch mit dem Jugendleiter des Vereins an. Ich muss ihn nicht nur in Kenntnis setzen, sondern wir benötigen seine Zustimmung. Jedes Probetraining bei einem anderen Verein muss aus versicherungstechnischen Gründen schriftlich genehmigt werden.

Und damit komme ich das erste Mal mit dem „Schaltzentrum" eines Vereins in Berührung. Bisher bin ich davon verschont geblieben.

Der Jugendleiter ist „not amused" und willigt nicht so schnell ein wie Joshuas Trainer. Das Gespräch ist so unverbindlich und verkrampft, ich komme mir vor wie eine Bittstellerin. Woher kommt es, dass ich das Gefühl habe, wir sprechen nicht auf Augenhöhe? Ich will von ihm ja nicht die Herausgabe der englischen Kronjuwelen, sondern nur die Freigabe für Joshuas Probetraining.

Ich kann verstehen, dass er Sorge hat, Joshua könnte schlussendlich den Verein verlassen. Aber das ist ja nun nicht ungewöhnlich und gehört in die Fußballwelt. Bleiben wir mal bei den Tatsachen – es geht hier um einen Zehnjährigen, der einfach Spaß am Fußball hat. Unser Sohn will über den Tellerrand hinausschauen, was wir uns von unseren Kindern doch erhoffen. Seid offen, lernt, macht Erfahrungen. Das Ganze bekommt eine Bedeutsamkeit, die ich unverhältnismäßig finde. Warum dem Thema nicht offen gegenüber stehen und es positiv bewerten, dass ein Spieler etwas Neues ausprobieren will? Gleichzeitig zeugt es doch auch von der guten Arbeit des Trainers, dass der Spieler die Fähigkeiten hat, die nächste Entwicklungsstufe erklimmen zu können.

Dieses erste Aufeinandertreffen wird mich für die nächsten Jahre im Umgang mit den Verantwortlichen prägen. Meine Skepsis und zum Teil auch mein Unverständnis werde ich nicht ablegen.

Ich versuche dem Jugendleiter zu vermitteln, dass es zum jetzigen Zeitpunkt erst mal darum geht, die Arbeit mit den Trainern der Fußballschule in einem wöchentlichen Training bis zum Ende der Saison kennenzulernen. Der Verein hat keine Nachteile, da es keine Auswirkungen auf Joshuas Trainingstage hat. Schlussendlich willigt er ein. Bis ich dann das Papier in Händen halte, muss ich zwar noch mehrmals hinterher telefonieren, aber dann steht dem Probetraining nichts im Weg.

Der Probetag unterscheidet sich zu Hause von den anderen Trainingstagen – er ist noch durchgeplanter als die bisherigen Tage. Durch die längere Anfahrt hat Joshua nach der Schule nur eine kurze Pause. Dann sitzen wir schon im Auto und fahren los. Fallen an diesem Tag Hausaufgaben an, gerät der gesamte Ablauf ins Wanken. Die Schule bietet zwar eine Hausaufgabenbetreuung an, doch Joshua nutzt sie eher nach Lust und Laune. Zu meinem Leidwesen kommt es daher oft vor, dass er sich nachmittags noch zu Hause hinsetzen muss, was immer mit Diskussionen und Unlust verbunden ist. Nicht dass ich mich davor drücke, viel schwieriger ist, dass in dem Alter nach einem Schultag mit Übermittagsbetreuung bis 15 Uhr die Luft raus ist und konzentriertes Arbeiten nicht so leicht möglich. Etwas, was in den nächsten Jahren ein beständiges Thema sein wird.

Wenn Kinder etwas wollen, dann sind viele Hürden problemlos überwindbar. Ähnlich ist es auch bei Joshua. Ich erkläre ihm, dass es gerade an dem Tag des Probetrainings wichtig ist, dass er so viele Hausaufgaben wie möglich in der Schule erledigt. Irgendwie gelingt ihm das an diesem Tag recht gut, an den anderen Schultagen dagegen bleibt er in seinem alten Muster.

Ich schaue mir die ersten Male das Training an. Joshua wird nett von den beiden Trainern in die Mannschaft eingeführt. Man hat das Gefühl, dass das hier nichts Ungewöhnliches ist, dass ein Spieler hin und wieder probeweise dabei ist.

Das Erste, was mir auffällt – hier wird auch nur mit Stangen, Hütchen und Bällen trainiert. Also noch kein

Unterschied zu Joshuas bisherigem Training. Ob sich an der Qualität etwas verändert, kann ich mangels fehlendem Wissen nicht sagen. Ich beobachte, dass hier in allen Mannschaften viel an der Technik gearbeitet wird. Immer wieder werden bestimmte Übungen wiederholt, geringfügig verändert und im späteren Trainingsspiel eingesetzt. Es macht den Anschein als ob – vergleichbar wie in einer Schule – stärker ein „Lehrplan" verfolgt wird. Ob das wirklich so ist oder nur mein Gefühl, bleibt fraglich.

Kurz vor den Sommerferien steht die Entscheidung an. Aus dem Jungen, der vor drei Jahren mit dem Vereinstraining angefangen hat, ist mittlerweile ein Spieler geworden, der auf der Position des Stürmers spielt, ein ganz passabler Linksfuß ist, den Spaß und Willen hat, etwas zu lernen, sich gut in eine Mannschaft eingliedert und aufgeschlossen gegenüber neuen Trainingsmöglichkeiten ist. Seine aktuellen Trainer und Co-Trainer werden die Mannschaft nach der Saison nicht weiter trainieren, sodass sich für Joshua so oder so viel ändern wird. Der aktuelle Verein ist nur zehn Minuten Autofahrt von zu Hause entfernt, und in absehbarer Zeit könnte Joshua allein mit dem Fahrrad dorthin fahren. Im Verein kennen wir alles, wissen, was auf uns zukommt – besonders ich.

Das Trainingsgelände der Fußballschule dagegen liegt je nach Verkehrslage 30 Minuten von zu Hause entfernt, mit der Straßenbahn wäre Joshua sogar 45 Minuten unterwegs. Wir kennen den Fußballbetrieb bereits aus den diversen Fußballcamps. Im Gegensatz zum Verein muss ein Monatsbeitrag gezahlt werden. Die Trainingstage müssten straff organisiert werden, damit Joshua pünktlich beim Training sein kann.

In der Fußballschule unterrichten junge ausgebildete Trainer, denen in ihrer Ausbildung spezialisierte Lerninhalte vermittelt werden, wodurch sich das Training auf einem anderen Niveau befindet. Und es gibt einen nicht zu unterschätzenden Aspekt: Joshuas Begeisterung.

Nach jeder Trainingseinheit kommt er mit neu gelernten Dingen nach Hause, schnappt sich einen Ball und übt im Garten. Obwohl er an seinem Trainer hängt, motivieren ihn die jungen Trainer der Fußballschule auf eine Art, die seine Leidenschaft noch mehr wachsen lässt, wenn das überhaupt noch möglich ist.

Wir merken, dass ein Zurück – ein Bleiben im Verein – nicht mehr möglich ist. Joshuas unbändige Energie und Lust würden gehemmt werden, und ich glaube, er hätte immer das Gefühl etwas zu verpassen. Ich habe die Angst, ihm etwas Entscheidendes zu nehmen, wenn er nicht wechselt. Denn nach all der Zeit im Verein stelle ich mir immer wieder die Frage, ob ich ihm durch meine Sicht auf den Mannschaftssport und dem späten Einstieg in den Verein zu lang etwas vorenthalten habe, was ihn total erfüllt. Noch einmal meine Meinung durchsetzen und seine außer Acht lassen kann ich nicht.

Mein Mann und ich lassen uns also auf den Wechsel ein, ohne die Fragen beantworten zu können, wie wir Fußball und Schule unter einen Hut bringen und ob das nicht alles zu viel ist für einen Zehnjährigen. Die Zeit wird zeigen, ob der gleichzeitige Übertritt auf die weiterführende Schule und die Fußballschule gut für Joshua zu bewältigen ist oder ihn überfordert. Er selbst glaubt, dass er das schaffen wird, und mit ihm sind auch wir zuversichtlich.

Natürlich ist mir bewusst, dass unser Sohn die Komplexität noch nicht in ganzer Dimension wahrnehmen kann und nicht alles problemlos verlaufen wird. Ich finde es aber wichtig für seine Entwicklung, ihn in die Entscheidung einzubeziehen, ihm die Situation so plakativ wie möglich aufzuzeigen und ihm zu vertrauen, dass er sein Bestes zum Gelingen beitragen wird.

Daher treffen wir eine klare Absprache: Die Schule hat immer Priorität. Leidet sie unter dem Fußball, muss er in einen anderen Verein wechseln, in dem nicht auf so hohem Niveau und dreimal die Woche trainiert wird. Würde ich für jedes Mal, den ich diesen Satz bis heute gesagt habe, einen Euro bekommen, könnte ich mir einen netten Kleinwagen kaufen.

Joshuas Mitspieler verfolgen seine „Probezeit" in den letzten Monaten genauso aufmerksam wie die Eltern. Man könnte nun vermuten, dass es untereinander Neid und Missgunst gibt, dass Joshua den Verein verlässt. Aber davon ist nichts zu spüren. Obwohl es alle schade finden, dass wir gehen, freuen sie sich für Joshua, dass er diesen Schritt macht. Ich wäre gern dort geblieben, habe ich mich doch an jeden Einzelnen gewöhnt. Aber um meine Belange geht es in diesem Spiel nun mal nicht.

Joshua fällt die Trennung leichter, seine Freunde sieht er entweder in der Schule oder in der Freizeit, und er ist auch nicht so sentimental wie ich. Von seinem Trainer dagegen trennt er sich nur schweren Herzens, ist er doch die Basis für seine fußballerische Entwicklung und maßgeblich daran beteiligt, dass er nun die nächste Leistungsstufe erklimmt. Die beiden freuen sich in den nächsten Jahren immer sehr, wenn sie sich zufällig treffen.

Ich vergleiche die Zeit im Verein mit der Kindergartenzeit – Joshua lernt ein paar Grundlagen und hat drei Jahre eine emotionale Unterstützung durch das immer gleiche Trainerteam erfahren. Der bald folgende Wechsel hat etwas vom Einstieg in die Grundschule – der Ernst des Lebens beginnt nun. Das Altvertraute wird verlassen, Joshua trifft auf neue Mitstreiter und Trainer. Ich muss dem tollen Elternhaufen „Tschüss" sagen und soll neue Eltern kennenlernen. Ach, herrje. Neue Hürden für uns beide, und ich wette Joshua wird sie besser meistern als ich.

Juli 2008 – Juni 2012

Die Fussballschule

Juli 2008

Der spanische Radrennfahrer Carlos Sastre gewinnt die
95. Tour de France.
In NRW tritt das Rauchverbot in Gaststätten in Kraft.
Joshua ist Spieler der U12.

Die Sommerferien sind zu Ende und für Joshua beginnt
eine neue Ära. Mit dem Wechsel zur Fußballschule will
er seinem Wunsch, Fußballer zu werden, näher kommen. In dem Alter gibt es für ihn noch keine Differen-
zierung der verschiedenen Ligen, sodass er nur ein Ziel
vor Augen hat, nämlich Profi zu werden. Eben in diesem kindlichen Bild eines fast Elfjährigen. Na schön,
einen Vorsatz im Leben zu haben ist immer gut, also
lassen mein Mann und ich ihn mal in dem Glauben.

Ich sehe nach wie vor in Joshuas Fußballbegeiste-
rung ein Hobby, an dem er auch wieder das Interesse
verlieren und etwas anderes beginnen könnte. Ein lang-
fristiges Verweilen in dieser Welt ist für mich, obwohl
Joshua weiterhin sehr emsig ist, noch immer kein Thema. Wir sehen die Fußballschule eher unter dem Aspekt, seine fußballerische Neugierde und Wissbegierde
zu stillen. Mir macht eher Sorge, wie viel Zeit dieser
Sport einnimmt.

In Abgrenzung zu einem normalen Fußballverein ist die Fußballschule ein Verein, in dem die Spieler von der U8 bis zur U19 spielen. Bis zur U11 wird dreimal wöchentlich trainiert, und die Jungs treten in Freundschaftsspielen gegen andere Mannschaften an. In der älteren Jugend wird an vier Tagen in der Woche trainiert, und die Mannschaft nimmt am regulären Meisterschaftsspielbetrieb teil. Haben wir im „normalen" Verein einen halbjährlichen Mitgliedsbeitrag gezahlt, entrichten wir nun einen nicht unerheblichen Montagsbeitrag an die Fußballschule. Die Mannschaften heißen hier „Talentteams" und werden jedes Jahr von einem neuen Team trainiert, meistens Sportstudenten mit Trainerschein, teils aber auch hauptberufliche Fußballlehrer.

Das Training besteht größtenteils nicht mehr nur aus Spiel, sondern die Spieler werden immer mehr in Technik und Taktik und ihren spielerischen Qualitäten geschult.

Unter Technik fallen Fertigkeiten wie Ballkontrolle und Torschuss, Offensiv- und Defensivkopfball, Passspiel und Beidfüßigkeit.

Zu Taktik zählen beispielsweise offensives und defensives Zweikampfverhalten. Kraft, Ausdauer, Grundschnelligkeit und Koordination sind weitere „Fächer".

Daneben wird ein Augenmerk auf die persönliche Entwicklung gelegt. Konzentrationsvermögen, Leistungsbereitschaft, Selbstständigkeit und Selbstvertrauen sowie Verantwortungsbewusstsein, Konfliktverhalten, Kooperationsfähigkeit und Zuverlässigkeit werden geschult. Neben individuellem Gymnastik- und Athletiktraining ist auch die Videoanalyse bahnbrechend. Sich selber auf dem Fernseher spielen zu sehen, ist beeindruckend und hilfreich für das Verstehen vieler Spielzüge.

Wie in der Schule gibt es jedes Halbjahr ein Zeugnis mit Noten für die jeweiligen Trainingsinhalte. Verbunden mit einem sogenannten Perspektivgespräch, in dem die Trainer mit dem Spieler und den Eltern über seine Entwicklung, Fortschritte, Stärken und Schwächen sprechen.

Ich kenne bisher weder die verschiedenen Fertigkeiten, die gelehrt werden, noch kennt Joshua bisher diese Form der Benotung. Gab es im „regulären" Sportverein mal etwas zu besprechen, wurde das in der Vergangenheit sofort im Anschluss ans Training gemacht und auch nicht in so detaillierter Form. Im Verein wurde entsprechend dem Alter der Spieler trainiert, der Fokus lag aber mehr auf dem Spaß am Sport. Hier in der Fußballschule soll das Training auch weiterhin Spaß machen, aber die Ausrichtung ist schon sehr klar eine Ausbildung zum Fußballer. Dreimal die Woche hat Joshua fortan Training, Beginn ist jeweils um 17.30 Uhr.

Das hört sich schon sehr nach Kaderschmiede an. Etwas, was ich für unseren Sohn eigentlich nie in Betracht ziehen würde. Fairerweise muss ich sagen, dass sich mir das Ausbildungskonzept der Fußballschule so deutlich anfangs nicht präsentiert und erst im Laufe der Jahre erschließt. Zu Anfang ist es für mich ein Verein, der Joshua professionelleres Training bietet als bisher.

Er hat Spaß und alles ist erst mal gut. Aber auch wenn es anders gewesen wäre, könnte ich nicht sagen, ob ich den Wechsel verneint hätte. Denn in dem halben Jahr Probetraining hat Joshua den Betrieb kennengelernt und sich mit Freude in das Konzept eingelebt. Außerdem habe ich für mich immer im Hinterkopf: Sollte der Fußball mehr Belastung als Spaß sein, ziehen wir die Notbremse und wählen entweder einen anderen Verein, der weniger anspruchsvoll ist, oder schlagen unserem Sohn vielleicht auch einen Wechsel der Sportart vor. Aber so weit sind wir noch nicht.

Zeitgleich wechselt Joshua von der Grundschule auf die Gesamtschule. Das Schulkonzept sieht ab der 5. Klasse an drei Tagen der Woche Ganztagsunterricht bis 16 Uhr vor, an zwei Tagen bis 14 Uhr. Puh, nach dem Stundenplan der Grundschule ein enormer Sprung.

Durch die neue Schulform und den zusätzlichen Trainingstag bekommen die Themen Schule und Fußball eine neue Dimension. Zeichnete sich in der Grundschule ab, dass sie bedingt Einfluss aufeinander haben, kommt es nun zu einer immer stärkeren Vermischung beider. Ähnlich wie Ying und Yang, leider nicht immer so harmonisch, wie ich in den nächsten Jahren erfahren werde.

Mit der Wahl der weiterführenden Schule wird bekanntlich auch die Weiche für die Schullaufbahn gestellt. An der Gesamtschule sind alle Schulabschlüsse von Hauptschule über Realschule bis Fachabitur und Abitur möglich. Mein Wunsch für unsere beiden Kinder ist seit jeher das Abitur. Damit steht ihnen die Welt offen, sie sind in ihrer Berufs- und Studienwahl nicht limitiert und können entscheiden, was sie machen möchten. Daran halte ich auch bei Joshua fest, trotz oder gerade wegen des Fußballs. Denn im Fußball weiß man nie, wie lang und wie erfolgreich eine Karriere aussehen wird.

Wenn ich in den Ergebnissen der Umfrage der Vereinigung der Vertragsfußballspieler(VDV)[6] lese, dass drei von vier Fußballprofis keine Ausbildung haben, d. h. nach dem Ende ihrer Karriere ohne erlernten Beruf oder absolviertes Studium dastehen, sträuben sich mir die Nackenhaare. Je nach Liga wird auch das vielleicht gut verdiente Geld nicht bis zur Rente reichen.

Gut, Joshua ist noch einige Jahre davon entfernt und keiner weiß, bis wohin er es schaffen wird, an Karriere ist noch gar nicht zu denken. Dennoch ist es uns bereits jetzt wichtig, unseren Sohn mit einer guten schulischen Basis auszustatten – Fußball hin oder her.

Zum Glück fallen im ersten Jahr zwei der drei Trainingstage auf die kurzen Schultage. Diese Tage sind entspannt, denn Joshua hat zwischen Schule und Training genügend Luft zum Ausruhen, Hausaufgaben erledigen und was er sonst noch so macht.

Der einzige „lange" Tag ist dagegen bereits ab morgens durchgetaktet. Die Fußballtasche muss gepackt sein, denn er hat genau 30 Minuten Luft, wenn er aus der Schule kommt, bevor wir im Auto sitzen und zum

Training fahren. Bis 19 Uhr steht er auf dem Platz, und gegen 19.30 Uhr sind wir wieder zu Hause. Dann wird noch zu Abend gegessen, und kurz danach liegt er erschöpft im Bett.

An den langen Schultagen gibt es keine Hausaufgaben für den nächsten Schultag. Doch kommt es hin und wieder vor, dass unser Sohn Hausaufgaben von den Tagen davor schlichtweg „vergisst", die dann gemacht werden müssen – egal ob Training ist.

„Joshua, denk dran, du musst bis morgen noch Hausaufgaben in Mathe machen. Also auf jeden Fall in der Mittagspause anfangen und am besten fertig werden. Wenn du aus der Schule kommst, müssen wir kurz danach los zum Training", schwöre ich ihn schon beim Frühstück ein. Die Mittagspause ist eine Schulstunde lang. Sie ist zwar zum Essen gedacht, wird aber meist nicht voll ausgeschöpft und bietet so Möglichkeiten, ausstehende Aufgaben zu erledigen.

„Ja, ja", ist seine knappe Antwort, die mir signalisiert, wie unwichtig er das Thema findet.

Ich muss gestehen, solche Tage nerven mich besonders. Gerade weil das Thema Hausaufgaben – unabhängig von Trainingstagen – immer ein kritisches Thema ist. Es gibt Kinder, die setzen sich wie selbstverständlich an den Tisch, packen die Schulsachen aus und fangen eifrig an zu arbeiten. Oder kommen aus der Schule und zeigen freiwillig, was sie gemacht haben. Ein Traum. Doch ist Joshua eher das Gegenteil – eher der Albtraum.

Er sieht die Schule seit der 1. Klasse als Kommunikationsknotenpunkt, eher als Möglichkeit, seine Freunde zu treffen und in den Pausen mit ihnen Fußball zu spielen. Alles, was mit Lernen zu tun hat, ist ihm eher lästig.

Hat Joshua die Aufgaben nicht in der Schule erledigt, hat er zwei Möglichkeiten. Sich direkt nach der Schule hinhocken oder nach dem Training – beides keine verlockenden Angebote, und gerade Letzteres der totale Horror.

Bereits auf der Heimfahrt vom Training murrt er dann, dass er keine Lust hat. Ich versuche freundlich und positiv zu intervenieren, dass es nicht mehr viel und schnell erledigt ist, wenn er sich noch mal für kurze Zeit konzentriert. Und genau das ist der Knackpunkt – nach so einem Tag ist Joshua verständlicherweise müde und Konzentration ist eine Eigenschaft, von der er spätestens dann noch nie etwas gehört hat. Für uns beide bedeutet das, am späten Abend noch mal Höchstleitung zu erbringen: Joshua in Sachen Konzentration, ich in Geduld. Meist gelingt es ihm, das Thema Hausaufgaben vor Trainingsbeginn zu erledigen, sodass solche Extremtage eher die Ausnahme sind.

Je nachdem wie wir beide drauf sind und wie stressig der Tag verläuft, macht er sogar mir Bauchweh. Ist das alles für einen Zehnjährigen zu viel? Sollte ich nicht die Notbremse ziehen und ihn erst gar nicht solchen Situationen aussetzen?

Dieses Thema der Überforderung ist etwas, was mich bis zum heutigen Tag immer wieder beschäftigt –

je nach Situation und Alter mal mehr, mal weniger. Ich kenne einige Eltern, nicht nur aus dem Sportbereich, die sich diese Frage immer wieder stellen, sobald ihr Kind über die Maße aktiv ein Hobby mit großer Leidenschaft auslebt.

In Gesprächen mit Joshua versuche ich immer wieder herauszufinden, wie er selbst empfindet. Wie belastend ist so ein Tag für ihn?

Mein Mann und ich wissen manchmal nicht, was gut und was zu viel ist, und verlassen uns sehr auf unser Bauchgefühl. Und unseren Sohn. Er hat ein gutes Gefühl für sich, kann gut einschätzen, was er leisten kann und was ihm zu viel ist. Selbstverständlich überlassen wir ihm nicht allein die Entscheidungen, diese Einsicht fehlt ihm noch. Doch nehmen wir ihn in seinen Befindlichkeiten ernst und sind eher das Regulativ.

Oft bin ich überrascht, dass er regelmäßiges Training und Spiel überhaupt nicht als anstrengend empfindet. Für ihn ist der Sport Ausgleich, Austoben, Spaß. Dass mal ein Tag stressiger ist als der andere, stellt für ihn kein so großes Problem da. Das, was der Fußball ihm gibt, ist mit nichts in seinem Alltag vergleichbar – etwas, was ich mit der Zeit lernen muss.

Ein befreundeter Psychologe hat mir vor Jahren erklärt, dass man Kinder nicht überfordern könne und sie noch ein gutes Gespür für sich haben, wenn sie über ihre Freizeit und die Inhalte selbst bestimmen können. Das gilt natürlich nicht für ein Kind, das den Timetable eines

Managers hat. Ich habe eine Zeit gebraucht, das zu verinnerlichen. Aber ich stimme ihm mit zwei inzwischen erwachsenen Kindern teils zu und denke, wir können ihnen ruhig mehr zutrauen.

In der 5. Klasse ist die Hausaufgabensituation das Einzige, was uns ein wenig straucheln lässt. Ansonsten habe ich das Empfinden, dass der Fußball die Schule befruchtet. Das konzeptionelle Trainieren und die damit verbundenen Strukturen kann Joshua auf die Schule übertragen. So wie er im Training konzentriert den Anweisungen des Trainers folgt, setzt er auch Arbeitsaufträge zielgerichtet in der Schule um. Das selbstständige Packen der Fußballtasche führt dazu, dass er sich auch um seine Arbeitsmaterialien kümmert. Er wird zum Klassensprecher gewählt, da er kommunikativ ist und lösungsorientiert Konflikte schlichtet. Social Skills, die er auch in seiner Fußballwelt lebt und die Trainer ihren Spielern vermitteln. Denn wie im Sport geht es auch hier nicht nur um den Einzelnen, sondern die Gemeinschaft zählt. Ein tolles Feedback für Joshua, das ich an einem der ersten Elternsprechtage von seinen beiden Tutoren erhalte und das mich sehr freut.

In der Fußballschule wird Joshua im ersten Jahr von zwei Trainern betreut, die ihm den Einstieg in die neue Mannschaft leicht machen. Sie sind beide Anfang Zwanzig, Studenten und durch ihre unbekümmerte Art noch sehr nah an den Jungs dran. Sie wirken auf mich selbst noch wie Junghunde, die zwar schon ihr Flegelalter überstanden haben, aber dennoch viel Spaß mitbringen.

Und mit dieser Einstellung entfachen sie bei Joshua und seinen Mitspielern die Bereitschaft, in ihrem Hobby zu lernen, nicht auf dem Level stehen zu bleiben, sondern sich stetig weiter zu entwickeln und dennoch nicht die Lust zu verlieren. Entsprechend dem Alter der Spieler lehren sie Technik- und Taktikpraktiken. Das, was sie im Training vermitteln und immer weiter verfeinern, sollen die Spieler ins Spiel einbringen. Schließlich schulen die Trainer ihre Mannschaft unter der Woche nicht, um sie am Wochenende kopflos mit dem Ball am Fuß aufs Tor rennen zu sehen und alles Gelernte außer Acht zu lassen. Wie jede Mannschaft ist auch ihre nicht in jedem Spiel erfolgreich und nur allein ums Gewinnen geht es nicht. Doch einige Eltern sehen das anders, sie wollen Siege sehen. Ohne Wenn und Aber.

Ein Spiel aus dieser Zeit ist mir noch gut in Erinnerung. Mein Mann ist beruflich unterwegs und ich fahre mit Joshuas Mannschaft zu einem Hallenturnier. Schlimmer als die Kombination „Turnier" und „Halle" kann es für mich nicht kommen.

Das Team verliert die ersten beiden Spiele. Die Jungs machen noch einen ganz munteren Eindruck, einige Väter dagegen fangen an zu murren. Ich langweile mich, da zwischen den Spielen wie immer große Pausen sind und ich die Kuchentheke schon in- und auswendig kenne.

Das dritte und zum Glück letzte Spiel ist in vollem Gange, der Sieg aber in weiter Ferne. Im Gesamtergebnis betrachtet ist auch mir klar, dass das Turnier für die Mannschaft nicht gut verläuft.

Beide Trainer sitzen auf der Bank und brüllen nicht wie andere durch die Halle. Im Gegenteil – sie sind mucksmäuschenstill und beobachten nur.

„Mensch, die sollen mal den Mund aufmachen", empört sich ein Vater neben mir, dessen äußeres Erscheinungsbild darauf schließen lässt, dass er gerne das Fitnessstudio besucht. „So lernen die Jungs gar nichts. Und gewinnen können die so eh nicht. Die lassen die Jungs im Regen stehen. Deren Gelassenheit möchte ich gerne mal haben", ereifert er sich weiter.

Ich kann dem Gemotze wenig abgewinnen. Ich glaube, die Jungs sind schon derart von der Rolle – den Trainern ist einfach klar, dass Korrekturen die Spieler nur noch mehr verunsichern würden. Das Team findet kein gemeinsames Spiel, jeder bolzt für sich allein. Ohne gemeinsame Struktur kann eine Mannschaft nicht erfolgreich sein. Eben das lernen Joshua und seine Mitspieler von Jahr zu Jahr immer mehr, aber nicht immer gelingt die Umsetzung. Das geht auch bei Profimannschaften, ja sogar Nationalteams gern mal gehörig in die Hose. Die Brasilianer können davon ein Liedchen singen. Während der WM 2014 im eigenen Land haben sie sich mit der 1:7-Niederlage gegen Deutschland eine riesige Frustpackung abgeholt.

Da bei dem Hallenturnier eine Niederlage unausweichlich ist, entscheiden die Trainer, die Jungs einfach spielen zu lassen. Sollen sie doch daran ihren Spaß haben.

In solchen Situationen immer interessant: Die Jungs selbst empfinden es nicht so, dass sie von ihren Trainern allein gelassen werden, so wie der Jogginghosen-Vater vermutet.

Joshuas Kommentar später darauf angesprochen: „Blöd, dass wir verloren haben, hat aber Spaß gemacht. Die Trainer fanden es gut, dass wir nicht aufgegeben, sondern weiter gekämpft haben."

Eben diese unverkrampfte Haltung finde ich wichtig. Gerade in dem Alter sollte der Spaß überwiegen, damit sie neben der Schule die Bereitschaft haben, auch in ihrem Hobby lernen zu wollen. Je spielerischer und lockerer das geht, desto höher ist die Wahrscheinlichkeit, dass sie mit Freude und Ausdauer dabei bleiben. Ist es nur Druck, wird man es nicht lange aushalten können.

Ich denke, das kennt jeder von uns. Ist man in seinem Job unzufrieden, erbringt man nicht die gleiche Leistung wie in einem positiven Umfeld, in dem man bereit ist über sich hinaus zu wachsen und mit Spaß den Auftrag zu erledigen.

Joshua hat die Zeit unter diesen Trainern als sehr prägend in Erinnerung. Sie haben ihm vermittelt, wie viel Spaß Fußball macht. Ein Aspekt, der, egal bis wohin er es schaffen wird, immer wichtig bleibt.

„(...) man darf nicht den Druck verspüren, ich muss jetzt trainieren, sondern ich hab Spaß und Freude, es ist ein Genuss, nun zu trainieren und Fußball zu spielen. Dieses Gefühl muss ein ständiger Wegbegleiter bleiben (...)"

Mario Götze, Fußballspieler[7]

> So wie Götze betonen auch die Profis Müller, Reus, Hummels, Kramer und wie sie alle heißen in Interviews immer wieder, wie wichtig es ist, Spaß und Freude am Training und Spiel zu haben.

Nach sechs Monaten erhält Joshua sein erstes Zeugnis, seine fußballerischen Fähigkeiten werden das erste Mal benotet. Er hat sich in der Zeit immer mehr zu einem Fußballer entwickelt, der weiter und besser Fußball spielen will. Dreimal die Woche packt er die Fußballtasche, kaum ein Training lässt er ausfallen. Er freut sich, wenn er von seinen Trainern ein entsprechend positives Feedback bekommt.

Die Note für sein Sozialverhalten ist im 2er-Bereich, die spielerischen Fähigkeiten liegen zwischen 2 und 3. Für mich ist das ein ordentliches, durchschnittliches Zeugnis, über das ich mich freue, denn es bedeutet, dass er nicht nur Spaß hat, sondern auch kognitive Möglichkeiten, sich in seinem Hobby weiterzuentwickeln.

Anders als bei seinen früheren Trainern wird auch offen Kritik geübt. Natürlich nett und im entwicklungsbedingten Umfang. Joshua ruft oft nur ein Mindestmaß seiner Leistungsfähigkeit ab und soll mehr Einsatzwillen zeigen. Ich finde, dass er schon viel Energie für den Sport mitbringt, und ich weiß gar nicht, ob da noch Luft nach oben ist. Aber ich bin ja auch kein Trainer und nach wie vor bei den Trainingseinheiten nicht dabei. Diese vor drei Jahren getroffene Vereinbarung behalten wir auch in der Fußballschule bei.

Joshua freut sich über die Noten, vergleicht sie mit denen seiner Mitspieler, ist ganz zufrieden, aber eigentlich wenig beeindruckt. So genau weiß er gar nicht, was mit den einzelnen Beurteilungen gemeint ist. Unter Eigenschaften wie defensives oder offensives Kopfballverhalten, Finten, kreatives Handeln, Beweglichkeit kann er sich noch wenig vorstellen. Das und vieles mehr wird er in den nächsten Monaten lernen und im Laufe der Jahre weiter verfeinern.

Mich lässt die Zeugnisvergabe anfangs eher fremdeln, geht es doch um den Sport und nicht um Schule. Ich hatte bis dahin auch von einer derartigen Form der Beurteilung nicht gehört und erfahre, dass es eine Besonderheit der Fußballschule ist. Im Laufe der Jahre finde ich aber heraus, dass die durch die Schule gelernte Benotung auch etwas Gutes hat. Sie ermöglicht es unserem Sohn und einigen seiner Mitspielern, sich selbst und einander besser einzuschätzen, Schwächen und Stärken zu erkennen.

Auf jeden Fall hat er weiterhin Spaß und zu keinem Zeitpunkt stellt er den Fußball infrage. Und genau diese Einstellung, locker damit umzugehen, bestärkt mich, ihn weiter zu unterstützen. Gleichzeitig muss ich mir immer vor Augen führen, dass unser Sohn eine feste Struktur im Leben braucht, sozusagen einen Rahmen, der ihm auf der einen Seite Halt gibt, ihm auf der anderen Seite erlaubt, sich frei zu bewegen und zu entfalten. Genau das bietet ihm sein Sport.

„JEDER JECK IST ANDERS"
DIE VERSCHIEDENEN „ELTERN-TYPEN"

Bereits im Verein waren wir ein bunt gemischter, multikultureller Haufen aus den unterschiedlichsten Ecken. Das ist hier in der Fußballschule nicht anders. Mit Joshua kommt noch ein anderer Junge neu dazu, und wir steigen wieder in eine bestehende Mannschaft ein. Schon ein wenig durch die alte Elternschaft geschult, fällt es mir leichter, in Kontakt mit den Eltern zu kommen. Nach dem ersten Austausch der klassischen Infos (wo vorher gespielt, seit wann und welche Position – ja, hier kann ich trumpfen, denn nach drei Jahren weiß ich, dass Joshua Stürmer ist) bemerke ich, dass es einen gravierenden Unterschied zu Joshuas altem Verein gibt. Hier treffe ich das erste Mal auf ambitionierte Eltern, die in ihrem Sohn bereits den nächsten Fußballstar à la Messi sehen. Bisher nur von ihnen gehört, erhalten sie hier ein Gesicht.

Ich erinnere mich an eine ganz besondere Familie: Der Vater, eher der unsportliche, untersetzte Typ, ist bei jedem Training und Spiel anwesend und hat zu jedem Spieler der Mannschaft eine Meinung, durchaus nicht immer positiv. Er macht daraus keinen Hehl, stuft er seinen Sohn doch als riesiges Talent ein. Die Mutter tritt nur in Erscheinung, wenn das Familienoberhaupt nicht kann, ist eher still und hält sich aus allem raus. Der Sohn ist ein netter, ruhiger Junge, der sehr ehrgeizig ist und dem in seinem Wesen und seiner Körpersprache oft der Druck abzulesen ist, dem er bereits unterliegt.

Die Eltern hoffen, dass ihr Sohn es im Fußball mal „weit" bringen und in einer Liga spielen wird, die ihnen ihre Altersvorsorge sichert. Dafür soll er alles geben, sie verlangen Leistung auf höchstem Niveau. Da muss der Filius auch mal die Zähne zusammenbeißen, wenn das Knie schmerzt oder die Schonfrist nach einer Verletzung nach Meinung des Vaters zu lang dauert und er gefälligst wieder auf den Platz soll.

Das klingt vielleicht hart oder übertrieben, aber meine Charakterisierung steht stellvertretend für solche Elterntypen, die ich am Rand des Fußballplatzes erlebe. Seinen Sohn derart unter Druck zu setzen, verstehe ich schlichtweg nicht und diese Jungs tun mir leid. Mit diesen Eltern komme ich auch nicht ins Gespräch, zwischen unseren Auffassungen liegen Welten. Ich denke, sie sehen in mir eher jemand, die unverantwortlich mit dem möglichen Talent ihres Sohnes umgeht, da ich Joshua nicht über seine Grenzen zu mehr Leistung anhalte. So wenig ich will, dass sie sich in unser Leben einmischen, so wenig kann ich ihnen sagen, was ich von ihrem Umgang halte.

DER STATISTIK-WART

Aber es gibt ja auch noch andere Typen. Zum Beispiel die, die mit Haut und Haaren Anteil am Sport ihres Kindes haben, alle anderen Eltern und den dazu gehörigen Sohn kennen, wissen wer wann wie lang in welchem Verein gespielt hat. Sie haben die Tabelle genau im Blick, kennen Siege und Niederlagen nicht nur der eigenen Mannschaft, sondern auch der Gegner. Für mich die wandelnden Statistiker, die immer das Handy griffbereit haben, um während des Spiels die Tweets der anderen Mannschaften aus der Liga nicht aus den Augen zu verlieren und Tore und Gegentore ihrer unmittelbaren Umgebung sofort mitteilen zu können. Sie analysieren nach dem Abpfiff, welche Tordifferenz zu welchem Platz führen wird, und ob die Meisterschaft bereits verloren oder noch in greifbarer Nähe ist.

Ich finde das äußerst unterhaltsam, kann mir selber aber keine Sekunde vorstellen, mir über solche Dinge Gedanken zu machen. Gleichzeitig sind die Statistiker aber sehr hilfreich und hilfsbereit, wenn ich mal was wissen will. Denn, dass ich eine Antwort auf jede meiner Frage erhalte, ist so sicher wie das Amen in der Kirche.

Dann gibt es diejenigen, die nur das Wohl des eigenen Sohnes im Auge haben und nach jedem Training beim Trainer stehen. Aus meiner Erfahrung ist das nicht geschlechtsspezifisch. Das habe ich bei einigen Müttern ebenso erlebt wie bei dem einen oder anderen Vater, im Extrem auch bei beiden Elternteilen. Gerade bei jungen Trainern, die mit der Elternarbeit noch nicht so vertraut sind, führt das schnell zu Überforderung.

Zwei bis drei Personen streben nach Trainingsende auf sie zu. Mutter A informiert, dass ihr Sohn morgen wegen eines Arzttermins nicht zum Training kommen wird. Okay, gebongt. Verstehe, dass das der Trainer wissen muss.

Vater B, der die letzten zehn Minuten das Training beobachtet hat, erklärt, dass sein Sohn heute nicht so gut trainieren konnte, da er noch ein Problem mit der Verletzung am Schienbein hat, die er sich im letzten Spiel zugezogen hat. Hier wird es für mich schon grenzwertig. Wieso muss er das extra betonen?

Gerade Verletzungen, die sich Spieler im Training oder Spiel zuziehen, haben Trainer aus meiner Erfahrung gut auf dem Schirm. Sie nehmen die Einschränkung zu großer Wahrscheinlichkeit selbst wahr. Also was ist die eigentliche Botschaft dieser Info? Schon meinen Jungen? Nimm ihn härter ran? Lass ihn am Wochenende auch spielen, wenn er noch Schmerzen hat?

Unglaublich, aber auch keine Seltenheit, sind Eltern C, die sich doch tatsächlich in die Kaderplanung einmischen wollen. Sie fragen nach, warum ihr Sohn nicht spielt oder nicht auf der Position spielt, die sie für richtig erachten.

DIE HELIKOPTER-ELTERN

Das sind die, die ihren Sohn auf Schritt und Tritt begleiten, bis hinauf in die B-Jugend noch jedes Training mit Argusaugen begutachten und einfach nicht loslassen können. Sie haben auch Ansätze der Statistiker, da das Hobby ihres Kindes ja eigentlich auch ihr Hobby ist, und sie den gleichen Zeitaufwand betreiben wie ihr Sohn, da immer dabei. Oft frage ich mich, wie das übrige Leben dieser Kinder aussieht, ob sie auch dort so „overprotected" sind?

SECOND-CHANCE-ELTERN

Eine weitere Spezies sind die Väter (in seltenen Fällen auch Mütter), die selbst mal gekickt haben oder in anderen Sportdisziplinen aktiv waren, es aber aus verschiedenen Gründen nicht bis an die Spitze geschafft haben. Sie unterstützen nun ihren Sohn und hoffen, über ihn zu spätem Ruhm zu gelangen.

Einige, die ich kennenlerne, sind eng am Sport ihres Sohnes dran, üben keinen offensichtlichen Leistungsdruck aus, sondern sind eher subtil. Im ständigen Gespräch nach Training und Spiel gibt es versteckte Hinweise, wie Sohnemann es besser machen kann. Es geht dann nicht um „Du musst ..." oder „Du darfst nicht ...", sondern eher um „Du solltest ...", „probier doch mal ...", „überleg doch mal ...".

Wenn er dann nicht überlegen will, weil er keine Lust hat, „zerfrisst" das den Vater und er ist enttäuscht. Hätte er nur damals so jemanden an seiner Seite gehabt, wäre er eben doch ganz oben gelandet.

DIE BERATER-ELTERN

Ein weiterer Phänotyp, den es früher nur vereinzelt, heute jedoch häufiger gibt, sind Eltern, die seit der D-Jugend einen Berater für ihren Sohn haben. Er taucht hin und wieder beim Spiel auf, berät und verhandelt Verträge und hilft bei Vereinswechseln. Anfangs fand ich das sehr befremdlich, doch um sich in der Fußballwelt zurechtzufinden, sind Berater sicher nicht das Schlechteste. Dazu später mehr.

DIE „ELTERN"-TRAINER

Eine vom Aussterben bedrohte Spezies sind die Urgesteine: Eltern, die noch immer vom Spielfeldrand Anweisungen zurufen, und zwar nicht nur ihrem Sohn, sondern auch den Mitspielern. Außerdem schiedsrichtern sie natürlich besser als jeder Schiedsrichter. Sie kommentieren jede Entscheidung des Unparteiischen, schimpfen und beschimpfen ihn nicht immer sehr fair, wenn sie die Entscheidung als ungerecht erachten. Sie versuchen, ihre umstehenden Nachbarn in ihr Fahrwasser zu ziehen, und hätten in den USA sicherlich lebenslanges Stadionverbot zu den Spielen ihres Sohnes.

Die Hoffnung stirbt zuletzt

Ich lerne Eltern kennen, deren Sohn schon seit Jahren in der Fußballschule spielt, quasi zum Inventar gehört und Eltern wie Spieler hoffen, dass bald ein „großer" Verein zugreifen wird und sich alles Geld, alle Mühen und Qualen endlich auszahlen.

Die Erfahrenen

Ebenso Familien, deren Filius aus einem Leistungszentrum wegen einer langen Verletzungsphase aussortiert wird. Dass so etwas in dem Alter schon passiert, verschlägt mir den Atem. Ich weiß nicht, ob Elf- oder Zwölfjährigen so eine Erfahrung wirklich guttut. Aus späteren Ereignissen, die ich noch erfahren werde, weiß ich, dass Pädagogik zwar ein Begriff ist, der in der Fußballwelt vorkommt, aber nicht unbedingt in Zusammenarbeit mit Jugendlichen gelebt wird. In der Haut der Eltern möchte ich nicht stecken, ihre Jungs moralisch wieder aufzubauen und zu stärken. Sie bringen Erfahrungen aus dem Nachwuchsleistungszentrum mit, die wir anderen Eltern – noch – nicht haben.

Die Alleinkämpfer

Vereinzelt lerne ich auch Eltern kennen, die man sehr selten auf dem Fußballplatz trifft. Oft sind es alleinerziehende Mütter oder Väter, die wegen ihres Berufes und der familiären Situation einfach keine Möglichkeit der Unterstützung haben. Wie soll man seinen Sohn nachmittags zum Training bringen, wenn man eine volle

Stelle hat, womöglich im Schichtdienst arbeitet und Wochenenden normale Arbeitstage sind? Keine Frage, dass das nur schwer möglich ist.

Take it easy – die „Sutsche"-Eltern

Aber ich treffe auch Väter und Mütter, die gelassen das Hobby ihres Sohnes begleiten und unterstützen und einfach die Kugel rollen lassen. Es sind nicht viele und sie sind an einer Hand abzuzählen. Meist sind das Eltern, die mit Fußball selbst nie richtig in Berührung gekommen sind, es dennoch gut finden, dass sich ihre Kinder sportlich betätigen. Das sind meine liebsten Gesprächspartner, weil sich mit ihnen nette Themen ergeben, die wenig mit dem Sport unserer Kinder zu tun haben. Mit ihnen rede ich über Dinge, die unser „echtes" Leben daneben ausmachen: den Beruf, die Geschwisterkinder, die Wochenendplanung, die Urlaubslektüre, der nächste Kurztrip, unsere sportlichen Aktivitäten und ... Denn auch als Eltern eines Jugendfußballers sind wir nicht auf diese Rolle reduziert.

Gerne denke ich auch an die Eltern zurück, die sich nicht eindeutig in eine Kategorie einordnen lassen.

Da ist der Vater, mit dem wir bis heute freundschaftlich verbandelt sind und der seinem Sohn jegliche Unterstützung bietet, sich dadurch auszeichnet bei Anpfiff des Spiels alleine um das Spielfeld zu tigern. Das ist seine Art, die Anspannung zu verarbeiten.

Oder der Spielervater, der in der Mannschaft als Verwalter agiert. Er richtet im Internet einen Spielplan ein, der für alle Eltern zugänglich ist und den er penibel pflegt, ebenso die WhatsApp-Gruppe, über die er uns alle während des Spiels auf dem aktuellen Stand hält. Gerade für Letzteres bin ich ihm unglaublich dankbar, muss ich meinen Mann in seiner Abwesenheit nicht über den Spielverlauf informieren. Das, was er alles wissen will, kann ich eh nicht liefern.

Nicht zu vergessen die Mutter, die zu unseren diversen Grillnachmittagen die besten Köfte macht, die ich je gegessen habe.

Welcher Typ bin ich? Noch sehe ich mich eher in der letzten Kategorie. Betonung liegt auf „noch". Denn bereits im Laufe der letzten drei Jahre habe ich mich verändert. War ich anfangs doch recht beladen mit Vorurteilen, merke ich mittlerweile, dass es mir Spaß macht, unseren Sohn bei seinem Hobby zu unterstützen. Ich wasche die Wäsche, fahre zum Training und ab und zu zum Spiel und feuere an.

Ich muss zugeben, dass ich die Eltern des alten Vereins vermisse, weil ich mich dort mehr zu Hause gefühlt habe. Es ging mit ihnen einfach nur um Fußball. Leistung, Druck, Konkurrenz waren noch kein Thema.

Der Fußball ist für mich nach wie vor ein Hobby, und ich habe kein Ziel vor Augen, das Joshua erreichen soll. Auch wenn er gern Fußballer werden möchte – welcher Junge will das in dem Alter nicht? Sogar Marius Müller Westernhagen wollte das als 14-jähriger und ist mal einer Einladung der DFB-Auswahl gefolgt. Ich dagegen habe für Joshua überhaupt keine Ambitionen in diese Richtung.

Aber wird das die nächsten Jahre so bleiben? Wie wird sich Joshua weiter entwickeln? Welche Richtung wird die fußballerische Entwicklung einschlagen? Und damit verbunden auch meine? Werde ich zum Schluss vielleicht wie eine „Helikopter-Mum" über unserem Sohn schweben? Eine schreckliche Vorstellung, aber ist das wirklich auszuschließen?

Juli 2009

Formel 1-Pilot Lewis Hamilton gewinnt den Grossen Preis von Ungarn.
Am 7. Juli findet die Trauerfeier für Michael Jackson in L.A. statt.
Joshua ist Spieler der U13.

In der U13 bekommt Joshua nicht nur ein neues Trainerteam, sondern auch eine neue Position. Spielte er bisher als Stürmer, wird er nun als Innenverteidiger eingesetzt – für ihn der Abstieg aus der Bundes- in die Bezirksliga.

„Was soll ich denn da? Von da hinten kann ich doch gar keine Tore schießen", reagiert er enttäuscht.

Joshua bekommt seit seinem ersten Spiel von meinem Mann für jedes geschossene Tor eine Torprämie. Mir unbegreiflich, warum er für Erfolg Geld bekommt, aber das ist eine Sache zwischen den beiden. Da er auf seiner alten Position eine hohe Trefferquote vorzuweisen hat, sieht er seine zusätzliche Einnahmequelle nun versiegen.

Mit seiner Größe – bedingt durch die Gene seines ostafrikanischen Großvaters – überragt er alle seine Teamkollegen fast um einen Kopf und wirkt behäbig auf dem Spielfeld. Seine imposante Erscheinung prädestiniert ihn zwar für die Abwehr, lässt ihn ansonsten aber oft unbeweglich erscheinen. Die durch die Pubertät beginnende körperliche Veränderung – größer, breitere Schultern, Muskelzuwachs – macht ihm das Leben schwer, im Gegensatz zu vielen seiner Teamgefährten, die durch ihre spätere Entwicklung jetzt noch flink wie ein Wiesel über das Spielfeld laufen. Daher der Wechsel in die Abwehr.

Joshuas Lauffaulheit ist auch hier weiterhin ein Thema.

„Joshua, im Fußball muss man laufen. Ich weiß, dass es für dich bei deiner Größe viel schwieriger ist, in Fahrt zu kommen, als für die anderen. Wenn du nicht laufen willst, dann solltest du Golf spielen", rät ihm sein Trainer in der U13 und schreibt ihm unter sein Zeugnis: „Fußball ist ein Laufsport!".

Joshuas Trainer erklärt ihm, dass auch er in seiner Jugend eher größer und kräftig war. Oft zu spät am Ball zu sein, weil der Gegner schneller ist, nicht so leicht umschalten zu können, weil der Körper nicht so beweglich ist – all das kennt auch der Trainer zur Genüge. Er weiß, wie sich Joshua fühlt.

„Um deine Größe zu kompensieren, ist es wichtig, dass du das Spiel über immer in Bewegung bleibst. Es ist viel schwerer, aus dem Stand auf Tempo zu kommen, als wenn du ständig langsam läufst. Das ist so ähnlich wie mit einem Formel-1-Wagen – er braucht wesentlich länger, um auf Touren zu kommen, wenn er jedes Mal kalt startet. Ist er aber schon warm, dann geht das viel schneller", erläutert er Joshua.

Die Größenunterschiede innerhalb einer Mannschaft lassen mich oft schmunzeln. Da hat man einen Spieler, der von seiner Größe noch in der F-Jugend spielen könnte, und so einen Kerl wie Joshua, den man schon eher in die U15 stecken will. Je nach Alter ist die jeweilige Entwicklung für den einen von Vorteil, für den anderen von Nachteil.

Für Joshua ist sie eindeutig nachteilig, wenn ich ihn unbeweglich über den Platz laufen sehe. Er selbst hat damit kaum Probleme, denn mit elf Jahren ist er sich seiner Körperlichkeit und der Unterschiede zu seinen Mitspielern nicht bewusst. Er trainiert freudig weiter und setzt die Ermahnung des Trainers um, sich mehr zu bewegen. Er wird noch zwei Jahre brauchen, bis er diese Hürde wirklich genommen hat. Heute lachen wir darüber und denken oft, was wäre, wenn er dem Rat seines Trainers gefolgt und auf Golf umgestiegen wäre.

Für talentierte Spieler gibt es neben dem normalen Trainingsalltag zusätzlich das Fußballinternat. Sie werden von ihrem Trainer dazu ausgewählt und das Training ist im Monatsbeitrag inbegriffen. Sie trainieren zweimal wöchentlich ab 15 Uhr. Aus Joshuas Mannschaft sind es vier oder fünf Spieler, die dazu gehören.

An den beiden Tagen treffen sie sich zum gemeinsamen Mittagessen, bevor sie in das einstündige Ballkontakttraining gehen. Beim sogenannten Stärken-

Schwächen-Training wird an der Technik gefeilt. Beidfüßigkeit wird geübt, Spielzüge mit Ball, die noch Defizite aufweisen, werden trainiert und dadurch verbessert, ebenso Stärken im Ballkontakt weiter herausgearbeitet und gefördert. Danach kommen alle Spieler im Vereinsheim zusammen und erledigen unter Aufsicht die Hausaufgaben. Dann geht es um 17.30 Uhr in das eigentliche Mannschaftstraining.

Joshua wird in dieser Saison – er ist jetzt in der 7. Klasse – von seinem Trainer dafür ausgewählt. Neben dem dreimaligen Training in der Woche würde er an zwei der beiden Tage direkt nach der Schule mit der Bahn zur Fußballschule fahren.

Joshua ist stolz, dass er ausgesucht wird, und will das unbedingt machen. Auch für mich hätte es Vorteile: Ich könnte zwei volle Tage in der Woche arbeiten und müsste nicht alles halbtags schaffen. Ein verlockendes Angebot. Trotzdem bin ich mir unsicher, ob das nicht zu viel ist, da er zwei Tage ganztags außer Haus wäre.

Joshua ist ein Junge, der sich gern mitteilt. An freudigen Ereignisse, aber auch Sorgen und Nöten lässt er mich teilhaben. Gerade die Fahrt zum Training ist zu „unserer" Zeit geworden, in der wir entweder plaudern oder schweigen – je nach Stimmungslage. Auch wenn es für mich oft ein organisatorischer Spagat ist, Büro, Besprechungen und Abholen unter ein Dach zu bekommen, genieße ich die kleinen Momente sehr. Die würden nun zweimal in der Woche wegfallen. Dafür würde Joshua einen weiteren Schritt in Richtung Selbstständigkeit machen.

Am Morgen mit seinen Sachen für den ganzen Tag das Haus verlassen, Mittagessen an der Fußballschule, Selbstverantwortung für die Hausaufgaben. Aus den bisherigen Erfahrungen sehe ich vor allem in Letzterem ein großes Problem. Das ist auch ein Grund, warum ich mich mit der Entscheidung schwertue. Aber die wichtigste Frage bleibt für mich: „Warum soll der Fußball noch mehr Raum einnehmen?". Erst Jahre später wird mir der Sinn und Zweck zusätzlicher Trainingsoptionen wirklich bewusst werden. Jetzt ist mir die Notwendigkeit nicht verständlich.

Die Fußballschule nimmt ihre Aufgabe ernst und sieht sich als Lehrkörper für Fußball auf höchstem Niveau. Ähnlich wie in der Grundschule gibt es auch hier Schüler mit unterschiedlichen Leistungen, die entsprechend ihrer Fähigkeiten gefördert werden. Spieler, die Talente haben, die Trainer förderungswürdig finden, sollen hier zusätzliche Trainingsmöglichkeiten erhalten. Gleichzeitig bekommt das Training durch den immer größer werdenden Zeitfaktor mehr Gewichtung im Leben der Jungs. So sollen sie langsam darauf vorbereitet werden, dass ihnen im Fußball nichts geschenkt wird, sondern auch Erfolge hart erarbeitet werden müssen.

Aber wie soll Joshua sich und seine Grenzen kennenlernen, wenn er sie nicht austestet? Ich glaube, dass ich mich davon frei machen muss, Fußball als Belastung für unseren Sohn zu sehen. Ich würde mir für ihn manchmal mehr Freizeit wünschen. So wie wir das früher hatten. Wobei der gravierende Unterschied zwischen uns beiden ist, dass ich keinen Leistungssport betrieben habe.

Mein Mann sieht das Ganze dagegen viel gelassener. „Lass ihn das doch mal ausprobieren. Wenn's nicht klappt, dann kann er immer noch mit Golf anfangen", reagiert er auf meine Bedenken.

Na ja, er ist nun nicht so sehr in Joshuas Alltag mit Schule, Hausaufgaben und Training eingebunden und hat leicht reden. Wenn sich meine Bedenken bezüglich Hausaufgaben bewahrheiten, bin ich diejenige, die abends mit ihm hier sitzen wird.

Eine Woche später nimmt Joshua zusätzlich am Sondertraining teil. Bedingung ist, dass die Hausaufgaben nicht leiden. Wenn wir merken, dass er nicht die Kondition und Kraft für so einen Tag hat, nehmen wir ihn wieder heraus. So vereinbaren wir es mit ihm und seinem Trainer.

Joshua findet die Tage, an denen er allein mit der Bahn zum Training fährt, sehr aufregend. Klar, geben sie ihm doch das Gefühl größer und selbstständiger zu sein. Die Fußballorganisation klappt auch vorbildlich, doch die Hausaufgaben lassen nach ein paar Wochen zu wünschen übrig. Joshua findet das Beisammensein mit seinen Mitspielern viel lustiger als das Erledigen der Aufgaben – verständlich. Gerade dann, wenn die anderen schon fertig sind oder nichts aufhaben, verlässt ihn der Ehrgeiz, seine Aufgaben zu Ende zu bringen. So kommt es immer wieder vor, dass sie entweder nicht komplett sind oder – um mit mir keinen Ärger zu bekommen – von jemand anderem gemacht werden. Clever sind die Burschen schon, aber wir Mütter leben auch nicht hinter dem Mond.

Im Gegensatz zum Fußball wird immer deutlicher, dass Joshua in der Schule nur unter Druck funktioniert – für mich eine grauenhafte Vorstellung. Um Joshua eine Chance zu geben, versuche ich ihm zu erklären, welchen Part er übernehmen muss, damit er weiterhin das Sondertraining besuchen kann, und was passiert, wenn er sich nicht an die Abmachung hält. Doch das mit den Hausaufgaben will nicht verlässlich funktionieren und jede Woche gibt es eine – in Joshuas Augen – plausible Erklärung, warum nicht.

Mein Mann und ich schauen uns das eine Zeit lang an. Als es unserem Sohn nicht gelingt, das Thema Hausaufgaben in den Griff zu bekommen, unsere Diskussionen darüber immer mehr werden, er immer öfter abends nach dem Training ran muss und auch mein Mann hin und wieder eine „Kostprobe" davon bekommt, welche Anstrengung es allen Beteiligten abverlangt, nehmen wir Joshua aus dem Sondertraining heraus. Für mich steht diese nervenaufreibende Thematik in keinem Verhältnis zu dem Trainingszugewinn. Um dieses Pensum zu absolvieren, muss man schon sehr gut strukturiert sein. Einige Kinder können das früher, andere erlernen das später oder nie.

Da ist es wieder, das spannende Thema der individuellen Entwicklung. Joshua ist zum jetzigen Zeitpunkt
jedenfalls noch nicht so weit.

Eine erzieherische Wirkung hat das leider nicht,
denn für Joshua hat es keine spürbaren Konsequenzen.
Ihn stört es nicht, nicht mehr ins Internat zu gehen, und
die Abmeldung hat keine „Auswirkungen" auf sein
Mannschaftstraining, denn er wird weiterhin Fußball
spielen. Das, was er am liebsten tut.

Obwohl das Erlebnis klein, eher belanglos ist, be-
wirkt es etwas in mir. In meinem Hinterkopf hämmert
immer stärker mein Wunsch: „Ich will, dass Joshua das
Abitur macht, um eine gute Basis fürs Leben zu haben.
Und der Fußball wird daran nichts ändern!".

Im Rahmen der Vorbereitung auf dieses Buch ist mir
etwas bewusst geworden, was ich mir lange Zeit nicht
eingestehen wollte. Ich habe Angst, dass unserem Sohn
der Stempel des dummen Fußballers aufgedrückt wird,
wenn er nicht mindestens das Fachabitur macht.

Für viele Menschen ist Fußball noch immer ein Sport, in
dem es auf eine gute Schulausbildung nicht unbedingt
ankommt. Wer einem Fußball hinterher läuft, kann
nicht viel in der Birne haben.

Dass das schon seit einigen Jahren nicht mehr so
ist, zeigen Beispiele wie Thomas Müller, Per Mertes-
acker, Oliver Kahn, İlkay Gündoğan oder Levin Öztunali,
die alle ihr Abitur bzw. Mario Götze das Fachabi gemacht haben.

Viele Fußballer studieren während oder nach ihrer aktiven Zeit. Oliver Bierhoff hat BWL studiert. Thomas Broich verschafft sich nach ein paar Semestern Philosophie derzeit durch ein Wirtschaftsstudium ein zweites Standbein nach der Fußballkarriere. Simon Rolfes studiert Sportmanagement und steckt sein Wissen nach dem Ende seiner Profizeit jetzt in eine eigene Marketingfirma. Christoph Metzelder hat bereits während seiner aktiven Zeit seine Stiftung gegründet mit der er sich bis heute in zahlreichen Projekten für Kinder und Jugendliche in Deutschland engagiert.

"Nur Fußball ist mir zu langweilig."

Annike Krahn, ehemalige Fußballspielerin[8]

Das, was ich bei den Männern positiv hervorhebe, ist in der Nationalmannschaft der Damen Normalität – parallel zu ihrer Profikarriere absolvieren fast alle Spielerinnen eine Ausbildung oder ein (Fern-)Studium. Im Gegensatz zu den männlichen Kollegen sind sie auf den zusätzlichen Verdienst angewiesen und wollen für später einen „Plan B" haben. Wie unverständlich und unfair ich das finde, brauche ich an dieser Stelle wohl nicht zu erwähnen, leisten sie doch Gleiches wie die Männer und sind nicht minder erfolgreich.

Kim Kulig studiert im Fernstudium Sportmanagement und seit 2013 Innenarchitektur an der Hochschule Darmstadt. Die ehemalige Torhüterin Nadine Angerer hat nach einer abgebrochenen Ausbildung zur

Fachkraft für Veranstaltungstechnik zur Physiotherapeutin umgeschult. Melanie Behringer ist gelernte Bürokauffrau und absolvierte ein Fernstudium zur Sportfachwirtin. Célia Šašić hat nach ihrer Ausbildung zur Kauffrau für Marketing-Kommunikation den Studiengang Kulturwissenschaften an der Universität Koblenz-Landau belegt. Saskia Bartusiak hat ein abgeschlossenes Sportstudium und Lena Goeßling ist nach ihrer Ausbildung zur Einzelhandelskauffrau derzeit in der Sportfördergruppe der Sportschule der Bundeswehr stationiert.

Nur einige Beispiele, die aufgrund von Fakten zeigen, dass das Klischee „Fußballer = dumm" nicht mehr ganz so stimmt. Der moderne Fußball benötigt schon kognitive Fähigkeiten, um in dem Sport bestehen, Spiele lesen, Taktiken entwickeln zu können. Natürlich gibt es auch einige Ausnahmen. Doch maße ich mir nicht an, Namen zu nennen und darüber öffentlich zu urteilen.

DIE ERSTE FUSSBALLVERLETZUNG

Zu fast jedem Sport gehören Verletzungen. Zum Fußball auf jeden Fall. Es wird immer schneller gespielt, mit immer mehr Körpereinsatz und immer weniger Erholungspausen. Laut einer Statistik der ARAG-Sportversicherung und dem Lehrstuhl für Sportmedizin der Uni Bochum[9] entstehen 40 % der Verletzungen bei Fußballern durch Fouls oder Kollisionen. Die Verletzungen ohne Fremdeinwirkungen liegen bei 60 %. Dazu zählen am häufigsten die hintere Oberschenkelmuskulatur, die Innenbänder im Knie und die Außenbänder des Sprunggelenks. Zahlen sprechen für sich, und irgendwann trifft es dann auch mal das eigene Kind.

Joshua war schon immer ein großer Junge, schießt aber seit seinem elften Lebensjahr extrem in die Höhe – wie eine gut gegossene Sonnenblume, der man beim Wachsen zuschauen kann. Wir kaufen im Dreimonatsturnus neue Hosen, Shirts und Schuhe. Doch diese Wachstumsschübe gehen nicht nur ins Geld, sie sind auch eine extreme Belastung für den Körper.

Sehnen und Muskulatur wachsen nicht im gleichen Tempo wie die Knochenstruktur. Dadurch reagieren hypertone Muskeln – Muskeln, die auch im Ruhezustand angespannt sind – ständig mit Verkürzung, und bei Überanstrengung steigt das Risiko einer Zerrung. Dehnen und gutes Aufwärmen sind die magischen Worte, das reicht aber nicht immer aus.

Das erste Mal treten muskuläre Probleme bei Joshua in der U13 auf, kurz vor der Winterpause. Er hat Schmerzen in der Leiste, kann meist nur die ersten 20 Minuten einer Trainingseinheit mitmachen. Der Trainer empfiehlt, zum Arzt zu gehen, einen konkreten Tipp oder Ansprechpartner – Fehlanzeige.

Vielleicht schiebe ich kurz ein, dass ich aus einem Arzthaushalt komme, in dem pharmazeutische Mittel gern als das Allheilmittel eingesetzt wurden. Ich habe seit meinem 20. Lebensjahr für mich allerdings mehr den ganzheitlichen Weg gewählt und damit auch bei unseren Kindern gute Erfahrungen gemacht. Joshua ging bisher durch Erkältungen und Magen-Darm-Infekte ohne Medikamente. Homöopathische Mittel und die klassischen Hausmittelchen halfen immer gut. Natürlich hatte er schon mal Prellungen, das Lippenbändchen angerissen, eine Kopfverletzung, Finger und dicken Zeh gequetscht und kleinere offene Blessuren – was Jungs in dem Alter nun mal haben. Aber größere Erkrankungen und Verletzungen hatte er bis zu diesem Winter nicht.

Da der Weg zum Orthopäden auch nur eine Diagnose, nicht aber die Behandlung bringt, wählen wir direkt den Weg zu unserer Osteopathin. Sie behandelt mich seit Jahren sehr erfolgreich und hat Joshua nach einem Unterarmbruch beim Inlineskaten wieder ins Gleichgewicht gebracht. Jetzt sind wir gespannt, was sie zu den Leistenproblemen sagen wird.

„Das sind die Adduktoren", lautet nun ihre Diagnose zu Joshuas Leistenproblemen.

„Adduktoren?", frage ich.

Für alle, die genauso unwissend sind wie ich – unter dem Adduktor versteht man den Muskel, der zum Heranziehen eines Körperteils notwendig ist. Im Fall von

Joshua handelt es sich um den Adduktor des Oberschenkels.

„Der Adduktor ist der, der schreit. Aber die Probleme beginnen bei Joshua schon im Fuß. Hier steht der ein oder andere Knochen nicht ganz richtig", erklärt sie.

Wer selbst Probleme mit Muskeln, Sehnen und Knochen hat, weiß, dass sie sich oft aufeinander aufbauen, wie bei einem Dominospiel.

Sie rät erst mal zu zwei Wochen Fußballpause und zwei Behandlungen pro Woche. Beides führt zwar zur Besserung, aber nicht zu einer kompletten Wiederherstellung.

Immer wieder flackert im Training der Schmerz in der Leiste auf. Joshua legt dann wieder eine Trainingspause ein, steigt nach ein paar Tagen wieder ein, freut sich, wenn er eine ganze Einheit durchhält, ist enttäuscht, wenn es am nächsten Tag nicht mehr klappt und er erneut aufhören muss.

„Glaubst du, das wird wieder? Wie lange wird Joshua nicht spielen können?", fragt mich mein Mann besorgt. Er sorgt sich immer schnell und in seiner Frage steckt nicht die Angst, dass Joshua kein Fußball mehr spielen könnte. Es ist mehr das Gefühl, sich mit etwas auseinandersetzen zu müssen, was er nicht kennt und ihm Sorgen macht. Egal wie groß oder unbedeutend eine Erkrankung oder Verletzung ist, mein Mann kann damit nicht gut umgehen. Er kann sie schlecht einschätzen, und sie bekommen für ihn schnell eine Dramatik.

Ich denke über so etwas überhaupt nicht nach und mich beunruhigt Joshuas Verletzung nicht sonderlich. Für mich ist das Muskelproblem etwas, das durch Joshuas Wachstum und die ständige Belastung bedingt ist. Wir werden es in den Griff bekommen, brauchen dazu aber erfahrungsgemäß Geduld und die richtige Behandlung. Das ist zwar eine plausible Erklärung für meinen Mann, wirklich Ruhe bringt es ihm aber nicht. Seine ständigen Fragen, die darauf abzielen, dass ich nach jedem Training, jedem Termin beim Physio detailliert erklären soll, wie es gelaufen ist, bescheren uns beiden oft „dynamische" Gespräche – meinem Mann geht meine Gelassenheit auf die Nerven und mir seine Ungeduld.

Über Eltern aus der Fußballschule (nicht über den Trainer!) erfahre ich, dass es eine Kooperation mit einem Physiotherapeuten gibt. Er ist ehemaliger Eishockeyspieler, betreut seit Jahren Profis und Profimannschaften aus dem Fußball- und Eishockeybereich, und Sportverletzungen sind sein Fachgebiet. In Absprache mit der Osteopathin entscheide ich, Joshua dort mal vorzustellen.

Der Physiotherapeut schaut sich nicht nur Joshua an, sondern nimmt auch die Fußballschuhe unter die Lupe. Durch seine langjährige Erfahrung im Fußballprofibereich weiß er, dass es eine Verbindung zwischen muskulären Problemen und Schuhen geben kann.

Und das will er nun bei Joshua untersuchen. Ich bin ja eh kein Fan dieser hippen, schreiend grellen Läufer, an denen Joshua so sehr Gefallen findet. Sollen die nun die Übeltäter sein? Zum zweiten Besuch nimmt Joshua seine Fußballschuhe mit und siehe da – sie sind mitverantwortlich für die Adduktorenprobleme.

Wie der Physio mir erklärt, wird durch die Schrägstellung der Stollen Joshuas Muskulatur bei Stopp- und Drehbewegungen über die Maßen strapaziert. Da seine Muskeln durch das rapide Wachstum unter Dauerspannung stehen, haben sie ganz schön zu ackern. Wie ein Gummiband, das bereits gespannt ist und an dem ständig weiter gezogen und gedreht wird. Das gibt auch irgendwann auf.

Sein Rat: Wechseln auf runde Stollen. Und da ist er wieder, mein Copa Mundial. Derzeit der einzige Schuh mit runden Stollen. Zum Frust des Sohnes und zur Freude der Mutter.

Zusätzlich zu Schuhwechsel und regelmäßigen Behandlungen, lernt Joshua, sich richtig zu dehnen. Denn nur ein geschmeidiger Muskel, der nicht immer unter Hochspannung steht, kann seine Funktion ausüben.

Natürlich ist so ein fast Zwölfjähriger in einer Physiopraxis ganz verständnisvoll und demütig, gelobt regelmäßig zu üben. Als Mutter traue ich dem Braten aber nicht. Denn zu Hause sieht das Ganze natürlich anders aus und in dem Alter ist bei Joshua von Eigeninitiative nicht viel zu erkennen. Wenn ich also möchte, dass das Problem in den Griff zu bekommen ist, muss ich mit ran.

Ab sofort ist es meine Aufgabe, jeden Abend dafür zu sorgen, dass er sein Dehnprogramm durchzieht. Dehnübungen, der Oberschenkel im Türrahmen, auf dem Tisch, am Treppenabsatz – wenn die Motivation so gar nicht mehr vorhanden ist, mache ich mit Joshua einen Wettstreit daraus, wer mehr Wiederholungen schafft oder länger eine Übung halten kann. Not macht ja bekanntlich erfinderisch. Wie bei allen lästigen Sachen hält das natürlich nur so lange an, bis Joshua wieder richtig fit ist.

Gleichzeitig gibt der Physiotherapeut Joshua ein Aufwärmprogramm vor dem Training. Er schärft ihm ein, dass er das, unabhängig von seinem regulären Aufwärmprogramm, immer machen muss. Denn für seine Muskeln ist es wichtig, dass sie vor der Belastung richtig gut gedehnt und aufgewärmt sind, um weitere Verletzungen zu verhindern. Da Joshua merkt, wie gut ihm das tut, setzt er diese Übungen bereitwillig allein um.

Die Verletzungspause fällt genau in die Weihnachtsferien, sodass er zum Start in die Rückrunde wieder fit in seine Mannschaft und zu seinem Trainerteam zurückkehrt. Die Maßnahmen helfen ihm dabei, ein Jahr verletzungsfrei zu spielen. Immerhin!

„Vor Beginn des Trainings sollte man sich fünf
Minuten aktiv aufwärmen."

Mark Verstegen, Fitnesstrainer u. a. der deutschen
Nationalmannschaft[10]

Aufwärmen und Dehnen gehören zum Sport, und fast jeder Hobbysportler lockert sich, bevor er in die Laufschuhe steigt oder auf den Tennisplatz geht. Aber im Jugendbereich ist das anscheinend eine große Schwachstelle – egal ob Verein oder Fußballschule. Auf gutes Aufwärmen und Dehnen vor und nach dem Training wird bei unseren Kindern nicht ausreichend geachtet.

Ich habe das bisher nicht erlebt, auch nicht in der U13, und bin oft erschrocken, wenn ich sehe, wie unbeweglich diese jungen Burschen schon sind. Die meisten kommen gar nicht mit ihren Fingerspitzen an die Zehenspitzen, weil der hintere Oberschenkelmuskel bereits jetzt verkürzt ist. Mir ist das unbegreiflich, geht es doch um einen Körper, den man pflegen muss, damit er unter diesen hohen Belastungen einwandfrei funktioniert.

Bei einer Geburtstagsfeier komme ich mit einer Mutter ins Gespräch, deren Sohn in der D-Jugend spielt. Sie erzählt, dass er seit längerem Probleme mit seinen Muskeln hat und jetzt noch der Meniskus dazugekommen ist. Sie beklagt die mangelnde Fürsorge für die Spieler und ihren Körper. Sie fühlt sich vom Verein allein gelassen, da sie sich um Arzt, Behandlung und weitere

Maßnahmen wie Physiotherapie eigenverantwortlich kümmern muss. Wir sind also kein Einzelfall.

Aus Joshuas erster Verletzung lerne ich mehrere Dinge:

1. Unser Sohn kann mit der Verletzung gut umgehen. Da es keine ernsthafte oder große Verletzung ist, die ihn in seinem Alltag erheblich einschränkt, findet er sie zwar blöd, arbeitet aber gut mit dem Physiotherapeuten zusammen und setzt die Hilfsmaßnahmen – teils mit meiner Unterstützung – zügig um, sodass er schnell wieder auf den Platz kann.

2. Hilfe muss ich uns außerhalb des Vereins besorgen. Die Verantwortung, wer behandelt und wie behandelt wird, liegt bei mir. Der Verein tritt erst in Erscheinung, wenn der Spieler wieder fit ist. Hatte ich mir so nicht vorgestellt, ich dachte immer, man arbeitet Hand in Hand. Aber das kann ja vielleicht noch kommen? Schließlich hat jede Profimannschaft ihren persönlichen Dr. Müller-Wohlfahrt. Wann beginnt das in der Jugend? Ab wann ist der Körper der Spieler „wichtig" genug für ein „Komplettkümmerpaket"?

3. In der Fußballschule lernen unsere Kinder, Fußball zu spielen. Präventionsmaßnahmen wie ausreichendes Aufwärmen, Dehnen und Stabilisieren von Sehnen und Muskulatur gibt es in dem Alter noch nicht ausreichend. Wer hier Hilfe braucht, muss Eigeninitiative zeigen. Meine große Hoffnung ist, dass speziell in diesem Bereich mit zunehmendem Alter der Spieler professioneller gearbeitet wird.

4. In Verletzungssituationen leidet nicht nur das verletzte Kind, sondern oftmals auch das Umfeld wie Eltern oder Geschwister mit. In unserem Fall ist es mein Mann, der in solchen Momenten unentspannt und ungeduldig ist. Für mich ein Vorgeschmack auf das, was noch kommen wird. Denn wir werden Augenblicke erleben, in denen ich mich fragen werde, wer der Verletzte ist – Joshua oder sein Vater.

Juni 2010

Im Finale der French Open besiegt Rafael Nadal Robin Söderling. Es ist sein achter Sieg bei einem Grand-Slam-Turnier.
Kronprinzessin Viktoria von Schweden heiratet ihren Fitnesstrainer Daniel Westling.
Joshua ist Spieler der U14.

Neue Saison, neues Glück. Das Trainer-Roulette dreht sich weiter und Joshuas Mannschaft bekommt einen neuen Chef-Trainer. Co-Trainer bleibt der alte. Da beide Trainer im gleichen Alter sind und studieren, leben sie den Teamgedanken mehr als das vorherige Team. Sie teilen sich die Aufgaben auf Augenhöhe und sind beide Ansprechpartner für die Spieler wie auch für die Eltern.

Zu den Spielern haben sie ein lockeres Verhältnis, man trägt ähnliche Frisuren – an den Seiten kurz, das Deckhaar fast wie einen Hahnenkamm länger –, man ist auf Facebook vernetzt, macht Späße miteinander, aber sobald es auf den Platz geht, sind sie für die Jungs Respektspersonen.

Ab der U14 gibt es neue Regeln. Es wird ein Strafenkatalog eingeführt, Übertretungen gehen ans Taschengeld. Beispielsweise sind für Unpünktlichkeit oder Vergessen des Trikots je 5 Euro fällig, für unfaires Verhalten auf dem Platz sogar 10 Euro.

Für uns Mütter gibt es eine revolutionäre Veränderung. Wir müssen die Trikots nicht mehr für alle Spieler waschen, sondern nur noch für den eigenen Sohn! Was für ein Luxus, sich nicht mehr um die stinkenden Socken und verschwitzten Klamotten zu kümmern, die mich oft glauben lassen, ich würde im Zoo vor dem Pumakäfig stehen. Jetzt ist es eher spannend, ob Joshua alles mitbringt, was ihm gehört oder die Hälfte in der Umkleide vergisst. Unser Sohn ist nicht der Ordentlichste. Oft gibt es nur einen Stutzen und Joshua muss vor dem nächsten Spiel den zweiten bei seinen Mannschaftskollegen suchen.

Eine weitere Neuerung: Nach dem Training duschen die Spieler gemeinsam. Auf der einen Seite eine Erholung für die Nase, da für einen Sohn nach einem Training das Gleiche gilt wie für die Trikots und den Pumakäfig. Man mag beides nicht gern im Auto haben. Auf der anderen Seite für uns Eltern weitere Zeit, die wir mit Warten verbringen müssen.

„Mein Sohn duscht nicht. Das kann er auch zu Hause machen. Ich will das nicht!" Das ist die Reaktion eines Vaters, dessen Sohn direkt nach dem Training im Auto verschwindet und nach Hause fährt. Weder ein Elternabend noch Gespräche können den Grund klären oder für eine Meinungsänderung beim Vater sorgen. Er will es einfach nicht, und damit basta. Mir tut das für seinen Sohn leid, denn für die Jungs ist das ein wahnsinniger Spaß.

Joshua gehört zu denen, die gerne und lange duschen und stundenlang mit den Teamkollegen quatschen. Oft hadere ich, dass es dadurch abends noch später wird, bis das Abendbrot auf dem Tisch steht. Doch weiß ich mittlerweile, dass das für die Jungs nach einem anstrengenden und konzentrierten Training wichtig ist, um Luft abzulassen und Spannung abzubauen.

Ich vergleiche es mal mit einer Altherren-Mannschaft. Die Männer bolzen, was das Zeug hält, es fällt kein privates Wort während des Spiels und danach sitzen sie bei einem leckeren Kölsch zusammen und reden sich den Mund fusselig. Nicht beim Bier, sondern in den Umkleiden mit lauter Musik – so ist es bei unseren Söhnen.

Hin und wieder, wenn der Spieler ohne seinen duschfeindlichen Vater und selbstständig mit öffentlichen Verkehrsmitteln unterwegs ist, nimmt er sich die Zeit, hüpft unter die Dusche und genießt die Gemeinschaft seiner Mitspieler.

ES GEHT AUCH ANDERS – SPIELER AUF SICH ALLEIN GESTELLT

In der Zeit lerne ich die ersten Spieler kennen, die für ihren Sport größtenteils allein verantwortlich sind. Vor diesen Jungs habe ich den größten Respekt. Zu sehen, wie sie zu jedem Training mit ihrer oft viel zu großen Fußballtasche bereits müde vom Schultag kommen und abends, wenn die meisten Spieler von ihren Eltern mit dem Auto abgeholt werden, allein zur Bus- oder Bahnhaltestelle laufen, geht mir schon ans Herz. Gerade mit drei- bis viermal wöchentlichem Training und der Ganztagsschule ist es fast unmöglich, den Alltag allein zu stemmen. Es bedarf schon eines unglaublichen Willens und Durchhaltevermögens, die nötige Leistung auf dem Platz zu erbringen.

Joshua spielt in der D- und C-Jugend zusammen mit einem Spieler, der oft auf sich allein gestellt ist. Ben ist ein offener, lustiger Typ. Er erzählt, was er in der Schule erlebt hat, und hin und wieder geht er ein bisschen verträumt durch die Welt. Seine Mutter ist alleinerziehend und hat nicht die Möglichkeit, ihn jeden Nachmittag zum Training zu fahren und wieder abzuholen. Dennoch freut sie sich darüber, dass Ben so viel Spaß an seinem Sport findet. Da er nicht in unmittelbarer Nähe des Trainingsgeländes wohnt, bedeutet das für ihn, für die An- und Abreise mit öffentlichen Verkehrsmitteln jeweils eine zusätzliche Stunde unterwegs zu sein.

Als ich Ben an einem regnerischen Abend zusammen mit Joshua aus dem Vereinsheim kommen sehe und weiß, dass mein Sohn jetzt in ein trockenes Auto steigen wird, während er durch den Regen zur Bahnhaltestelle muss, finde ich das Leben schon sehr ungerecht.

„Komm, steig ein. Wir fahren dich nach Hause", sage ich.

Ben nach Hause zu bringen, bedeutet für mich einen Umweg von zehn Minuten und für ihn, eine Stunde früher zu Hause zu sein. Es ist selbstverständlich, dass ich das an dem Abend und auch in Zukunft übernehme.

Ich bin nicht die Einzige, die im Rahmen ihrer Möglichkeiten versucht, ein bisschen Entspannung in den Alltag zu bringen, wo es geht. Noch zwei weitere Mütter steigen in die „Fahrgemeinschaft" ein. Das wird nicht groß besprochen und auch nicht an die große Glocke gehangen, das wird einfach gemacht.

> *„Ich habe großen Respekt vor Bens Leistung, das alles allein zu schaffen."*
>
> *Joshua über seinen Mitspieler und Freund*

Zwischen Joshua und Ben entwickelt sich seit Anbeginn des gemeinsamen Trainings eine schöne Freundschaft, die auch noch weiter anhält, nachdem sich ihr gemeinsamer Weg trennen wird. Nicht nur ich, sondern auch unser Sohn bewundert ihn dafür, dass er die Energie aufbringt, sich selbstständig um seinen Sport zu kümmern. Joshua und einige seiner Teamkameraden lernen durch ihn zu schätzen, welchen Luxus sie haben, sich weder um ihre Wäsche noch um das Fahren kümmern zu müssen. Denn auch wenn sie mit Bus und Bahn zum Training fahren müssen, versuchen wir Eltern, sie abends immer abzuholen.

Ich denke, dass diese Alleinverantwortung, der Ben unterliegt, ihn in seinen fußballerischen Möglichkeiten einschränkt. Er hat, ebenso wie Joshua, an mehreren Tagen in der Woche bis nachmittags Unterricht, sprintet dann mit Fußballsachen in die nächste Bahn, um pünktlich auf dem Platz zu stehen. Dieses Pensum hindert ihn daran, die großmögliche Leistung konstant auf dem Platz abzurufen. Ich kann ihn gut verstehen, dass er oft freitags zu müde und nicht in der Lage ist, am Training teilzunehmen. Wäre er zu mehr Leistungen fähig, wenn er in seinem Alltag mehr Unterstützung bekäme? Oder ist das eher wieder der „mütterliche Blick", der das Ganze viel kritischer sieht als der Spieler es selbst wahrnimmt? Gibt es überhaupt einen Zusammenhang? Oder ist es für ihn so wie es ist vollends in Ordnung?

Ben hat jedenfalls einen unglaublichen Willen, dass Maximum aus seinen Möglichkeiten zu machen. Er erspielt sich einen Platz als Stammspieler, wird ebenso wie Joshua durch Verletzungen zurückgeworfen und muss sich in der Mannschaft seinen Platz zurückerobern. Er hat genauso Anfragen von anderen Vereinen.

Wenn wir nach einem gewonnen Spiel zu dritt nach Hause fahren, freue ich mich für seine gute Performance genauso wie die unseres Sohnes. Ebenso leide ich mit ihm, wenn er unzufrieden ist oder sich ungerecht behandelt fühlt.

Auf jeden Fall ist Ben dem Fußball bis heute treu geblieben. Über die Jahre ist er mir sehr ans Herz gewachsen, und wenn wir uns zufällig treffen, ist es noch immer eine große Freude für uns beide.

Ben steht stellvertretend für viele Spieler, deren Umfeld sie aus unterschiedlichen Gründen nicht unterstützen kann. Trotzdem leben sie ihren Traum und ich kann nochmals betonen, wie viel Respekt und Bewunderung ich für diese Menschen habe. Denn am Beispiel unseres

Sohnes sehe ich wie viel Energie, Wille und Leistungsbereitschaft dazu gehört.

Ist zusätzliche Förderung nötig?

Im dritten Jahr in der Fußballschule ist das Thema DFB-
Stützpunkt[11] allgegenwärtig in der Mannschaft.

Für all die, die mit dem DFB bislang nur das Profige-
schäft in Verbindung bringen: Der Deutsche Fußball
Bund fördert talentierte Spieler aller Altersklassen zusätzlich zu ihrem Vereinstraining. Bundesweit werden
zurzeit in 366 Stützpunkten ca. 16.000 Jugendliche unterstützt, die es noch nicht in ein Leistungszentrum
geschafft haben. Das Training findet einmal wöchentlich am jeweiligen Stützpunkt statt. Meist werden die
Mannschaften von drei erfahrenen Trainern betreut,
wodurch ein gezielter Blick auf den Einzelnen gerichtet
werden kann. Dazu kommen Lehrgänge, zu denen der
DFB einlädt.

Auch bei uns gibt es ambitionierte Eltern, deren Jungs
an diesem Training teilnehmen. Sie hoffen, dass dadurch der Sprung in ein Leistungszentrum möglich ist.
Dafür lassen die Spieler je nach Trainingstagen das
Mannschaftstraining ausfallen und trainieren unter anderen Trainern mit anderen Teamgefährten.

Die Trainer von Joshuas Fußballschule unterbinden das zwar nicht, finden das aber nicht gut. Die Teilnahme am Stützpunkttraining würde nicht zwangsläufig zu einem Leistungszentrum und Bundesligisten führen, sagen sie. Das wöchentliche Training bringt ihrer Meinung nach nicht viel, da es immer eine Umstellung auf den Trainer wie auch auf die Mannschaft mit sich bringt. Joshuas Trainergespann bemängelt die fehlende Kontinuität. Insofern bezweifeln sie den Mehrwert, sprich Lerneffekt.

Haben die Trainer vielleicht Sorge, dass ihre Spieler dort Taktiken und Spielsysteme erlernen, die nicht ihrer Spielphilosophie entsprechen? Dass sie sich verletzen können und sie auf sie verzichten müssen?

Ich kann beide Seiten verstehen – Trainer wie Eltern. „Sonderförderung" hört sich erst mal gut an und nährt die Hoffnung, das bringt meinen Sohn weiter.

Miroslav Klose hat in keiner Junioren-Auswahl des DFB gespielt und ist heute Weltmeister. So kann es auch gehen.

Von den fünf bis sechs Spielern, die gesondert gefördert werden, wird es statistisch nur einer in ein Leistungszentrum schaffen. Die anderen, obwohl jahrelang dabei, werden nach und nach zu anderen umliegenden Vereinen wechseln.

Wir müssen uns Gott sei Dank darum keine Gedanken machen, wurde Joshua bisher noch nie zu einem Stützpunkttraining eingeladen. Ich finde das nicht weiter bedenklich, wäre es immerhin ein zusätzlicher Faktor, um den wir uns kümmern müssten. Das jetzige Pensum ist absolut ausreichend.

Dafür absolviert Joshua drei Monate ein zusätzliches Sprinttraining. Ein ehemaliger Leichtathlet, der Vereine und Sportler individuell betreut, analysiert in Kleingruppen von vier Spielern die jeweiligen Laufstile. Die Fußballschule stellt uns frei, ob wir das machen wollen, da wir ihn privat zahlen müssen. Obwohl wir mit dem „Sondertraining" im Internat aufgrund der Hausaufgabensituation nicht so gute Erfahrungen gemacht haben, willigen wir in das Extratraining ein. Immerhin wird es auf den trainingsfreien Tag gelegt und findet zu einer Uhrzeit statt, die für jeden der vier Teilnehmer neben der Schule gut zu bewerkstelligen ist.

Der Sprinttrainer stellt schnell fest, dass Joshuas Antritt trainingsbedürftig ist, er beim Anlaufen nicht schnell Geschwindigkeit zulegt. Wie Joshua von seinem ehemaligen Trainer gelernt hat, ist Fußball ein Laufsport. Ohne guten Antritt gelingt es nicht, leichtfüßig auf Tempo zu kommen, Kraft und Energie optimal zu nutzen. Übrigens ein Thema, auf dass bei ihm bis heute immer ein Augenmerk gelegt werden muss.

Durch diese Extra-Trainingseinheiten erfährt Joshua das erste Mal, dass neben dem normalen Training noch Möglichkeiten vorhanden sind, Ressourcen auszuschöpfen. Es verblüfft ihn, wie schnell er von der neu gelernten Technik profitiert und wie effektiv so ein Training in kleiner Gruppe ist.

Sogar ich, die lieber weniger als mehr möchte, muss feststellen, dass dieses spezielle Training Joshua im Laufen sehr nach vorne bringt. In den Spielen bemerke ich, wie viel leichtfüßiger er sich bewegt.

Nach Ende des Sondertrainings verfolgen wir das Thema dennoch nicht weiter, da wir glauben, dass im Rahmen des Trainings alle Fertigkeiten vermittelt werden. So ähnlich wie mit der Schule – hier vertraut man auch darauf, dass schon alles gelehrt wird, was wichtig ist.

Ein Vater aus unserer Mannschaft verlässt sich nicht darauf und steckt seinen Sohn in eine wöchentliche Extratrainingseinheit, die ein Trainer des Vereins auf privater Ebene anbietet. Der Coach schaut, wo sein Sohn Defizite hat, gleicht sie durch entsprechende Übungen aus, verfeinert Techniken und arbeitet an der Ausdauer. Jetzt beim Schreiben des Buches und mit meinem heutigen Wissen ist mir klar, dass der Vater es richtig gemacht hat.

Weder ein Trainerstab von zwei Personen noch ein Verein können auf den individuellen Spieler eingehen, geschweige denn 15 Spieler „im Detail" im Blick haben. Stärken des Einzelnen nehmen alle sofort wahr, setzen sie entsprechend in der Mannschaft ein, nutzen sie zum Zwecke der Mannschaft. Doch Schwachstellen zu erkennen und diese auch individuell zu fördern, ist in einem Verein organisatorisch nicht ausreichend möglich.

In der Schule ist es ähnlich. Auf Schwächen des Einzelnen wird auch hier wenig Rücksicht genommen. Gerade im Zeitalter von G8 wird Stoff durchgeprügelt, und wer nicht mitkommt – unabhängig von limitierenden Faktoren -, hat Pech gehabt und muss sich individuelle Lernmöglichkeiten suchen. Nicht umsonst sprießen Nachhilfeinstitute wie Pilze aus der Erde.

Nur gibt es einen gravierenden Unterschied zwischen Schule und Fußball: In der Schule lernt jeder für sich und steht je nach Leistung unter einem individuellen Druck. Erreicht einer das Klassenziel nicht und bleibt sitzen, ist das enttäuschend für ihn, hat aber keine Auswirkungen auf die gesamte Klasse.

Fußball ist ein Mannschaftssport. Hier steht jeder Spieler im Dienste der Gemeinschaft. Bringt ein Spieler die geforderte Leistung nicht, hat das sofort Auswirkungen auf Leistung und Spielergebnisse der Mannschaft. Er bekommt umgehend den Mannschaftsdruck zu spüren. Im schlimmsten Fall, wenn die Defizite zu gravierend sind, führt es zum Ausschluss aus der Mannschaft – der Spieler wird aussortiert.

Egal um welche der beiden „Lehranstalten" es geht: Ist es nicht genau das, was eine Institution bieten muss, nämlich Schwachstellen entdecken und bearbeiten, wenn sie dafür steht, dass sie Jugendliche ausbildet?

Im alten Verein bekamen wir die Spieltermine und zusätzliche Informationen vom Trainer persönlich, an der Fußballschule werden sie plötzlich per Mail an die Eltern verschickt. Ebenso die Mannschaftsaufstellung für den kommenden Spieltag, was zu viel Spannung und auch Tränen führen kann – je nachdem ob man dazu gehört oder nicht.

„Ist die Kadermail schon da? Hast du schon geguckt?".

Mit der Frage werde ich von Joshua im 5-Minuten-Takt gequält, seitdem wir zu Hause sind.

In dieser Saison muss Joshua wegen eines Mittelfußbruchs mehrere Monate pausieren. Die Verletzung zieht er sich durch Fremdeinwirkung in einem Meisterschaftsspiel zu. Beim Sprung hoch zum Kopfball wird er vom Gegner unterlaufen und kommt mit dem rechten Fuß unglücklich auf.

Joshua erhält für vier Wochen eine Gipsschiene und Krücken und darf in seiner Schule den Aufzug benutzen, der sonst nur Lehrern vorbehalten ist. Es ist die erste Verletzung dieser Art und wir nehmen sie sehr gelassen. Wir machen uns keine Gedanken, was das für den Fußball bedeuten kann. Da es vor der Winterpause geschieht, ist die Sorge auch nicht so groß, den Trainingsstand zu verlieren. In dem Alter gibt es für die Ferienzeit noch keinen individuellen Trainingsplan, sodass alle Ferien machen und „nichts" tun.

Tränen fließen erst, als er die Gipsschiene länger als gedacht tragen muss. Die Zeit der Physiotherapie und des langsamen Antrainierens lassen Joshua erst nach drei Monaten wieder ins Mannschaftstraining einsteigen. Parallel zum Training baut er im Einzeltraining mit dem Lauftrainer, den er bereits aus dem Sondertraining kennt, seine verletzungsbedingten Schwachstellen wieder auf.

Nach seiner Rückkehr setzen die Trainer Joshua trotz gutem Trainingsstand sehr zögerlich ein. Sie haben Sorge, dass er sich wieder verletzen könnte. Zu ihrem Schutz muss ich sagen, dass sie bisher wenig Erfahrung mit ernsthaften Verletzungen haben. Natürlich frustriert Joshua das oft, wodurch die Kadermail eine große Bedeutung bekommt.

Natürlich hoffe ich mit meinem Sohn, dass er spielt. Gerade, wenn die Woche für uns beide anstrengend ist, ich mich fast zerreiße, um meinem Job und Joshuas Fußball gerecht zu werden, Joshua neben dem Fußball eine volle Schulwoche hat, weil Arbeiten geschrieben werden, und er dennoch alles im Training gibt.

Aber dieser Luxus, pädagogisch sinnvoll alle Spieler durchzuwechseln wie in der F- und E-Jugend, ist spätestens ab der D-Jugend vorbei. Der Trainer kann für jedes Spiel nur eine bestimmte Anzahl an Spieler plus Ersatzspieler auswählen, was zwangsläufig dazu führt, dass einige in die Röhre gucken.

Neben den gemeinsamen Erlebnissen innerhalb der Mannschaft hat jeder Spieler somit auch seine eige-

> nen – negative wie positive. Die sind auch wichtig und
> unumgänglich.

Wenn Joshua dann nicht im Kader ist, ist es auch für mich oft schwer, die Enttäuschung aufzufangen und auszuhalten. Erklärungen, warum es so ist, wie es ist, gibt es nicht und der Frust ist riesengroß. Genau das ist der Moment, in dem mir klar wird: Der Trainer hat das Sagen. Die Konsequenzen daraus müssen der Spieler und sein Umfeld tragen.

Das ist mit meinem Erziehungskonzept sehr schwer zu kombinieren. Ich bin für klare Worte und Erklärungen, um Situationen und Entscheidungen transparent zu machen. Das gilt für die Erziehung unserer Kinder wie auch für mein übriges Leben. Joshua ist dadurch zu einem Jungen geworden, der immer wissen will, warum etwas so und nicht anders ist, und Dinge hinterfragt. Das kann zwar manchmal nervig sein, hat ihn aber zu einem selbstbewussten und selbstverantwortlichen Jungen heranwachsen lassen.

Hat sich im Laufe der Jahre die Kommunikation zwischen Spieler und Trainer verändert, gelten für das Thema Kaderaufstellung anscheinend immer noch besondere Gesetzmäßigkeiten. Ich will nicht alle Trainer über einen Kamm scheren und sicherlich ist es auch immer vom Typus Trainer und Spieler abhängig, ob und wie viel miteinander geredet wird. Aber das, was Bundestrainer Joachim Löw in einem Interview[12] mit dem *ZEITmagazin* vor der Europameisterschaft 2012 sagte, kann ich bisher im Jugendbereich nicht wirklich erkennen.

> Löw erklärt, wie wichtig die Kommunikation und Offenheit ist. Als er die Nationalmannschaft als Trainer übernahm, konnte er die Spieler für seine Reformen begeistern.
>
> „Bei uns herrschte jedoch von Anfang an viel Offenheit, ja Neugierde bei den Spielern für die Innovationen. Sie wollten eben erklärt haben, warum wir was wie machen – und das haben wir von Anfang an immer getan", erklärt der Bundestrainer.

Und genau diese Kommunikation fehlt mir jetzt ebenso wie in den nächsten Jahren, was mich oft ungläubig und ratlos sein lässt. Wie soll ich damit umgehen? Soll ich alles kleinreden, dass es doch nicht so schlimm ist, morgen nicht zu spielen? Den Trainer als Idioten bezeichnen, dass er Joshua nicht aufgestellt hat? Wie hilfreich sind diese Möglichkeiten?

Ich fahre gut damit, Joshuas Ärger, Wut und Frust ernst zu nehmen und einem Gespräch – wenn er es sucht – nicht auszuweichen. Ich werde zwar keine Lösung anbieten können, die ihn in die Mannschaftsaufstellung bringt. Doch ich kann meinem Sohn das Gefühl geben, dass ich ihn verstehe und für ihn da bin. Das stärkt ungemein – egal in welchem Alter.

Wie gehen wir generell mit Situationen um, in denen sich Joshua ungerecht behandelt fühlt und die Situation mit „nach Hause" bringt? Beziehen wir Position und stellen uns auf die Seite des Trainers und womöglich gegen unseren Sohn? Oder umgekehrt? Wie weit bringen wir uns ein?

> „Ich wusste, dass der Trainer was gegen dich hat."
>
> Anonyme Eltern

Ich kann Eltern verstehen, die lautstark ihren Unmut über den Trainer und den Verein äußern. Die Frage ist aber: Wie gehen die Kinder damit um? Die befinden sich nämlich in einem Zwiespalt. Auf der einen Seite steht der allmächtige Trainer, auf der anderen Seite die Eltern, denen man vertraut und die man liebt.

Ich denke, wir bewegen uns in einem Dilemma, das kein Richtig oder Falsch kennt und uns auch jedes Mal aufs Neue herausfordert. Bisher können wir Entscheidungen, die auf dem Platz fallen, als Entscheidungen des Trainers akzeptieren. Wir versuchen im Gespräch mit Joshua immer, die Situation aus Trainer- und Spielersicht zu beleuchten, soweit uns das fachlich möglich ist. Hat Joshua konkrete Fragen oder befriedigt ihn das Gespräch mit uns nicht, geben wir ihm den Rat, direkt den Trainer anzusprechen. Das funktioniert manchmal, oft kommt es aber gar nicht dazu, da sich die Aufregung, der Frust bis zum nächsten Training wieder legt und es nicht mehr der Rede wert ist. Natürlich muss man hier das Alter berücksichtigen, und je älter die Jungs werden, desto besser funktioniert das. Haben wir das Gefühl, dass eine bestimmte Situation über einen längeren Zeitraum anhält und die dadurch entstehende Belastung nicht mehr im normalen Rahmen ist, sprechen wir gemeinsam mit Joshua das Thema beim Trainer an.

Wie mit allem, gehen auch mit diesem Thema Spieler und Eltern unterschiedlich um. Ich kenne Eltern, die jede Entscheidung, die zum kleinsten Unmut ihres Kindes führt, direkt mit dem Trainer besprechen. Meist im Anschluss ans Training, wenn es nicht anders geht auch am Telefon oder in einem Elterngespräch am nächsten Tag. Oder die, die sich über den Trainer echauffieren, ihm das aber nie selber sagen, sondern das Thema mit anderen Eltern ausführlich bearbeiten. Oder die, denen die Entscheidung des Trainers heilig ist und ihren Sohn davon überzeugen, dass der Coach „schon recht" hat und sie an der Situation nichts ändern können.

Einerlei wie wir Konflikte zwischen dem Trainer und unseren Söhnen lösen, steckt eins doch in uns allen: Wir wollen glückliche und zufriedene Kinder. Daran ist ja auch nichts auszusetzen. Doch zum Glücklichsein gehört auch das Unglücklichsein und zur Zufriedenheit die Unzufriedenheit.

Ich weiß, wie schwer es ist, seinen Sohn einer schwierigen Situation ausgesetzt zu sehen und nicht direkt eine Lösung anzubieten. Wird er es alleine schaffen? Ist er nicht zu jung dazu, jetzt schon damit klarzukommen?

Noch heute gibt es Momente, die mir das Herz zerreißen. Gemeinsam müssen wir uns früh darauf vorbereiten, dass der Fußball auch mal unangenehm und schmerzlich sein kann. Joshua muss den Schmerz und die Enttäuschung durchleben. Ich muss ihn dabei begleiten, unterstützen und im Extremfall machtlos zuschauen.

Ihn in solchen Situationen dann loszulassen und ihm als Hilfestellung zu dienen, damit er aus eigener Kraft ans Ziel kommt, stärkt sein Selbstbewusstsein und das Selbstvertrauen – zwei grundlegende Charaktereigenschaften, die fürs Leben ungemein wichtig sind. Die Stärke und den Willen, trotzdem weiterzumachen, hat Joshua bisher gebraucht und wird er auch zukünftig brauchen. Ebenso wir Eltern. Denn ohne das wird es wahnsinnig schwer für uns, das alles auszuhalten, was noch kommen wird.

Ich glaube, dass Joshua durch den Fußball, durch die Erfolge und Niederlagen, so viel für sein zukünftiges Leben gelernt hat, was mein Mann und ich ihm allein nie hätten vermitteln können. Er ist zielstrebig, konsequent, organisiert, kritikfähig, teamfähig, sozial, verantwortungsbewusst, selbstständig, liebenswert, lösungsorientiert, hilfsbereit, neugierig und offen. Wir Eltern haben die Basis für all das gelegt, aber sind wir mal ehrlich – welche Szenarien hätten wir schaffen müssen, um diese Social Skills herauszuarbeiten? Da sage ich doch – danke Fußball!

Juni 2011

Die Dallas Mavericks werden mit Dirk Nowitzki zum ersten Mal nordamerikanischer Basketball-Meister.
Der Ausbruch des Vulkans Puyehue in Chile führt zu Störungen und Ausfällen im Flugverkehr in grossen Teilen Südamerikas.
Joshua ist Spieler der U15.

Neue Saison – neues Glück ... Wochen bevor es losgeht, ist der neue Trainer Thema.

„Der ist wahnsinnig hart." – „Das Training endet erst, wenn er zufrieden ist. Das kann auch gerne mal bis zu einer Stunde länger gehen." – „In der letzten Saison haben einige Spieler den Verein verlassen, weil er den Jungs so viel abverlangt hat. Bin mal gespannt wie viele bei uns am Ende der Saison noch übrig bleiben ..." Dies sind Aussagen einiger Eltern. Natürlich wissen sie das nur vom Hörensagen, aber sie präsentieren das so, als hätten sie es schon selber erlebt. Nirgendwo kocht die Gerüchteküche heißer als am Spielfeldrand.

Ich halte von solchen vorgefertigten Meinungen nicht viel und werde mir den Trainer erst mal anschauen. Schlussendlich ist mein Urteil auch nicht ausschlaggebend, Joshua muss mit ihm zurechtkommen und sich wohlfühlen.

Wenn unser Sohn eins nicht hat, dann sind das Vorurteile. Er springt zwar gerne mal auf jeden Zug auf und quatscht mit, doch schaut er sich neue Situationen immer wertungsfrei an.

In der Fußballschule kennt man sich zwar untereinander, aber als Trainer hatte Joshua „den Neuen" noch nicht. Da er unter dem alten Trainerteam wegen seiner Verletzung die letzten Monate nicht immer spielte und eher unzufrieden war, erwartet Joshua nun neugierig und hoffnungsvoll den Trainingsbeginn.

Sein neuer Coach ist Vater zweier Kinder, sein Sohn ist im gleichen Alter wie Joshua und so spielen sie in einer Mannschaft. Seit Jahren ist er erfolgreicher Trainer in der Fußballschule. Was ihn aber aus der bisherigen Trainerriege hervorhebt und bei unserem Sohn den größten Respekt hervorruft: Er ist ehemaliger Spieler der Nationalmannschaft von Kamerun. Er hat also genau das erreicht, wo unsere Jungs mal hinwollen. Er erzählt nicht nur, wie es bei den Profis abgeht, er hat es selbst erlebt. Er deckt beide Seiten ab – Spieler und Trainer.

Er ist auch in seinem Alter noch immer durchtrainiert, dreht jeden Morgen seine Runden, zieht jeden Tag seinen Fitnessplan durch – einmal Sportler, immer Sportler.

Bei allen Übungen, die er im Training den Jungs abverlangt, hält er locker mit. Das ist keiner, der nur redet, das ist einer, der macht, der die Fußballgeister in den Spielern weckt. Er ist ehrgeizig und eines seiner Lieblingsworte ist Disziplin.

Das wird auch direkt an dem überarbeiteten Strafen-katalog deutlich. Unpünktlichkeit, unentschuldigtes Fehlen, respektloser Umgang sowie unnötige Gelbe oder Rote Karten werden nicht mehr nur mit Geldstrafen geahndet. Zusätzlich werden Strafen in Form von sportlichen Extraeinheiten erteilt. Das sind für unentschuldigtes Fehlen beim Training zum Beispiel 15 Minuten Linienläufe, 30 Liegestütze und 20 Kniebeugen, für das Verspäten pro Minute fünf Liegestütze vor versammelter Mannschaft. Das gibt erst mal große Augen bei den Jungs.

Die nächste Neuerung führt bei mir zu ekstatischem Jubel: Zu Trainingsbeginn werden Matte und Springseil mitgebracht. Ab sofort gehören neben Konditions- und Taktiktraining auch Stabilisationsübungen, kurz Stabis, zum Alltag.

Um fit für Sprints, Sprünge, Zweikämpfe und Schüsse zu sein, ist eine gute Stabilität des Körpers unverzichtbar. Besonders Bauch- und Rückenmuskulatur sind dabei extrem gefordert. Nur wenn die gut trainiert sind, besitzt der Oberkörper ausreichend Standfestigkeit, die er für athletische Aktionen im Spiel braucht. Kraft aufbringen und gleichzeitig das Gleichgewicht halten wird im Spiel gefordert und durch Übungen mit dem eigenen Körpergewicht und kleineren Hilfsmitteln wie Bällen geschult.

Nach der ersten Woche stöhnen die Jungs, wie anstrengend das doch alles ist. Aber wie junge Menschen nun mal so sind, gewöhnen sie sich auch daran schnell. Joshua erfährt, wie es sich anfühlt, den Körper auch mal an seine Grenzen zu bringen. Und er findet Gefallen daran. Zu sehen, dass eine Übung von Mal zu Mal leichter zu schaffen ist, die Ausdauer im Spiel immer besser wird, treibt ihn an. Anderen Spielern ergeht es ähnlich.

Ist der Trainer nicht zufrieden, kommt es auch mal zu dem gefürchteten verlängerten Training. Das führt zu langen Gesichtern bei den Spielern und noch längeren bei den Eltern. Hin und wieder nervt es auch mich, wenn ich mich abhetze, um Joshua pünktlich abzuholen, und dann noch mal 45 Minuten warten muss. Was könnte ich in der Zeit alles erledigen?, denke ich jedes Mal. Aber einmal mehr lerne ich, dass Familienbelange im Fußball Nebensache sind.

Den späteren Konkurrenzkampf vermittelt er den Spielern, indem er zum Ende der Woche eine Beurteilung per Mail verschickt, die Punkte für jeden Trainingstag enthält. So kann jeder seine Leistung im Vergleich zu den Kollegen einschätzen.

„Das ist viel zu viel Druck für die Jungs. Das muss doch nicht sein." So maulen die gleichen Eltern, die auch schon zu Beginn der Saison lauthals protestierten. Die meisten Jungs dagegen, Joshua eingeschlossen, finden das gut. Sie können sich und ihre Leistung jetzt innerhalb der Mannschaft besser einordnen. Für den Trainer sind unsere Jungs eben keine Kinder mehr, sondern er spricht nur noch von Spielern.

Natürlich schlucke ich als Mutter erst mal, wenn ich das höre. Aber ich muss auch akzeptieren, dass Joshua sich entwickelt, nicht nur in fußballerischer Hinsicht. Er wird immer selbstbewusster und selbstständiger. Gerade im Fußball erlebe ich eine Selbstverständlichkeit, mit der er an die Dinge herangeht. Muss ich noch die schützende Hand über ihn halten? Will Joshua das? Und ist das überhaupt noch nötig?

Einige Eltern aus der Mannschaft finden die neuen Trainingsstatuten für ihre 14-jährigen Söhne zu hart. Auf der einen Seite zahlen wir monatlich viel Geld und verlangen eine entsprechende Ausbildung, auf der anderen Seite aber bitte sanft. Wie in der Schule kann auch ein Trainer es nicht allen Eltern recht machen. Trotzdem glaube ich, dass ich – wie in der Schule – dem Trainer ein Stück weit vertrauen muss.

Schlussendlich ist und bleibt Joshua der Indikator für mich – ist er zufrieden, dann ist alles gut. Und bei diesem Trainer ist sein Wohlbefinden extrem hoch. Denn vom Typ her ähnelt er sehr meinem Vater und mit seinem Großvater hat Joshua ein herzliches Verhältnis. Daher verwundert es nicht, dass sich Joshua und sein Trainer sympathisch sind und verstehen. Sein Coach redet nicht viel drum herum, er spricht die Dinge deutlich und klar an, was Joshua gut gefällt. Und ich bin froh, dass unser Sohn in seinem Trainer auch einen „Gesprächspartner" hat. Ein Trainer, bei dem sogar ich mich „wohl" fühle, und das will schon was heißen.

In dieser Saison erarbeitet sich Joshua als Innenverteidiger einen Stammplatz im Kader. Das im letzten

Jahr absolvierte Sprinttraining hat seinen Laufstil bereits verbessert. Das regelmäßige Ausdauertraining führt jetzt dazu, dass Joshuas ehemaliges Manko – seine Lauffaulheit – Schnee von gestern ist. Ihm macht es Spaß, die gelernten Spielzüge anzuwenden, er trainiert immer mehr seine Beidfüßigkeit – den Schuss mit Rechts und Links – und wird zu einem der Führungsspieler in der Mannschaft. Glücklicherweise schießt er in den letzten Monaten auch nicht weiter in die Höhe. Auf dem Mannschaftsfoto ist er nicht mehr der Größte – sein Co-Trainer überragt ihn um ein paar Zentimeter.

Die ihn lange begleitende Schwerfälligkeit weicht einer bisher unbekannten Leichtfüßigkeit und Beweglichkeit. Sicherlich hängt es auch mit seiner körperlichen Entwicklung zusammen, aber sein Trainer lockt Joshuas Potenzial gut hervor. Die fußballerische Entwicklung, die ich auf dem Platz sehe, spiegelt sich auch in den Noten seiner Leistungsbewertung wieder, die zwischen 1+ und 2- liegen. Er sagt noch heute, dass das sein bisher bestes Jahr unter einem großartigen Trainer war.

Aber diese Entwicklung ist nicht nur bei Joshua bemerkbar, sondern auch innerhalb der Mannschaft. Fast jeder Spieler macht einen Sprung nach vorne, die Mannschaft wächst zusammen und entwickelt einen gesunden Ehrgeiz. Der Spruch des Trainers „Du musst immer hundert Prozent geben" treibt sie an und hat sich eingebrannt.

Die Kritiken der Eltern werden auch weniger, je erfolgreicher die Jungs sind. Auch ein sehr interessantes Phänomen.

Die Jungs gehen häufig als Gewinner vom Platz und steigen am Ende der Saison auf. Ich glaube, irgendwas zwischen Bundesliga und Kreisklasse, so genau kenn ich mich mit diesen Dingen nicht aus.

Die Anzahl der in den bisherigen Jahren geführten Trainergespräche ist recht überschaubar. Sie gehören auch nicht zu meiner Lieblingsbeschäftigung. Doch wählt Joshuas Trainer einen neuen Kommunikationsweg, der bis dato einzigartig für mich bleibt – er greift zum Telefon und ruft mich an. Das mag alltäglich und wenig verwunderlich erscheinen. In dem Kosmos Fußball ist es für mich so einmalig, wie der Flug von Alexander Gerst zur ISS.

Nach einem Spiel ist Joshua mehr als perplex, als er abends ans Telefon geht und die Stimme seines Trainers hört.

„Du hast heute sehr gut gespielt. Du hast das, was wir die letzten Monate trainiert haben, gut umgesetzt. Mach auf jeden Fall weiter so", sagt er zu Joshua.

„Der Trainer will mit dir sprechen", sagt der stolz wie Oscar, als er mir das Telefon reicht.

Da weder mein Mann noch ich beim Spiel waren, will er uns berichten, wie zufrieden er mit der Leistung unseres Sohnes ist.

Das Ganze hat nicht länger als zehn Minuten gedauert, hat aber Joshua einen Motivationsschub für die nächsten Wochen gegeben. Und natürlich schwingt auch bei uns Stolz mit, aber vor allem das Gefühl, „es" doch richtig zu machen – für uns Eltern auch mal eine nette Anerkennung.

Ich brauche keinen ständigen Austausch mit den Trainern, für Joshua dagegen ist es ungemein wichtig. Schweigen, nicht mit ihm reden, ist für ihn, als würde er „verhungern". Gerade in Phasen, in denen er nicht zufrieden ist, es nicht rund läuft, ist ein Gespräch hilfreich. Es lässt ihn die Umstände verstehen, baut ihn auf und gibt neuen Mut. Sein Trainer lebt genau das in der Mannschaft. Warum bleibt er die rühmliche Ausnahme?

Weil er vielleicht als ehemaliger Spieler genau diese Gefühle kennt? Wie es ist, nicht zu wissen, woran man ist? Weil man jede Reaktion des Trainers analysieren muss, um herauslesen zu können, was er denkt? Weil er viel mehr Spieler als Trainer ist?

Ich weiß es nicht, ich will auch kein psychologisches Trainerprofil erstellen. Ich bemerke nur, dass es große Unterschiede unter Trainern gibt.

Aber die „Zusammenarbeit" zwischen Joshua und seinem Trainer ist nicht nur freundlicher Natur. Sein Trainer kann auch klare Worte finden, wenn ihm etwas nicht passt. Und das nicht zu knapp.

Nach den Weihnachtsferien steht ein Hallenturnier an. Joshua hat darauf keine Lust. Hallenturniere findet er doof.

Er hat eine Idee, wie er womöglich darum herum kommt: Er schaltet im Training mehrere Gänge herunter und macht nur das Nötigste. Seine Hoffnung ist, dann nicht in die Mannschaftsaufstellung zu kommen. Lustig, was junge Menschen manchmal für Einfälle haben. Sie glauben dann wirklich, wir Alten sind zu einfältig, um das nicht zu erkennen.

Sein Trainer bemerkt das natürlich sehr schnell, schaut sich das ein bisschen an und bittet uns nach dem dritten Training zum Gespräch – gemeinsam.

„Was ist los?", fragt er Joshua.

Joshua, der weiß, um was es geht, und dem das unangenehm ist, hält anfangs noch dagegen.

„Alles in Ordnung", antwortet er.

„Nichts ist in Ordnung. Du kommst ohne Energie zum Training, bist lustlos und gibst nicht alles. Wenn du bei mir Fußball spielen willst, dann musst du immer hundert Prozent geben. Das sage ich euch immer. Wenn du das nicht willst, kannst du gehen", maßregelt er ihn in meinem Beisein.

„Da habe ich echt Mist gebaut", sagt Joshua mir, nachdem er den „Einlauf" seines Trainers überstanden hat. Dass sein Verhalten Ärger geben und womöglich einen Rauswurf nach sich ziehen kann, darüber hat unser Sohn nicht nachgedacht.

Mir gefällt es, dass sein Trainer ihn und die Situation so klar anspricht. Mir hätte Joshua nie geglaubt, hätte ich ihm die möglichen Konsequenzen aufgezeigt. Joshua weiß natürlich, dass es nicht nur zu Hause Grenzen gibt und Regeln gelten. Ihm soll bewusst sein, dass auch ein Trainer – egal wie gut der Spieler ist und ob er ihn mag oder nicht – streng ist und er sich keine „Extrawurst" erlauben kann. Klein mit Hut verspricht er, sein

Verhalten zu ändern. In der Saison kommt es nicht wieder vor, dass Joshua halbherzig beim Training dabei ist.

DIE PUBERTÄT MACHT AUCH VOR EINEM FUSSBALLER NICHT HALT

Die Pubertät ist für die meisten Menschen ein gewaltiges Naturereignis. Der Körper verändert sich, die Gefühle fahren Achterbahn. Die Stimmung schwankt von himmelhoch jauchzend bis zu Tode betrübt. Das Gehirn strukturiert sich neu, das sonst ach so gehorsame Kind rebelliert. Wir Eltern werden infrage gestellt und sind auf einmal nur noch peinlich.

Eine einschneidende, vieles verändernde, aufregende, aber auch verstörende Zeit steht allen bevor. Das Leben spielt sich nicht mehr viel zu Hause ab, die Treffen mit Freunden sind viel spannender als Aktivitäten mit der Familie, die erste Liebe führt zu Flugzeugen im Bauch und beim Feiern werden erste Erfahrungen hoffentlich nur mit Alkohol gemacht. Wer diese Phase schon durchgemacht hat, weiß, wovon ich rede. Spannend daran ist, dass die Pubertät bei jedem Kind anders verläuft, zu einem anderen Zeitpunkt einsetzt und nicht planbar ist.

Ich kenne einige befreundete Familien, bei denen die Pubertät das Familienleben bis an die Grenze gefordert hat. Oft war der Auslandsaufenthalt als räumli-

che Trennung die einzige Rettung, um die Kommunikation nicht vollends abbrechen zu lassen.

So schlimm ist es bei uns nicht. Wir hatten und haben auch wilde Zeiten mit unseren beiden Kindern, doch ist uns eins über all die Jahre gelungen: Wir sind miteinander im Gespräch.

Ich kann kaum beschreiben, wie froh mein Mann und ich darüber sind. Dennoch gibt es auch viele Tage, an denen ich denke: Lieber Gott, gib mir Geduld und lass auch diesen Tag irgendwann zu Ende gehen. Und das obwohl ich nicht mal religiös bin.

Joshua hat Freunde innerhalb seiner Mannschaft, aber auch außerhalb des Fußballs. Der eine Schulfreund hat mit Sport wenig zu tun, der andere hat früher mal im Verein gekickt, schaut sich Fußballspiele mittlerweile aber lieber von außen an. Während Joshua nach der Schule zum Training eilt, haben die beiden Freizeit, chillen, hängen ab. Beide haben Verständnis für Joshuas Sport und die damit verbundenen Einschränkungen.

„Party machen kann ich nach der Karriere immer noch. Meine Party findet auf dem Platz statt."

Mats Hummels, Fußballspieler[13]

Ob Joshua jemals so weit kommen wird wie Mats Hummels, steht noch in den Sternen. Und die entsprechende Weitsicht fehlt ihm natürlich mit 14 Jahren. Auch wenn er den Fußball über alles liebt, kann der ein oder andere Trainingstag jetzt schon mal zum Problem werden. Denn das Leben wird vielfältiger und hält auch andere Dinge bereit, die interessant sind.

„Ich habe überhaupt keine Freizeit. Meine Freunde können nachmittags machen, was sie wollen. Mein Hobby nimmt so viel Zeit ein", klagt Joshua.

Ich versuche, ihm eine Alternative anzubieten. „Vielleicht suchst du dir zum Ende der Saison einen anderen Verein, in dem das Level ein bisschen niedriger ist?"

Sein Gesichtsausdruck ist Antwort genug.

Jeder Jugendliche stellt sich im Laufe seiner Pubertät häufig die Frage nach dem Sinn des Lebens. Auch wenn Fußballer sehr früh ihr Ziel im Auge haben, wird auch für sie irgendwann die Sinnfrage aufgeworfen. Joshua beschäftigt sich mit dem Thema zu dem Zeitpunkt, als seine erste Freundin in sein Leben tritt – kurz vor seinem 14. Geburtstag.

„Ich überlege, mit dem Fußball aufzuhören", eröffnet er mir beim Mittagessen.

„Wie kommt's?", frage ich.

„Ich hab' überhaupt keine Zeit für meine Freundin. Sie findet das total doof, dass ich nachmittags nie kann. Die versteht nicht, dass ich Fußball so toll finde. Und überhaupt weiß ich nicht, ob Fußball alles ist ..."

Es ist offensichtlich, dass sich Joshua in einem kompletten Gefühlschaos befindet.

„Ihr beide kennt Euch erst seit ein paar Wochen. Glaubst du, dich würde es glücklicher machen, für sie mit dem Fußball aufzuhören? Würdest du das umgekehrt von ihr verlangen? Ich glaube, wenn du nicht für dich, sondern für jemand anderen deine Leidenschaft aufgibst, wirst du das irgendwann bereuen."

Am liebsten würde ich ihm sagen, dass sie nicht zu seinem Leben passt. Als Eltern kann man Situationen gut einschätzen, und gerade für den Freund oder die Freundin hat man ein gutes Gespür. Aber dieses Gefühl sollte ich tunlichst für mich behalten – auch wenn ich den Partner unserer Kinder blöd oder nicht passend finde. Gerade im Stadium der Abnabelung entwickelt sich daraus eine Dynamik, in der die Kinder eher an ihm oder ihr festhalten, nur um eine andere Meinung zu haben als ich. Alles schon erlebt.

Aus eigener Erfahrung kann ich sagen, dass sich diese Dinge mit einer gewissen Besonnenheit ganz von allein erledigen. Klar bedeutet das, die Faust in der Tasche zu machen und sich auf die Zunge zu beißen, aber es lohnt sich.

Ich gebe Joshua den Tipp, seiner Freundin zu vermitteln, dass er gerne Zeit mit ihr verbringt, aber auch den Fußball leben will. Ich schlage vor, mit ihr feste Nachmittage zu verabreden. An seinem freien Nachmittag in der Woche soll sie zu ihm kommen, am Wochenende kann er zu ihr fahren. Diese Lösung führt zu Entspannung, doch wird sie mit seinem Sport bis zum Ende – sie sind fast ein Jahr zusammen – nicht wirklich warm.

Das Interessante an der Pubertät ist, dass sich nicht nur der Jugendliche verändert, sondern die Eltern mit.

Wir nehmen das nicht so wahr, doch ist dem so. Zusammen mit Joshua mache auch ich in der U15 eine Veränderung durch. Bisher ist der Fußball für mich nur Hobby. Viermal die Woche Training und am Wochenende Meisterschaftsspiel – das führt bei mir nicht zu der Einsicht, dass unser Sohn längst auf dem Niveau eines Leistungssportlers angekommen ist. Jeder sieht diese Entwicklung, nur ich halte immer dagegen.

„Nö, das ist noch normales Training", ist meine Erklärung.

Wobei ich mich frage, was ich unter normalem und anormalem Training verstehe. Als Mutter kann man auch ganz schön viel Blödsinn denken. Fakt ist – ich will Joshuas Übergang in den Leistungssport nicht wahrhaben.

Ich habe bisher mit dem Leistungssport Menschen verbunden, die viele Entbehrungen auf sich nehmen müssen, keine Freizeit haben, unter einem extremen Druck stehen. Dass sie das größtenteils freiwillig machen und Spaß daran haben, war mir nie verständlich. Doch jetzt erlebe ich genau diese Welt mit unserem Sohn. Klar, er nimmt Entbehrungen auf sich, hängt nicht die Nachmittage vor der Playstation. Freunde und Freundinnen sind nicht leicht in sein Leben einzubauen. Aber sind das Leben und zwischenmenschliche Beziehungen in der Pubertät nicht per se schwierig?

Demgegenüber steht ein meist zufriedener junger Mensch, der erfolgreich im Fußball ist und Spaß daran findet. Der strukturierte Tagesablauf gibt einen Halt im Wirrwarr der Pubertät.

Wenn ich ehrlich bin, sieht unser Projekt „Fußball"
also nicht ganz so dunkel aus. Die positiven Erlebnisse,
die Ausgeglichenheit und Zufriedenheit unseres Sohnes
überwiegen eindeutig und ich fasse für mich einen Be-
schluss: Ich nehme mir vor, die Welt häufiger aus der
Perspektive unseres Sohnes zu betrachten, nämlich mit
Lust auf die Sache zu schauen. Eine weise Entscheidung, denn sie wird es mir leichter machen für das, was
unser Sohn als Nächstes vorhat.

Februar 2012

Die New York Giants gewinnen zum 4. Mal den Super-Bowl im Endspiel gegen die New England Patriots.
Der Stummfilm „The Artist" wird mit dem Oscar als „Bester Film" ausgezeichnet.
Joshua ist Spieler der U15 und erhält eine Einladung zu einem Probetraining in einem Nachwuchsleistungszentrum.

Sichter, sogenannte Scouts, tummeln sich auf vielen Turnieren und Spielen. Sie kennen die Fußballszene wie ihre Westentasche, sind ständig auf der Suche nach neuen Talenten und beobachten potenzielle Spieler. Sie arbeiten für einen Verein bzw. stehen mit den Vereinen im engen Kontakt. Zu erkennen sind sie daran, dass sie am Spielfeldrand stehen, die aktuelle Mannschaftsaufstellung in der Hand, sich mit Stift und Papier gewappnet ständig Notizen machen und das Handy am Ohr haben.

Wie wir später erfahren, wird auch Joshua seit geraumer Zeit von dem Nachwuchsleistungszentrum eines Bundesligisten beobachtet.

„Joshua, ich habe heute einen Anruf aus einem Leistungszentrum bekommen. Sie haben dich schon öfter spielen sehen und wollen dich zum Probetraining einladen."

Joshua ist sprachlos, als mein Mann mit der Neuigkeit nach Hause kommt.

„Du sollst dir ein paar Tage Gedanken machen und dich dann entscheiden, ob du zum Probetraining kommen willst."

Aktuell spielt Joshua eine erfolgreiche Saison mit seiner Mannschaft. Seinen Trainer schätzt er über alle Maßen. Es ist aber schon jetzt sicher, dass er die Mannschaft zur nächsten Saison wieder abgeben wird. So sind nun mal die Gesetzmäßigkeiten in der Fußballschule.

Den Trainer, den sie dann bekommen werden, lernt Joshua gerade näher kennen. Er und zwei weitere Spieler aus seinem Team helfen in der U16 aus, da es in der Mannschaft ebenfalls um den Aufstieg in irgendeine Liga geht.

Anfangs recht stolz bei den Älteren spielen zu dürfen, verliert das Vorhaben schnell seinen Reiz. Denn die drei Spieler spielen nicht nur mit der älteren Mannschaft, sondern sollen auch mit ihnen an einigen Tagen trainieren.

Nach den ersten Einheiten kommt für die Drei das große Erwachen. Das Training der U16 ist nicht so intensiv, wie unsere Spieler es gewohnt sind. Der Trainer fordert die Mannschaft nicht in dem Maß, wie das Joshuas Trainer tut – Stabi-Übungen sind kein fester Bestandteil, Ausdauereinheiten nicht auf dem Level, auf dem ihre Mannschaft trainiert.

Alle drei sehen ihren guten Trainingsstand dahinschwinden und wollen nicht weiter am Training der Älteren teilnehmen. Joshua und seine beiden Mitspieler vermissen in der U16 auch die Zusammengehörigkeit. Hier spielt jeder für sich, und jedem Fußballer ist eigentlich klar, dass das nicht zum Erfolg führen kann.

Weder Gespräche der drei „Ausleihspieler" mit ihrem Trainer und dem U16-Trainer noch Gespräche vonseiten der Eltern mit den Trainern führen zu einer Änderung. Der Fokus liegt auf dem Aufstieg des U16-Teams und dafür wird alles getan. Daran müssen auch die drei U15-Spieler mitarbeiten.

Auch hier gilt wieder: Der Trainer sagt, wo es lang geht. Ich kann mit derartigen Entscheidungen nicht viel anfangen, lerne aber immer mehr, dass es im Fußball nicht um den Einzelnen geht, sondern nur das Kollektiv zählt.

Und das muss auch Joshua erlernen. Er beugt sich ebenso wie die beiden anderen dem Willen und gibt alles, trifft aber bereits zu dem Zeitpunkt eine Entscheidung: Er will die nächste Saison nicht unter dem U16-Trainer in der Fußballschule weiterspielen. Joshua glaubt nicht, dass er das Level, auf dem sein jetziger Trainer die Mannschaft trainiert, in Zukunft halten wird. Joshua hat erfahren, was es bedeutet, gefordert und gefördert zu werden. Das möchte er auch in der kommenden Saison. Er will sich neuen Herausforderungen stellen und ist sich sicher, obwohl er erst 14 Jahre alt ist, dass der U16-Trainer ihm diese Perspektive nicht bieten wird.

Daher steht bereits jetzt – ohne genau zu wissen, wo er als Nächstes spielen wird – sein Entschluss fest, sich einen neuen Verein zu suchen. Es gibt einige in der Nähe, die er sich vorstellen kann, aber natürlich träumt er wie jeder Spieler davon, dass irgendwann mal die Jugend-Bundesliga ruft.

Jeder kennt das: Man wünscht sich etwas von ganzem Herzen, glaubt aber eigentlich nicht, dass es passieren könnte. Wenn der Traum dann tatsächlich wahr wird, ist es schwer, die Realität zu begreifen. So ähnlich ist es auch bei Joshua.

Die große Freude ob der Probetraining-Nachricht bleibt erst mal aus. Stattdessen ist bei ihm eher ein respektvolles Staunen zu spüren. Ein Scout? Echt?

Da wir nicht zu den Menschen gehören, die Entscheidungen direkt treffen, sondern wenn möglich eine Nacht darüber schlafen, taucht jeder zunächst in seine Gedankenwelt ab. Als Eltern sind wir schon stolz und freuen uns für Joshua, dass er diese Anfrage erhält.

Doch was bedeutet das genau? Das Leistungszentrum ist nicht gerade um die Ecke, wie sollte Joshua täglich dort hinkommen? Gibt es die Möglichkeit mit öffentlichen Verkehrsmitteln? Nimmt ihn das zeitlich nicht noch mehr in Anspruch? Wie passen dann Fußball und Schule zusammen? Und ist es nicht zu früh?

Joshua ist erst 14 Jahre alt und es ist klar, dass ihm noch mehr Zielstrebigkeit und Disziplin abverlangt werden wird als bisher. Wird er das schaffen? Mein Mann und ich beschließen, erst mal zu hören, wie Joshua die Sache sieht.

„Es werden bereits Bambini-Spiele beobachtet, um die Kids in der Folgesaison an sich binden zu können."

Patrick Schneider, ehemaliger Sportlicher Leiter S.C. Fortuna Köln[14]

> Mir war damals nicht bewusst, dass schon in so jungen Jahren die Basis gelegt werden muss. Bei meinen Recherchen habe ich in vielen Artikeln gelesen, dass das beste Lernalter zwischen elf und 14 Jahren liegt. In der Zeit muss die Grundarbeit im Bereich Technik abgeschlossen sein. Je eher die Spitzenförderung eines Spielers beginnt, desto besser ist es für ihn.

„Ich habe nachgedacht." Mit diesen Worten kommt Joshua nach ein paar Tagen zu uns. „Ich würde gerne zu dem Probetraining gehen. Ich will ja weiterkommen, und das wäre mit dem Wechsel in ein Leistungszentrum der Fall. Ich sehe es auch als Chance, einfach mal auszuprobieren, was passiert. Da wird sich zeigen, ob ich schon so weit bin oder überhaupt mal dahin kommen könnte."

Die Haltung gefällt mir – es einfach mal als Versuchsballon zu sehen und dann schauen, wie es weitergeht.

Wie schon vor vier Jahren müssen wir die Fußball-schule informieren und um die Freigabe zum Probetraining bitten. Joshuas Trainer, dem er von der Anfrage und der Möglichkeit erzählt, ist mächtig stolz. „Präsentier dich gut, zeig all das, was du kannst, gib hundert Prozent", motiviert er ihn.

Dann ist es endlich so weit. Mein Mann fährt mit Joshua los. Wir sind schon alle sehr gespannt. Das letzte Probetraining liegt sieben Jahre zurück und war damals der Grundstein für seinen bisherigen Fußballweg. Ehrlicherweise habe ich nicht damit gerechnet, dass Joshua überhaupt so lange dabeibleibt.

„Da gibt es ein riesengroßes Gelände nur für die Jugend. Mit einem eigenen Fitnessraum. Als wir kamen, wurden wir schon vom Trainer erwartet. Er sagte mir, ich solle einfach mitmachen so weit ich kann. Am Anfang mussten wir ein paar Passübungen machen, dann gab es einen extra Trainer, der nur Kopfbälle mit uns gemacht hat, und dann wurde gespielt. Ich war auf meiner Position als Innenverteidiger ..."

Joshua kommt aus dem Erzählen gar nicht mehr raus. Zufrieden mit sich berichtet er mir von seinem Probetraining.

„Meine Mitspieler haben mich nett aufgenommen und ich hab mich wohlgefühlt. Die spielen halt recht schnell, da kam ich nur schwer mit, musste alles geben, aber es ging schon."

Auch mein Mann ist beeindruckt. „Josh hat das super gut gemacht. Er hatte schon Respekt, ist aber doch selbstbewusst aufgetreten. Schon unglaublich, wie so ein Leistungszentrum aufgebaut ist."

> Das Leistungszentrum hat eigene Physiotherapeuten und Vereinsärzte, die die Jungs behandeln. Neben dem Cheftrainer und dem Co-Trainer gibt es dort den Kopfball-, Athletik-, Torwart- und Mentaltrainer. Dann noch jemand, der die ganze Organisation von Trikots, Getränken etc. übernimmt und die pädagogische Leitung.

„Klingt so ganz anders als das, was wir bisher kennen. Und wie geht es jetzt weiter?", frage ich.

Joshua erzählt, dass der Trainer nach der Trainingseinheit mit ihnen gesprochen hat.

Er lobt Joshua dafür, dass er sich gut in einer ihm fremden Mannschaft integriert und schnell die Spielzüge übernimmt. Ihm gefällt schon gut, was er gesehen hat. Sein Kollege, der jetzt noch Trainer der B-Jugend ist und die U15 ab Sommer übernehmen wird, will ihn gerne nächste Woche in seinem Training sehen.

Im Gegensatz zum ersten Mal muss er nun mit Spielern trainieren, die zum Teil anderthalb Jahre älter sind. Es ist ein guter Jahrgang und sie sind sehr erfolgreich in der Jugend-Bundesliga. Konditionell ist das noch eine Stufe höher und er muss sich sehr anstrengen, um mithalten zu können. Doch kommen ihm hier seine Größe und körperliche Entwicklung entgegen, da er seinen Körper im Spiel gut einbringen kann.

Nach dem Training wird er zusammen mit meinem Mann zum Gespräch ins Büro des Jugendtrainers gebeten. Der fragt Joshua, wie er sich selbst einschätzen würde.

„Ich bin gut ins Spiel gekommen, konnte konditionell mithalten. Ich muss noch mutiger in die Zweikämpfe gehen, das fällt mir noch schwer. Ich hab noch zu viel Respekt vor den älteren Spielern und muss lernen, schneller umzuschalten", versucht er seine Stärken und Schwächen zu beschreiben.

„Du hast einen guten Blick auf dich. Wenn man nach einem Probetraining überhaupt von Schwächen sprechen kann, gebe ich dir recht, dass der Zweikampf deine Schwachstelle ist", antwortet der Trainer.

„Ich glaube, dass du das in der Vergangenheit aufgrund deiner Größe nicht so ausbauen konntest, oder?"

Joshua stimmt ihm zu. In vielen Spielen wird er teils von Eltern erbost angegangen, wenn er mal kraftvoll in den Zweikampf geht. Da er meist einen Kopf größer ist als seine Gegner, fliegen die schnell mal übers Spielfeld. Joshua nimmt sich daher in solchen Aktionen zurück und muss sich darin nun wieder üben.

„Aber das nur so am Rande ... Wenn das, was du heute hier gezeigt hast, eine Bewerbung auf einen Job wäre, dann hast du alles richtig gemacht und würdest den Job bekommen", fährt der Trainer fort.

Im Klartext bedeutet es, der Verein möchte Joshua gerne als Defensivspieler in seinem Leistungszentrum weiter ausbilden. Er soll sich das ein paar Tage durch den Kopf gehen lassen und bekommt die Visitenkarte des Trainers.

Als Joshua mir jetzt davon erzählt, grinst er. „Als der Trainer sagte, wir sollten mit ihm ins Büro gehen, war mir klar, dass das kein ganz so schlechtes Zeichen sein kann. Ansonsten hätte er uns direkt am Platz sagen können, dass es nicht reicht, oder?"

Trotz der ersten Euphorie nimmt sich Joshua die Zeit, über das Angebot nachzudenken. Er spricht mit uns, mit seiner Schwester und deren Freund, mit seinen Fußball- und Schulfreunden. Auch mein Mann und ich überlegen, was genau das für ihn und auch uns bedeuten wird.

Fußballerisch findet Joshua im Leistungszentrum genau die neue sportliche Herausforderung, die er sich wünscht. Differenzierteres Training auf einem neuen, höheren Niveau, noch bessere Trainingsbedingungen und eine weitere Annäherung an die professionelle Fußballwelt. Dazu das Logo eines Vereins auf der Brust, deren Profimannschaft in der 1. Bundesliga spielt – das ist Musik in den Ohren unseres Sohnes. Auf der anderen Seite ist ihm klar, dass auch mehr Anstrengung, Willenskraft und Leistung von ihm verlangt werden.

Ich spiele mal wieder den „bad cop" und bringe das unliebsame Thema Schule ins Gespräch. Bis zu fünfmal in der Woche wird im Leistungszentrum trainiert, jedes Wochenende findet ein Spiel statt. Wie will er Schule und Sport gerecht werden? Wie geht er damit um, dass er noch weniger Freizeit haben wird? Wird Fußball mehr Belastung als Spaß werden, wie ich oft befürchte?

Bisher hatte Joshua unglaubliches Glück mit seinen Lehrern. Er selber stellt in der Schule den Fußball nie in den Vordergrund, und erzählt den Lehrern eher nur auf Nachfrage von seiner Leidenschaft. An den Elternsprechtagen können wir offen über Schule und Fußball reden. Seine Lehrer haben Verständnis, und sehen den anstrengenden Spagat, dem er sich aussetzt.

Noch immer gehört der Schulalltag nicht zu Joshuas Lieblingsbeschäftigungen. Er braucht Kontrolle und Motivation in der Schule durch die Lehrer, zu Hause durch mich. Er bemüht sich, und er könnte es sich sicherlich leichter machen, wenn er mehr Kontinuität im Lernen an den Tag legen würde. Jetzt in der 8. Klasse sind seine Leistungsziele nicht gefährdet. Doch es ist spürbar, wie sehr der Unterricht Joshua fordert.

Die Anforderungen werden in der Schule ebenso wie im Fußball in den nächsten Jahren steigen. Wo liegt Joshuas persönliche Leistungsgrenze?

Meine Bedenken tragen nicht dazu bei, dass ich sofort „Hurra" schreie. Doch ein klares „Nein" zu formulieren, so weit bin ich auch nicht. Im Gespräch hört sich unser Sohn zwar meine Sorgen an, versteht sie aber eigentlich nicht. Er ist sich sicher, dass er das alles hinbekommen wird.

Und hier sind sie wieder, das Teufelchen auf der einen Schulter und das Engelchen auf der anderen. Das Teufelchen sagt: „Zu viel ...", „Bloß nicht ...", „...kann auch auf dem jetzigen Niveau weiterspielen". Das Engelchen meint liebevoll: „Glaub an ihn ...", „Die Chance soll er nutzen ...", „Das schafft er schon, denn er will es ja".

Nicht einfach zu entscheiden. Aber auch hier wird wieder mal etwas deutlich. Wir werden es nicht wissen, wenn wir es nicht ausprobieren. Ich vertraue unserem Sohn und glaube an ihn. Das ist die eine Seite.

Aber noch ein anderer Aspekt tritt immer deutlicher hervor. Wer sagt mir, dass die Schule leichter für Joshua wäre, wenn er nicht Fußball auf diesem Niveau spielen würde? Würde er die Zeit, die er nicht mehr spielt, für die Schule nutzen?

Aus den bisherigen Verletzungsphasen, die ihn nachmittags daran hinderten, am Training teilzunehmen, kann ich die letzte Frage eindeutig mit „Nein" beantworten. Die Zeit hat er mit Freizeit und nicht mit zusätzlichem Lernen gefüllt.

Wenn wir uns also gegen den nächsten Schritt – Nachwuchsleistungszentrum – entscheiden, haben wir keine Garantie für konstante schulische Leistungen, nehmen ihm damit aber die Möglichkeit auf eine weitere fußballerische Entwicklung. Wollen wir das?

Auch wenn es für uns alle anstrengend wird, Fußball und Joshuas Leben als Schüler und Heranwachsender gerecht zu werden: Wir stehen hinter der Entscheidung unseres Sohns und bestärken ihn, den neuen Weg zu gehen. Wer nicht wagt, der nicht gewinnt!

Mit großem Respekt vor der neuen Herausforderung und meiner zahnlosen Standarddrohung „Wenn die Schule leidet, dann ..." geben mein Mann und ich Joshua unsere Zustimmung zum Leistungszentrum.

Vier Tage später ruft Joshua den Trainer des Leistungszentrums an. „Ich habe es mir überlegt und möchte gerne zu Ihnen wechseln", teilt er ihm mit.

Der Coach freut sich und gratuliert ihm zu der Entscheidung. Ab dem Moment bis heute haben wir keine einzige Terminabsprache mit den Trainern vereinbart. Das läuft alles über unseren Sohn.

Nach Joshuas Zusage folgt ein Treffen mit ihm, meinem Mann, dem Trainer und mir. In einem Büro, das mehr an ein Amt als an eine Sportstätte mit Geld erinnert, führen wir unser erstes Gespräch. Joshua wird ein Jahr in der U15 spielen. Wenn er sich fußballerisch in der Form weiterentwickelt, wie der Verein hofft, wird er in die B-Jugend wechseln können.

Nach vier Jahren verlässt Joshua die Fußballschule. Er weiß, dass sein Trainer maßgeblich an diesem Wechsel beteiligt ist. Ohne ihn und seine Trainingsmethoden wäre es unserem Sohn nicht gelungen, sich derartig weiterzuentwickeln. Bis heute ist er dankbar für das gemeinsame Jahr und dementsprechend schwer fällt ihm der Abschied von seinem Trainer.

Neben Joshua wechseln übrigens noch zwei weitere Spieler von der Fußballschule in Nachwuchsleistungszentren. Eine gute Ausbeute, die für die herausragenden Qualitäten des Trainers spricht, wie ich finde.

Juli 2012 – Heute

Das Nachwuchs-Leistungszentrum

August 2012

Usain Bolt gewinnt bei den Olympischen Spielen in London
Gold im 100-Meter-Lauf der Männer.
Nordrhein-Westfalen bietet als erstes Bundesland
islamischen Religionsunterricht in der Grundschule an.
Joshua ist Spieler der U15.

Nach dem Desaster 2000, in dem die Nationalmannschaft aus der Europameisterschaft flog, sah es für den
deutschen Fußball recht schlecht aus. Deutsche Fußballer mit Potenzial gab es wenige und die Vereine holten
Spieler aus dem Ausland. Um dem entgegenzuwirken,
wurde die Talentförderung junger Spieler in den Leistungszentren ausgebaut. Konzepte dafür gab es schon
seit Jahren, jetzt wurden sie in die Tat umgesetzt.

In den mittlerweile 55 Leistungszentren[15] bekommen die jungen Spieler eine fundierte Ausbildung und
sollen bestens auf ihren Weg als möglicher Profi vorbereitet werden. Pro Jahr werden durchschnittlich 5000
Spieler ausgebildet, was die Vereine rund 2,5 Millionen
Euro kostet. Vereine wie beispielsweise Borussia Mönchengladbach oder RB Leipzig geben um ein Vielfaches
mehr aus.

Spieler erhalten in der Regel neben der fußballerischen auch eine schulische und berufliche Ausbildung.
Einige Profivereine verfügen bereits über Akademien
mit Internat und Trainingszentrum, sodass der Nachwuchsfußballer alles unter einem Dach findet.

Seit 2007/2008 kontrolliert und zertifiziert die bel-
gische Firma Double Pass die Leistungszentren. Jährlich
überprüfen sie die Sportanlagen, die medizinische Betreuung sowie die geforderte Mindestanzahl von drei
hauptamtlichen Jugendtrainern. Ebenso gehört die
Kontrolle der schulischen und beruflichen Ausbil-
dungsmöglichkeiten dazu.

Die Vereine haben sich darauf geeinigt, die Ergebnisse nicht zu veröffentlichen, damit kein Klub einen
Wettbewerbsvorteil hat. Nur so viel lässt Foot Pass an
die Öffentlichkeit: Mehr als 15 Leistungszentren der 1.,
2. und 3. Liga tragen die höchste Auszeichnung von drei
Sternen.

Und in genau so einem soll Joshua nun spielen. In den
ersten Wochen kommt er aus dem Staunen nicht mehr
raus, sind die Unterschiede zu seinen alten Vereinen
doch eklatant. Die erste große Begeisterungswelle löst
die Tasche mit Trainingsklamotten aus. Mussten wir in
der Vergangenheit die Trikots und Trainingsanzüge
selbst bezahlen, werden verschiedene Trikots lang- und
kurzärmlig, Trainingsanzug und Sweatshirts für jeden
Spieler vom Verein gestellt. Für Laufschuhe und Aus-

gehschuhe erhalten sie Gutscheine, die sie in einem Sportgeschäft einlösen, das mit dem Verein kooperiert.

Als Joshua am ersten Abend alle Teile auspackt und sie mir präsentiert, bekomme selbst ich große Augen. Dass es Joshua stolz macht, mit dem Logo des Bundesligisten auf der Brust zu trainieren, kann ich gut verstehen. Er fühlt sich dazugehörig. Etwas, was dem Leistungszentrum dadurch gut gelingt und gleichzeitig die professionelle Ausrichtung verdeutlicht.

War es früher immer ein großes Drama, wenn Joshua sein Wasser vergessen hatte, muss er sich jetzt nicht mehr darum kümmern. Zu jeder Trainingseinheit wird ein Kasten zur Verfügung gestellt, den die Jungs mit zum Platz nehmen.

Die Spieler müssen eine halbe Stunde vor Trainingsbeginn auf dem Gelände sein, ziehen sich gemeinsam um und dürfen ab dem Zeitpunkt ihre Handys nicht mehr benutzen. Vor Spielen gibt es eine Vorbereitungszeit von 1,5 Stunden, handelt es sich um Auswärtsspiele müssen sie entsprechend der Fahrtzeit früh los.

Bisher hat sich Joshua in Umkleiden und Duschen aufgehalten, die mich an meine alten Turnhallen im Schulsport erinnerten – hässlich, gammelig und grau. Auch die Toiletten waren mit grauem Toilettenpapier und nur einem Kaltwasserhahn am Waschbecken nicht wirklich einladend. Jetzt hat jede Mannschaft ihre eigene Kabine mit separaten Duschen, jeder Spieler seinen separaten Spint.

Die Mannschaft finanziert sich gemeinsam eine Mini-Bluetooth-Box und während des Duschens wird laut

Musik gehört, Joshua fungiert als DJ. Ich glaube bei ihnen geht es ähnlich zu, wie in einem Youtube-Video von Jérôme Boateng und Rafinha zu sehen: Nach dem Sieg gegen Porto im Mai 2015 tanzen sie beide ausgelassen zu einem aktuellen Song. Auch wenn Fußballwelten zwischen Bundesliga- bzw. Nationalspielern und B-Jugendspielern eines Leistungszentrums liegen, findet man doch ähnliche Verhaltensweisen, die mich oft schmunzeln lassen.

Die physiotherapeutische Abteilung befindet sich vis à vis der Kabine und ist für mich der herausragende Unterschied zwischen einem Leistungszentrum und einem Amateurverein. Hier werden die Spieler verarztet und behandelt, hier wird entschieden, wann der Arzt hinzugezogen wird, hier erfolgt die Reha. Die Physiotherapeuten sind vor, während und nach dem Training auf der Anlage.

Den gesamten Gebäudetrakt dürfen wir Eltern nicht betreten. Ich glaube, in dem Alter benötigt auch kein Spieler mehr Hilfe, oder? Wobei ich die eine oder andere Mutter vor Augen habe, die auch gerne da noch mitmischen würde.

Spielt die Profimannschaft des Vereins, agieren abwechselnd einige aus der Mannschaft als Balljunge im Stadion. Sie tragen dann ihren Trainingsanzug und erleben hautnah, wenn tausende Fans ihre Mannschaft anfeuern. So nah an den Profis war Joshua bisher noch nie, und die ersten Einsätze sind besonders aufregend.

Fahrten zu Auswärtsspielen und Turnieren, Trainingscamps, Reisen etc. organisiert und finanziert der

Verein. Damit haben wir Eltern nichts mehr zu tun, wir müssen unsere Söhne nur am entsprechenden Treffpunkt abgeben. Zu Auswärtsspielen fährt Joshua mit seiner Mannschaft allein, Heimspiele schauen wir uns beide an oder einer von uns – wie es gerade passt.

Um täglich zum Training zu kommen, kann der Spieler einen Fahrdienst in Anspruch nehmen. Luxus pur!

Ich finde es übertrieben. Spieler in einem Leistungszentrum haben sich aus dem großen Pool der fußballbegeisterten Jugendlichen hervorgetan und gehören zu einer – deutschlandweit betrachtet – überschaubaren Gruppe. Keine Frage. Es sei ihnen vergönnt nun auf diesem Niveau ausgebildet zu werden. Aber braucht es das für einen 14-Jährigen, um ein erfolgreicher Fußballer zu werden? Ich weiß es nicht.

Was ich vom ersten Tag an bemerke, ist eine Ernsthaftigkeit, so eine Art Ehrfurcht, vielleicht auch Respekt, den diese Welt umgibt. Ich spüre hier nicht mehr die Lockerheit, die ich in den vergangenen Jahren erlebt habe. Hier hängt schon der Ehrgeiz in der Luft – aus den Jungs sollen mal Profis werden.

Die Menschen untereinander sind freundlich, man grüßt sich, aber irgendwie wird nach außen signalisiert, dass es eindeutig um Fußball und den Nachwuchs geht.

Eigenverantwortung ist das A und O ab Ende der D-Jugend. Wenn sie es nicht schon können, dann werden sie es jetzt lernen müssen, sich selbst zu organisieren. Trainingspläne, Termine und Gespräche werden ausschließlich mit den Jungs geführt. Eltern werden nicht mehr einbezogen, außer es ist notwendig.

Das hat Joshua in unserer Familie früh erlernt – zumindest im Fußball. Daher ist das genau wie für mich gemacht. Aber auch in einem Leistungszentrum wird nur mit Wasser gekocht und die ersten „Risse" machen sich recht schnell bemerkbar. Der Fahrdienst zum Training, auf den ich sehr baue, da er meinen Alltag ein wenig entspannen würde, lässt sich nicht nutzen. Denn in einer Tour werden mehrere Spieler abgeholt und Joshua müsste zu einem Zeitpunkt an einem Treffpunkt sein, zu dem er meist noch in der Schule sitzt. Also bedeutet es für mich weiterhin, den Fahrdienst zu übernehmen. Die ersten Wochen sind dadurch besonders stressig, ich verfluche oft den Fußball. Das ändert sich erst, als wir die Variante finden, dass Joshua mit der Bahn hinfährt und mein Mann oder ich ihn abends abwechselnd abholen.

Auch wenn erst mal für vieles gesorgt ist, geht es hier natürlich auch nur um eins – Leistung. Das lernt Joshua nach den ersten Tagen der Euphorie kennen.

In seinem alten Verein ging es ab der fünften Ferienwoche ins Trainingslager, bis dahin hatten die Spieler Urlaub. Im Leistungszentrum beginnt die Vorbereitungszeit mit Trainingscamp in der U15 ab der dritten Ferienwoche.

Hier wird bereits der Stellenwert des Fußballs sehr deutlich. Nicht mehr das Leben mit der Familie steht im

Vordergrund, sondern die Ausbildung im Leistungszentrum.

Da wir unseren Urlaub bereits gebucht haben, bevor der Wechsel Thema wird, kann Joshua nicht von Beginn einsteigen, sondern stößt erst in der vierten Woche zur Mannschaft.

Für die Ferien gibt es einen Trainingsplan, der jeden Tag ein paar Stabi- und Ausdauerübungen vorsieht. Ich muss wohl niemandem erklären, dass die Fitnesspläne für die trainingsfreien Zeiten so ihre Tücken haben und nicht immer ernst genommen werden. Unser Sohn jedenfalls hat eine ziemlich eigene Auslegung davon, ob, wann und wie häufig er was tun soll. Da ich mich dafür nicht in der Verantwortung sehe – denn auch ich habe Urlaub – wundert es nicht, dass Joshua mit einer schlechten Fitness aus den Ferien kommt.

Seine Kondition lässt sehr zu Wünschen übrig. Anfangs denkt er noch, dass das schon nicht so ausschlaggebend ist. Doch zwei Trainingseinheiten pro Tag an fünf Tagen, die seine Mannschaftskollegen bereits seit einer Woche hinter sich haben, schaffen schon einen gehörigen Vorsprung, den es aufzuholen gilt und der ihn erst mal – bildlich gesprochen – kotzen lässt. Das bedeutet harte Arbeit.

Joshua trainierte bereits in seinem alten Verein viermal pro Woche. Jetzt kommt noch ein weiterer Tag hinzu und die Trainingsintensität ist eine höhere.

Gab es bisher nur einen Trainer, der alles abdeckte, wird die Mannschaft von mehreren Trainern unterrichtet. Ein Training kann mit gemeinsamem Warmmachen durch den Athletiktrainer im Kraftraum und draußen auf dem Platz beginnen, geht dann über in das Kopfballtraining mit dem Kopfballtrainer und endet mit Technik- und Taktiktraining bei Chef- und Co-Trainer sowie Abschlussspiel. Oder es werden positionsbezogene Einheiten trainiert. Zum Beispiel sind Stürmer durch ihre kurzen Sprints anders gefordert als Innen- oder Außenverteidiger, die ständig vor- und zurücklaufen und trotz Müdigkeit noch sehr sicher am Ball sein müssen.

Wir wissen alle, dass verschiedene „Gesprächspartner" innerhalb kürzester Zeit viel Konzentration bedürfen. So ähnlich ist es auch im Training. Dazu noch ein höheres Spieltempo. Joshua kommt nach den ersten Einheiten total erschöpft nach Hause. Er braucht einige Wochen, um an das Niveau der Mannschaft anzuknüpfen.

Nachdem er im ersten Freundschaftsspiel beide Halbzeiten spielt und ein Tor schießt, glaubt er, sich seine Position gesichert zu haben. In den ersten Meisterschaftsspielen ist er dagegen nicht immer im Stammkader, wird nur hin und wieder eingewechselt oder spielt auch mal gar nicht. Joshua versteht die Welt nicht mehr (und ich auch nicht so ganz). Das hat er sich so nicht vorgestellt.

„Die haben mich geholt und lassen mich jetzt nicht spielen", beschwert sich Joshua.

„Was glaubst du denn, was der Grund sein könnte?", frage ich ihn.

„Das weiß ich nicht, ich trainiere genauso gut wie die anderen."

„Es gibt ja einen Grund, warum der Verein dich geholt hat. Glaubst du denn, dass du das erfüllst, was sie in dir sehen?", provoziere ich ihn ein bisschen.

„Hier ist vieles anders und viel anstrengender als in meinem alten Verein. Ich gebe ja schon alles", weicht er aus.

Es ist an der Zeit, ihn an seinem Ehrgeiz zu packen. „Glaubst du wirklich, dass du alles gibst? Ist da nicht noch viel Luft nach oben? Jemand der zu einem Probetraining in die Jugend-Bundesliga eingeladen wurde, hat es weit gebracht. Du hast das alles alleine geschafft. Aber ich glaube nicht, dass du schon hundert Prozent gezeigt hast, wenn ich deinen alten Trainer zitieren darf."

Bei aller Liebe, die ich für unsere Kinder habe, ist es wichtig, kritisch zu sein und das auch zu äußern. Es hilft Joshua nicht, wenn ich ihn in allem nur positiv bestärke, aber nicht reflektiere. Joshua denkt, er sei etwas Besonderes, da der Verein ihn geholt hat. Doch weit gefehlt. Hier ist er einer von vielen.

Durch den Wechsel wird ihm die Möglichkeit geboten, auf einem höheren Niveau noch besseren Fußball zu erlernen und zu spielen. Aber dafür muss er an sein Limit gehen, seinen inneren Schweinehund überwinden. Er muss bereit sein, alles aus sich herauszuholen. In einer 25 Mann starken Mannschaft haben fast alle Spieler ihre Qualitäten, sonst wären sie nicht da. Es herrscht ein gesunder, mitunter harter Konkurrenzdruck.

Joshua darf sich nicht an den anderen Spielern orientieren, sondern muss erlernen, dass jeder individuell ist und jeder für sich herausfinden muss, was in ihm steckt, was möglich ist. Auch wenn es ein Mannschaftssport ist, kämpft jeder für sich um eine Position als Stammspieler.

Er spielt zwar durch den Wechsel in einer höheren Liga und hat den nächsten Sprung gemacht, es aber noch nicht geschafft. Jetzt fängt die Arbeit erst richtig an.

Die noch nicht ausreichende Leistungsbereitschaft ist es dann auch, die mir mein erstes Trainergespräch beschert. Hätte nicht gedacht, dass das so früh kommt ...

Joshuas Trainer erklärt mir, dass viele Spieler, die neu in den Verein kommen, anfangs Schwierigkeiten haben. Denn vom Kopf her glauben sie, dass bereits alles in „trockenen Tüchern ist" und nun wie am Schnürchen läuft. Dass aber jetzt erst der Kampf mit sich und untereinander beginnt, müssen sie erst erlernen. Und Joshua ist eben einer derjenigen, die ein bisschen Anpassungsschwierigkeiten haben.

Ähnlich erging es Pierre-Emile Højbjerg als er zum FC Bayern München kam. Er berichtet in *Herr Guardiola*[17] über seine Erfahrungen, wie schwer es ihm als 16-Jährigem fiel, viermal wöchentlichen zu trainieren: „Ich war noch jung und mein Körper war so viel Training nicht gewohnt (...) Und in dem Jahr unter Pep war es nicht viel anders, denn sechs Tage so intensiv mit der ersten Mannschaft zu trainieren, das habe ich manchmal kaum ausgehalten." Højbjerg hat sich durchgebissen und wurde 2013 mit dem Einsatz als damals jüngster Spieler des FC Bayern belohnt.

Um das gestiegene Pensum zu kompensieren, sind viel Schlaf und gute Ernährung extrem wichtig, erklärt der Trainer. Ich verspreche, mich um beides zu kümmern. Gleichzeitig gebe ich seinem Coach mit auf den Weg, dass Joshua ein Kommunikator ist, den man über Gespräche gut kriegen kann, stelle noch mal heraus, wie wichtig ihm die direkte Ansprache ist. An seiner verhaltenen Reaktion merke ich, dass das nicht unbedingt eine seiner Lieblingsdisziplinen ist.

Einige Trainer haben zwar bei der Kommunikation mit den Jugendlichen im Blick, dass die heutigen Spieler nicht mehr nur das machen, was ihnen gesagt wird, sondern verstehen wollen, warum sie etwas machen sollen. Wir werden nicht herausfinden, ob sich Joshua und sein Coach finden werden, da aufgrund vereinsinterner Umstrukturierung das Trainerteam ausgewechselt wird.

Die beiden neuen Trainer jedenfalls entsprechen mehr unserer Plaudertasche Joshua und in dem gemeinsamen Jahr herrscht unter ihnen ein reger Austausch. Mein Mann und ich kommen in der Zeit nicht so oft in die Situation, zu Hause Rede und Antwort bei Fragen und Problemen stehen zu müssen, da Joshua mit Chef- und auch Co-Trainer häufig Gespräche führt.

Mit ihnen gemeinsam macht Joshua seine erste Mannschaftsfahrt, die ihm lange im Gedächtnis bleiben wird. Zusammen mit den Profis geht es für drei Tage nach Wien. Neben einem Testspiel gegen die Jugend von SK Rapid Wien, besuchen sie das Spiel der Profis und absolvieren einige Trainingseinheiten.

Ich liefere ihn mit großer Tasche und viel Vorfreude im Bauch am Flughafen ab. Sie reisen nicht mit dem Zug oder Bus – der Flieger muss es sein. Ich gönne es den Spieler natürlich, doch finde ich es schade, dass kleinere Vereine selten bis nie derartige Möglichkeiten bekommen. Hier wird noch mal deutlich – Geld regiert nicht nur die Welt, sondern auch den Fußball.

Ein paar Stunden später erhalte ich eine SMS mit einem Foto von ihm, dass sie, O-Ton Joshua, „im „besten" Hotel Wiens angekommen sind und dort zusammen mit den Profis wohnen." Bisher ist das eine Welt, die er nur aus dem Fernsehen oder dem *kicker* kennt.

Im Zimmer, das er sich mit seinem Mannschaftskameraden teilt, – die beiden wählen gern eine gemeinsame Unterkunft, da die Absprache bezüglich Föhn und Glätteisen gut funktioniert (ein „lebensnotwendiges" Utensil eines jeden Fußballers wie ich erfahre) – werden sie mit Joshuas Namen auf dem Flachbildschirm begrüßt. Für die beiden 14-Jährigen ein unglaubliches Erlebnis.

Das angesetzte Freundschaftsspiel verliert Joshuas Mannschaft leider, aber darunter leidet keineswegs die Stimmung. Umso mehr feuern sie mit Leibeskräften die „Großen" an. Der morgendliche Lauf führt sie durch die Wiener Innenstadt, gemeinsam wird mit den Profis gefrühstückt. Zeit, die für Erinnerungsfotos genutzt wird.

Der Verein führt die Spieler schon früh an die Profiwelt heran. Je älter sie werden, desto stärker wird die Einbindung. Denn den Nachwuchsspielern wird so das Leben eines Profis veranschaulicht und sie erhalten früh die Möglichkeit hineinzuschnuppern. Denn nur ein technisch guter Fußballer macht noch keinen Profi. Auch die Persönlichkeit ist wichtig.

Jörg Runde und Thomas Tamberg[18] berichten in ihrem Buch *Traumberuf Fußballprofi*, dass die Persönlichkeitsentwicklung bei jungen Talenten immer mehr in den Fokus rückt. Viele Leistungszentren arbeiten neben der fußballerischen Entwicklung früh darauf hin. Denn Talent allein reicht nicht aus. Um den Weg in den Profifußball zu schaffen, benötigen die Spieler die richtige Mentalität und den Charakter. Eigenschaften wie Siegeswille und Leistungsbereitschaft gehören ebenso dazu wie Selbstbewusstsein, Respekt, Teamfähigkeit und souveräner Umgang mit Stress. Meiner Meinung nach nicht nur für Fußballer wichtig, jeder von uns sollte ein paar dieser Charaktereigenschaften haben.

In Joshua finden sich viele der Charakterzüge, doch ist seine Leistungsbereitschaft noch nicht konstant. Sie ist sehr von seiner Verfassung, seinem Umfeld und der Ansprache durch den Trainer abhängig. Auch ist unser Sohn feinfühlig und erspürt recht schnell Stimmungen innerhalb einer Gruppe. Ist sie gestört, kann das zeitweilig auf ihn abfärben. Etwas, was er lernen muss hintanzustellen.

EIN NACHWUCHSFUSSBALLER IST FÜR DIE FAMILIE NICHT EINFACH

Wer selbst Kinder hat, weiß wie spannend es ist zu sehen, wie ähnlich und unterschiedlich zugleich sie sind. Sind Joshua und Grace in vielen Dingen sehr ähnlich, unterscheiden sie sich in einem doch gravierend. Seit

Kindergartenzeit will Joshua einen strukturierten Tagesablauf, wodurch ihm das geregelte Leben eines Fußballers sehr entgegenkommt. Grace dagegen gestaltet ihr
Leben – früher neben der Schule und jetzt neben ihrer
Ausbildung – selbst. Kurzfristig probierte sie auch mal
Handball als Mannschaftssport aus, doch merkte sie
schnell, dass sie dem Mannschaftsleben nichts abgewinnen kann. Von wem sie das wohl hat ...

Da Grace und ich früher während Joshuas Training
oft gemeinsame Dinge unternommen haben, hat sie sich
nie als Geschwisterkind gefühlt, das Stunde um Stunde
auf dem Fußballplatz verbringen musste. Hinzufügen
muss ich allerdings, dass sie auch kein zeitlich ebenso
aufwendiges Hobby pflegte wie Joshua.

Sie findet bis heute Gefallen daran, dass ihr Bruder
Fußball spielt. Auch wenn sie unheimlich stolz auf ihn
ist und das, was er erreicht hat, tut er ihr doch auch leid
und sie fragt sich hin und wieder, ob das alles wirklich
gut für ihren Bruder ist. Sie könnte sich nie vorstellen,
neben der Schule das tägliche Training zu absolvieren.
Sie empfindet es oft als einen wahnsinnigen Druck, dem
Joshua durch die Schule und den Fußball ausgesetzt ist.
Auch wenn Grace so gut wie keine Ahnung von Fußball
hat, nimmt sie doch sehr an Joshuas Leben teil, übernimmt mal den Fahrdienst, seit sie vor zwei Jahren den
Führerschein gemacht hat, oder kommt auch mal zu
einem Spiel.

Als Familie schaffen wir gemeinsam für Joshua eine
Oase, in der er zur Ruhe kommen und Kraft tanken
kann. Denn so verstehe ich unsere Aufgabe. Seit dem

Eintritt in das Nachwuchsleistungszentrum gelten für Joshua ähnliche Gesetzmäßigkeiten wie bei den Profis. Du musst jede Woche zeigen, dass du es willst, und dich für das nächste Spiel empfehlen. Du musst alles geben und immer auf dem gleichen Niveau trainieren.

Im Gegensatz zu vielen Profis absolvieren die Jugendspieler fast alle noch eine Schul- bzw. Berufsausbildung. Sie haben noch nicht die Freiheit, sich ganz auf den Fußball zu konzentrieren. Wir wissen alle, dass man nur Leistung erbringen kann, wenn man auch ganz viel Spaß an dem Sport hat, aber es liegt darauf auch immer ein gewisser Druck.

Unsere Rolle als Eltern ist in all dem nicht unerheblich. Gerade die Familie sollte eine Zone sein, in der in Bezug auf Fußball kein weiterer Druck ausgeübt wird. Als Eltern ist es wichtig, dass wir unsere Söhne als Ganzes sehen und ihnen zeigen, dass sie gut so sind, wie sie sind. Auch wenn die Jungs von nichts anderem träumen als der großen Fußballwelt, sind wir der sichere Hafen, in den sie immer wieder zurückkehren können.

Wenn es im Fußball nicht gut läuft, haben wir gelernt dem Ganzen mit Gelassenheit zu begegnen – soweit das möglich ist. Oft regeln sich die Dinge von selbst, die einen schneller, die anderen brauchen mehr Zeit. Jetzt werden die Fußballväter sagen, das kann auch nur von einer Mutter kommen. Aber sind wir doch mal ehrlich.

Wir kennen alle Situationen beispielsweise in unserem Beruf, in denen sich ein Problem nicht direkt lösen lässt. In dem Moment kann uns Geduld und Besonnenheit eher weiterhelfen, um ans Ziel zu kommen, als Druck aufzubauen.

Was ich damit sagen will: Unsere Jungs sind in Leistungszentren schon sehr weit gekommen, sie zeichnen sich alle durch ein Talent und eine Persönlichkeit aus und jeder wird seinen Weg schon gehen. Nur wird dieser Weg nicht vorgegeben, der wird sich entwickeln.

"Für mich ging es mit dem Wechsel von Leverkusen zu Fortuna Düsseldorf gleich zwei Ligen tiefer."

Christoph Kramer, Fußballspieler[19]

Wenn ich Bios vieler erfolgreicher Fußballer lese, gibt es **den** richtigen Werdegang nicht. Wie viele Fußballer haben einen Rückschritt gemacht und darüber den Weg in die Bundesliga geschafft?

Marco Reus ist ein gutes Beispiel, welcher „Umwege" es manchmal bedarf. In der B-Jugend wurde er von Borussia Dortmund aussortiert, wechselte zu Rot Weiss Ahlen. Ich musste den Verein googln, um zu wissen, wo er liegt bzw. in welcher Liga er spielt. Dort gelang ihm über eine erfolgreiche A-Jugend-Saison, der Einstieg in den Profibereich. 2009 verließ er den Verein und spielte ab der Saison für Borussia Mönchengladbach, wurde gleichzeitig in die Nationalmannschaft berufen, bevor er 2012 für eine Ablösesumme von 17 Millionen Euro nach Dortmund wechselte.

Oder Christoph Kramer. Er wurde in der C-Jugend bei Bayer 04 Leverkusen aussortiert und ging zu Fortuna Düsseldorf. Im Magazin *11 Freunde* beschreibt er, wie er sich damals gefühlt hat: „Ein, zwei Monate war ich in einem richtigen Tief, ich habe jede Nacht geheult. Das war die schwierigste Phase in meinem Leben."

Nach Stationen bei VfL Bochum und Borussia Mönchengladbach kehrte er im Juli mit der Nationalmannschaft als Weltmeister aus Brasilien zurück. Leider mit wenig Erinnerungen ans Finale.

Außerdem brauchen die Jungs auch einen Ort, an dem sie mal Luft ablassen können. Und das ist häufig nun mal die Familie. Wenn wir die gleiche Haltung wie der Trainer vertreten, wo sollen sie das dann tun? Oft ist uns Eltern nicht klar, wie leicht wir durch Fragen Druck aufbauen.

„Weißt du, ob du morgen spielst?", fragt mein Mann Joshua am Freitagabend beim Abendessen.

„Spiele nicht" lautet die knappe Antwort unseres Sohnes.

Erst mal ist Stille, aber ich merke, wie es in meinem Mann arbeitet. Er will mehr wissen, ist sich aber auch bewusst, dass er sich mit seinen Fragen auf einem Pulverfass bewegt. Trotzdem hakt er nach. „Hast du mal den Trainer gefragt, warum nicht?"

„Nee", sagt unser Sohn.

„Warum fragst du nicht? Willst du den Grund nicht wissen?"

„Der Trainer hat das so entschieden, und so ist es nun mal. Ich will da auch nicht weiter drüber reden", kommt jetzt schon sehr genervt von Joshua. Ein typischer Freitagabend-Dialog zwischen den beiden, der ob der Brisanz der Thematik recht milde verläuft.

Die sicherlich berechtigte Frage meines Mannes führt nicht selten zu Diskussionen zwischen ihm und Joshua und hin und wieder auch zwischen ihm und mir. Natürlich ist man neugierig und will wissen warum, aber oft findet man keine Antwort und offen gesagt ist sie auch unerheblich.

Der Trainer hat das Sagen und der Trainer hat entschieden. Er wird seine Gründe haben und ihm ist egal, ob der Spieler das versteht. Und wir Eltern sind da eh ganz weit außen vor.

Ich glaube, der Trainer weiß oft gar nicht, was seine Reaktionen und Entscheidungen zu Hause auslösen. Was wir Eltern oft aushalten und ja, auch ausbaden müssen. Die schlechte Laune von Joshua, die durchs Haus zieht, sobald er reinkommt. Oder die Selbstzweifel, die so hoch sein können wie der Mount Everest und mich in die Rolle des Mental-Coachs schlüpfen lassen, um ihn emotional wieder aufzubauen.

So wenig, wie ich mir vorstellen kann, wie es im Training, in der Kabine und bei Besprechungen zugeht, so wenig weiß ein Trainer, was die Familie eines Nachwuchsfußballers zu leisten hat.

„(...) eine für mich plausible Begründung habe ich vom Trainer nie erhalten.“

Timo Heinze, ehemaliger Fußballspieler FC Bayern München[20]

Timo Heinze, Spieler beim FC Bayern München und in der Jugendnationalmannschaft hat die Allmachtstellung des Trainers selbst erfahren dürfen. In seinem Buch *Nachspielzeit* beschreibt er, wie kurz der Weg vom hochgelobten Nachwuchstalent bis zum Auswechselspieler sein kann. Eben noch Stammspieler mit Kapitänsbinde, sitzt er kurze Zeit später auf der Bank – ein Wendepunkt in seiner Karriere. Er bemängelt bis heute, dass in dieser Situation, und weitere sollen noch folgen, die Verantwortlichen nicht mit ihm gesprochen hätten bzw. es keine wirklich befriedigende Erklärung gebe.

„Unzählige Male habe ich mir den Kopf darüber zermartert, was der Grund hätte sein können. Ich weiß ihn bis heute nicht und muss damit klarkommen, dass ich ihn wohl nie erfahren werde.“

Bernhard Peters[21], der als Direktor Sport für die Bereiche Jugend, Nachwuchs und Koordination beim Hamburger SV zuständig ist, bemängelt in den meisten Klubs das Fehlen von Fußballfachleuten, die auch pädagogisch ausgebildet sind. Im Fußball wird den Spielern viel zu wenig transparent erklärt, wo sie stehen, wie die aktuelle Situation ist.

„Das liegt auch daran, weil die Trainer zu wenig ge-schult sind, emotionale Bindung aufzubauen und die Entwicklung der Jungs kommunikativ vertrauensvoll zu begleiten", erklärt er.

Wichtig ist die gesamte Entwicklung eines Spielers im Blick zu haben – sowohl die sportliche als auch die Persönlichkeitsentwicklung. Diese Aufgabe können die wenigsten Trainer übernehmen, da „sie auf viel Fachli-ches konditioniert werden." Hier sieht er großen Nach-holbedarf.

Und ich mit ihm. Seine Aussage bestätigt mich da-rin, dass es nicht nur an unserem Sohn oder am Trainer liegt, wenn in der Kommunikation oft noch „Brachland" herrscht, sondern es allgemein noch Entwicklungsar-beit benötigt, um auch hier erfolgreich sein zu können. Ich hoffe, dass die Verantwortlichen das ebenso sehen.

Mein Mann und ich haben zwar den gleichen Blick auf Joshuas Sport, doch sind wir emotional unterschiedlich involviert. Bisher fühle ich mich wie das Mädchen für alles. Mit zunehmendem Alter und Aufstieg in die höhe-re Jugend ändern sich meine Aufgaben. Denn neben Wäsche und Fahrdienst, werde ich immer mehr zur Ge-sprächspartnerin.

4-3-2-1, 4-2-3-1, 4-4-2 oder 4-3-3? Welches ist das bessere Spielsystem? Ist die Viererkette sinnvoller als die Dreierkette? Spielt man gegen Dortmund besser offensiv oder defensiv? Darum dreht es sich bis heute nicht in den Gesprächen zwischen Joshua und mir. Diese Art der Fachgespräche kann ich mir aufgrund mangelnden Wissens nicht leisten. Auch wenn der Sportteil inzwischen zu meiner morgendlichen Lektüre gehört, aber nur, um zu wissen, was in der Fußballwelt los ist und um mitreden zu können.

Ging es anfangs bei unseren Gesprächen eher um die emotionale Ebene, ist meine Meinung mittlerweile in oder nach Perspektivgesprächen, bei Problemen und sogar anstehendem Vereinswechsel gefragt. Ich schaue mir die Geschehnisse eher von „außen" an und glaube, dass ich dadurch eine gewisse Distanz habe, die Joshua ganz guttut. Er will wissen, was ich über die jeweilige Situation allgemein denke, und will nicht mit mir fachsimpeln. Ich bin für ihn diejenige, der er seinen Frust, seine Wut, Freude, Zweifel erzählen kann, und die all das mit ihm teilt.

Auf Platz 1 der emotionalen Hitliste steht die schlechte Laune nach dem Training, weil die Trainerkritik vielleicht berechtigt ist und daher tiefer trifft oder aber auch einfach unfair ist und daher mehr verletzt. Am Gang meines Sohnes und dem Zuschlagen des Kofferraumdeckels weiß ich schon, was mich auf dem Heimweg erwartet. Fängt er direkt ein lebhaftes Gespräch mit mir an, ist alles zur Zufriedenheit gelaufen. Redet er kein Wort, ist klar, dass einiges im Argen ist.

Ich denke, viele Eltern werden mir zustimmen, wenn ich uns auch als „Bollwerk der Launen" bezeichne. Mittlerweile kann ich mit diesen Situationen gut umgehen und Joshua in Ruhe lassen. Will er darüber reden, wird er schon kommen. Wenn nicht, dann war das Problem auch nicht so gravierend.

Ich muss beispielsweise nicht jeden Tag nach dem Training fragen, wie es war. Oft interessiert es mich schlichtweg nicht, es passiert ja auch nicht in jeder Einheit etwas Besonderes. Und hin und wieder gibt es auch Tage, da will und kann ich den Fußball nicht in den Mittelpunkt stellen, weil mich einfach andere, für mich wichtigere Dinge beschäftigen.

Mein Mann ist da ganz anders. Am liebsten möchte er einen Trainingsverlauf im Detail beschrieben haben.

„Wie war denn heute das Training?", ist eine sehr beliebte Frage meines Mannes auf die meist ein entnervtes „Gut" unseres Sohnes folgt. Nachfragen sind nicht gerne gesehen, können aber seitens meines Mannes nicht immer zurückgehalten werden. Bedenkt man, dass Jungs in der Pubertät per se nicht sehr gesprächig sind, überhaupt nicht bedenklich. Für meinen Mann aber immer mit einer kleinen Krise verbunden, da er sich persönlich getroffen fühlt. Die meist noch etwas größer wird, wenn er es als Nächstes bei mir versucht. Der Ablauf ist immer der gleiche: „Weißt du was übers Training? Wie es war? Oder ob es was Besonderes gab? Josh ist ja mal wieder nicht so gesprächig", beginnt mein Mann.

„Nee, ich glaube gut, aber so genau weiß ich es auch nicht", lautet meine Antwort.

„Gibt's wirklich überhaupt nichts zu berichten?"

„Ich weiß auch nicht mehr. Hab nix." Und damit endet das Gespräch und die Neugierde meines Mannes ist nicht befriedigt.

Verletzungsphasen sind für ihn ebenso emotional berührend wie für Joshua. Mein Mann lebt die Verletzungen mit. Dass er nicht Phantomschmerzen aufweist, verwundert mich hin und wieder. Er sieht bereits das „Karriereende" nahen, beobachtet ungeduldig die Rekonvaleszenz und fragt ständig nach, wie es Joshua geht. Alles lieb gemeint und zeigt, wie wichtig ihm das Heil und vor allem Seelenheil unseres Sohnes ist. Doch führen diese Situationen phasenweise dazu, dass ein abendliches Miteinander schnell in schlechte Stimmung ausartet.

Über die Jahre ist mein Mann mehr zu einem typischen Fußballvater geworden. Sieg und Niederlage lebt er förmlich mit, Geschehnisse, Trainerentscheidungen müssen direkt analysiert werden. Mit seinem Freund zusammen geht er gern zu Spielen der 1. Mannschaft ihres Lieblingsvereins.

Ich denke oft, dass es meinem Mann besser mit dem Sport unseres Sohnes gehen würde, wenn er ein bisschen mehr Distanz hätte. Für mich einfach gesagt, für ihn sehr schwer zu leben. Er ist nicht der Vater, der durch seinen Sohn erfolgreich sein möchte. Dafür hat er selbst einen ihn ausfüllenden und spannenden Job. Er steht auch nicht am Spielfeldrand und brüllt Anweisungen ins Spiel und stellt auch nicht den Trainer infrage, da er in dem Metier zu wenig weiß. Er treibt Joshua auch nicht zu Höchstleistungen an.

Es ist wohl eher das Gefühl, dass er Joshua dabei unterstützen möchte, alle Chancen zu nutzen. Er soll nichts unversucht lassen, worüber er sich später vielleicht ärgern könnte. Er liebt es, Joshua im Spiel zu sehen, und ist unglaublich stolz, dass er es so weit gebracht hat. Er soll Spaß am Fußball haben und so wenige Verletzungen wir möglich erfahren – körperliche wie emotionale.

Ich würde meinen Mann ein klein bisschen als Helikopter-Vater bezeichnen, der nicht voll in Erscheinung tritt, dennoch alles bis ins Detail wissen möchte. Und am liebsten nicht direkt von Joshua, da er nicht viel erzählt, sondern eher durch mich. Und da kommen wir zu einem weiteren Problem.

Da ich entweder gar nicht, oder nur recht knapp nach dem Verlauf von Training oder Spiel frage, fallen meine Antworten oftmals ebenso kurz und knapp aus wie Joshuas. Irgendwie befinden wir uns da in einem Dilemma. Fairerweise muss ich aber auch sagen, dass mein Mann mit zunehmendem Alter von Joshua entspannter wird und sich darin übt, gelassener zu werden.

B-JUGEND – JA ODER NEIN?

Unser Familienleben wird sehr auf die Probe gestellt, als es um den Übergang und damit um den ersten Vertrag in der B-Jugend geht. Bereits vor Weihnachten beginnen die Spieler untereinander mit den Diskussionen, die in den ersten Monaten des neuen Jahres ihren

Höhepunkt erreichen: Wer hat schon einen Vertrag? Wer wird einen Vertrag bekommen? Wer wird den Verein möglicherweise verlassen?

Hinzu kommen noch zwei weitere wichtige Themen: erstens das anstehende Abitur unserer Tochter, zweitens die erste Muskelverletzung von Joshua.

Das Abi unserer Tochter ist für mich elementar, kommt aber in der Verletzungs- und Vertragsthematik hin und wieder zu kurz. Gut, das Grace so eigenverantwortlich und selbstbestimmt ist. Die Aussage „Das Kind, das am wenigsten schreit, bekommt die wenigste Aufmerksamkeit" trifft hier zu. Leider! Und es gibt Momente in diesen Wochen, die mich vor schlechtem Gewissen schier zerreißen. Daher stelle ich für mich eine Regel auf: Wenn Grace mich um Hilfe bittet, weiß ich, dass sie wirklich Hilfe benötigt. Dann lasse ich Fußball Fußball sein und wir beide nehmen uns die Zeit, die sie mit mir braucht. Sie fragt zwar nicht oft, doch bringt der Vorsatz sie gut durch die Vorbereitungszeit aufs Abitur.

Durch die gestiegenen Trainingsanforderungen ist Joshuas Körper einer neuen und anderen Belastung ausgesetzt und die erste Verletzung lässt nicht lange auf sich warten. Drei Monate nachdem er seine alte Mannschaft verlassen hat, zieht er sich in einem Spiel eine Muskelverletzung zu.

Erst mal sind wir noch entspannt, handelt es sich „nur" um eine Muskelverletzung und nicht um einen Bruch.

> Muskeln können in der Behandlung oft langwieriger sein als Brüche.

Das wissen wir zum jetzigen Zeitpunkt noch nicht und werden das in den nächsten Jahren lernen.

Auch wenn Verletzungen nichts Gutes haben, gibt es für mich jetzt einen positiven Aspekt. Ich muss mich nicht mehr um die medizinische Versorgung kümmern. Die Physiotherapeuten sind vor Ort und Joshua wird vier Tage mit Lymphdrainagen und Elektrotherapie behandelt. Da am darauffolgenden Wochenende ein wichtiges Spiel ansteht und die Bewegung nicht vollends eingeschränkt ist, soll er im Training testen, ob er wieder einsetzbar ist. Der Versuch misslingt und der Muskel „macht komplett zu", wie es in der Sportlersprache heißt.

> Durch intensive Beanspruchung der Muskulatur und eine ruckartige Bewegung wird der Muskel über das normale Maß gedehnt. Erschöpfung, unzureichende Sauerstoff-, Flüssigkeits- und Elektrolytzufuhr tun ihr Übriges und bringen den Muskelstoffwechsel aus der Balance. Das führt dann zur Zerrung, bei Verletzungen der Muskelstruktur, den Muskelfasern, zum Faserriss.

Bei Joshua wird mittels Ultraschalluntersuchung ein Muskelfaserriss im hinteren Oberschenkel diagnostiziert. Ob er hätte vermieden werden können, hätte er nicht alsbald wieder trainiert, ist zwar fraglich, aber auch nicht ganz von der Hand zu weisen.

Anfangs heißt es Pause für 4-6 Wochen, schlussendlich wird er zehn Wochen täglich in der Reha behandelt. Er erhält weiterhin physiotherapeutische Maßnahmen wie Elektrotherapie, Lymphdrainagen und Massagen. Später wird er durch Fahrradfahren, erste Laufeinheiten auf dem Band und Krafttraining wieder aufs Mannschaftstraining vorbereitet.

Wegen der Weihnachtsferien findet zwei Wochen keine Therapie statt und der Heilungsprozess ist zur Überraschung von seinem Trainer, Joshua und uns nicht so wie erwartet. Hier kommt bei uns die Frage auf, ob wir selbstständig hätten aktiv werden müssen, um die Ferienzeit auf privater Ebene therapeutisch abzudecken, aber bis dahin gingen wir ja davon aus, dass die Behandlung in den Händen des Vereins liegt.

„Jeder Trainer will gesunde Profis haben. Profis wissen, dass ihr Stammplatz vielleicht verloren geht, wenn sie verletzt sind und ausfallen."

Philipp Lahm, ehemaliger Fußballspieler FC Bayern München[22]

Für uns alle sind Verletzungen schrecklich, für einen Sportler besonders. Wer schon mal mit einem verletzten Spieler zu tun hatte, weiß welche Zweifel ihn plagen.

Werde ich wieder gesund? Wie lange muss ich aussetzen? Werde ich an meine alte Leistung wieder herankommen? Behalte ich meinen Stammplatz im Kader?

Denn in den Leistungszentren herrscht ein starker Konkurrenzkampf. Ist einer verletzt, macht er Platz für einen anderen. Damit ist der Spieler nicht nur physisch mit seiner Verletzung beschäftigt, sondern auch psychisch mit den Sorgen, wie es weiter gehen wird.

Für einen Sportler, der einen gesunden und intakten Körper braucht, um seinen Sport auszuüben, stellt sich auch schnell die Frage nach dem „Warum?". „Warum muss mir das passieren?" und „Warum gerade jetzt?"

Bei Joshua nach dem Grund zu suchen, ist – zum jetzigen Zeitpunkt – verlorene Liebesmüh. Es ist seine erste Verletzung und es gibt keine Notwendigkeit. Viel wichtiger ist es, zusammen mit ihm nach vorn zuschauen. Ihn in seinen Sorgen und Nöten ernst zu nehmen und die Situation gemeinsam realistisch zu betrachten.

Zeitgleich steht in der Zeit ein Trainingslager in den Arabischen Emiraten an. Seit dem ersten Tag im neuen Verein ist es **das** Thema in der Mannschaft und Joshua redet von nichts anderem mehr. Er ackert in der Reha wie ein Berserker und hofft bis zum letzten Tag wieder fit zu sein, um mitfahren zu können. Doch leider reicht es nicht und er muss neben der Verletzung auch noch die Enttäuschung verschmerzen, zu Hause bleiben zu müssen.

Unser Szenario noch mal in Kürze:

Unser Sohn ist mit der Reha nach einem Muskelfaserriss im hinteren Oberschenkel beschäftigt. Gleichzeitig geht es um den Übergang in die B-Jugend. Dafür muss er spielen, sich von seiner besten Seite präsentieren, sich gegen seine Mitspieler durchsetzen, um zu zeigen, dass er die Qualitäten hat, um weiter zu kommen. Jede Äußerung des Trainers analysiert er darauf, ob eine Tendenz zu erspüren ist, und vergleicht sich mit Spielern, die bereits ihren Vertrag in der Tasche haben.

Parallel dazu steckt unsere Tochter mitten in den Vorbereitungen für das Abitur. Aus meiner eigenen Erfahrung weiß ich, dass man in der Zeit gerne mal von himmelhoch jauchzend – man packt das schon alles – bis zu Tode betrübt – die Selbstzweifel sind so groß wie der Atlantik – schwankt.

Also, gesamt gesehen, alles andere als entspannte Verhältnisse. Da verwundert es niemand, dass Grace irgendwann die Hutschnur reißt.

Das Abendessen ist bei uns ein heiliges Ritual. Die Kinder und ich versuchen uns in dem oft turbulenten Alltag abends eine Oase der Ruhe zu schaffen. Entweder kochen wir zusammen oder es gibt die schnelle Küche mit Brot, Käse, Aufschnitt und Gemüse – egal was, wir nehmen uns die Zeit gemeinsam über den Tag zu sprechen. Aufgrund seines Berufs ist mein Mann abends nicht regelmäßig dabei. Umso außergewöhnlicher und schöner ist es, wenn wir zu viert am Tisch sitzen.

Das Thema Fußball sorgt nicht immer für Harmonie, gerade in der jetzigen Phase. Joshua ist angespannt, weil er nicht weiß, wie es weiter geht. Mein Mann versucht durch ständiges Fragen, mehr Informationen aus ihm herauszuquetschen. Und ich sitze so ein bisschen zwischen den Stühlen, kann sie beide verstehen, trotzdem gehen sie mir gelegentlich auf die Nerven.

„Können wir heute mal nicht über Fußball reden? Ich kann's einfach nicht mehr hören! Esse dann lieber auf meinem Zimmer allein", sagt Grace, als wir zu viert beim Abendbrot sitzen. Ich kann mit ihr mitfühlen und weiß, wie wichtig ihr das Anliegen ist, denn das gemeinsame Essen ist für sie heilig.

Nachdem sie schlussendlich nicht nur droht, den Tisch zu verlassen, sondern wirklich ihren Teller nimmt und nach oben in ihr Zimmer geht, bleiben wir anderen sprachlos zurück. Ich beschließe, dass wir etwas ändern müssen.

„So kann's nicht weitergehen. Ich geb' Grace recht. Hab auch das Gefühl unser Leben besteht nur noch aus Fußball. Ab sofort wird beim Abendessen nicht mehr darüber gesprochen", verkünde ich.

Drei ungläubige Augenpaare (Grace ist mittlerweile wieder unten) starren mich an. Mein Mann aus dem Grund, dass ich dieses Thema verbanne. Joshua, glaube ich, mit gemischten Gefühlen. Grace, die es nicht fassen kann, dass sie bald ihre Ruhe haben soll.

„Ich kann diese angespannte Situation, ob aus einer einfachen Frage wieder eine Diskussion wird, die womöglich im Streit endet, auch nicht mehr ertragen. Daher ist der Fußball hier am Abendbrottisch ab sofort „verboten". Lasst uns diese Zeit als fußballfreie Zone nehmen. Wenn's was gibt, dann gern nach dem Essen", erkläre ich meine Entscheidung.

Anfangs ist das schwer umzusetzen, doch wir gewöhnen uns daran und genießen es bis heute, dass wir diese Welt größtenteils – wenigstens für eine halbe Stunde am Abend – außen vorlassen. Je nach aktueller Situation „ertappen" wir uns dabei, wieder in unser altes Muster zu fallen. Aber irgendeiner von uns „führt" die anderen immer wieder auf den „neuen Weg". Für uns alle sind dadurch die Abende viel entspannter, und wer doch noch Fußballwissen austauschen möchte, kann das nach dem Essen in kleiner Runde.

Nachdem der Muskelfaserriss ausgeheilt ist, steckt Joshua all seine Energie ins Training und in die Spiele. Sein Wunsch ist es, in die B-Jugend zu wechseln. Immer wieder wird er aus seiner Mannschaft herausgenommen und nimmt am Training der älteren Mannschaft teil. Das motiviert ihn einerseits, andererseits glaubt er, dass die Trainer Zweifel haben und sich nicht sicher sind. Deshalb schauen sie sich ihn an. Immerhin konnte er sich wegen seines Ausfalls von Ende Oktober bis Januar nicht entsprechend zeigen.

Durch seine Verletzung ist er der einzige Spieler aus der Mannschaft, der noch keine Entscheidung erhalten hat. So ähnlich wie früher im Sportunterricht. Es werden zwei Mannschaften gewählt und der, der als Letzter übrig bleibt, fühlt sich echt bescheiden – kein tolles Gefühl.

Ständiges Nachfragen der anderen Eltern, wenn man sich mal bei Spielen trifft, und so kluge Hinweise wie „Ihr müsst ein Gespräch einfordern" oder „Eine Entscheidung ist doch längst überfällig" machen es nicht leichter. Mein Mann und ich kommen zu diesem Zeitpunkt nicht auf die Idee, um ein Gespräch mit den Trainern zu bitten. Wir sind der Meinung, der Verein wird sich schon zum richtigen Zeitpunkt melden. Ob das eher Blauäugigkeit ist oder der Tatsache geschuldet, dass wir beide uns mit Trainergesprächen schwertun, kann ich nicht sagen. Anfang April ist es dann endlich so weit. Wir treffen uns mit Joshua, seinem jetzigen Trainer und dem Trainer der B-Jugend.

„Du warst lange verletzt, daher haben wir uns ein bisschen mehr Zeit mit unserer Entscheidung gelassen. Klar, ist das für dich blöd, aber so ist es nun mal im Fußball." So eröffnet der Coach der B-Jugend das Gespräch.

„Wir haben gesehen, dass du dich schnell und gut an das Level deiner Mitspieler herangearbeitet hast. Da fehlt noch ein bisschen, aber wir denken, dass du das schaffen wirst, wenn du so weitermachst", erklärt sein Trainer.

„Die B-Jugend ist schon ein gehöriger Sprung. Hier spielen zwei Jahrgänge zusammen. Da spielst du teils gegen Gegner, die zwei Jahre älter sind als du. Im ersten Jahr wird es sicherlich schwer, einen Stammplatz zu bekommen, es kann auch sein, dass du nur Freundschaftsspiele bestreiten wirst. Das wird man sehen. Wir glauben aber, dass deine körperliche Entwicklung, deine Größe dir hier zugutekommt. Du bist für deine Größe sehr schnell, bist kopfballstark und hast einen guten linken Fuß. Du bringst gute Voraussetzungen für einen Innenverteidiger mit. Wenn du an dir arbeitest, alles

gibst, könnte es sein, dass du nach drei oder vier Monaten deine ersten Einsätze in einem Meisterschaftsspiel
haben kannst."

Sein Trainer unterstreicht, wie sehr er Joshuas So-
zialkompetenz schätzt. Er geht Konflikten nicht aus dem
Weg, erspürt recht gut Stimmungsschwankungen in der
Mannschaft und versucht Spieler miteinander in den
Dialog zu bringen. Für ihn ist Joshua der „Wächter der
Werte", da er neben dem Fußball auch erkennt, wie
wichtig das Miteinander ist.

Joshua freut sich über das Feedback, wir natürlich
auch. Joshua erhält ein Vertragsangebot über zwei Jahre
in der B-Jugend. Obwohl ich keine Vorstellung hatte,
wie so ein „Vertragsgespräch" aussieht, bin ich von der
Art des Miteinanders positiv überrascht. Es ist offen und
detailliert, und ich fühle mich mit meinen Fragen ernst
genommen und erhalte ausführliche Antworten. Joshua
nimmt das Angebot freudig auf und bittet sich ein paar
Tage „Bedenkzeit" aus.

In den letzten Spielen hat Joshuas Trainer ihn von
Beginn an spielen lassen. Nach dem Gespräch beschäftigt Joshua die Tatsache, dass es in der B-Jugend durch
den älteren Jahrgang passieren kann, dass er oft auf der
Bank sitzen wird. Etwas, was alle Spieler seiner Mannschaft ereilen wird und ihnen unisono nicht gefällt. Joshua will spielen, gerade nach der langen Verletzungsphase.

Nach ein paar Gesprächen mit uns, seinen Freunden
und seiner Schwester, fällt die Entscheidung für die
B-Jugend einige Tage später. Denn auch hier gilt wie-

der, dass er nicht weiß, ob er den Anforderungen gewachsen ist, wenn er es nicht probiert. Darüber hinaus
ist auch sein Ehrgeiz geweckt, sich und dem Verein zu
zeigen, dass er es zum Stammspieler in der B-Jugend
schaffen will. Glücklich, dass diese Entscheidungsphase
endlich ein Ende hat und positiv für Joshua ausgeht,
unterschreiben wir den Vertrag.

Unsere Tochter macht währenddessen ihr Abitur,
worüber wir auch sehr stolz sind. Grace und Joshua
freuen sich über den gegenseitigen Erfolg und sind froh,
dass sie es geschafft haben. Nach den aufregenden Wochen wünsche ich mir für uns alle wieder mehr Ruhe im
Haus. Ein Wunsch, der leider nicht – von wem auch
immer – erhört wird. Ich werde lernen müssen, dass sich
mit einem sportaffinen Familienmitglied die Gefühlswelt zwischen Entspannung und Anspannung, zwischen
Freude und Leid binnen eines Augenaufschlags verändern kann.

ALLEIN SCHAFFEN WIR DAS NICHT – WIE MARKUS ZU UNS STÖSST

Drei Wochen nach Vertragsunterzeichnung nimmt Joshuas Mannschaft an einem internationalen Turnier in
Holland teil. Da mein Mann zu der Zeit beruflich ver-
hindert ist, will ich mir das Eröffnungsspiel gegen Me-
xiko anschauen. Zu spät aus dem Büro weggekommen,

dann noch einen Stau auf der Autobahn, komme ich 15 Minuten nach Anpfiff am Stadion an.

Gerade als ich einen Parkplatz finde, klingelt mein Handy. Im Display erscheint Joshuas Nummer.

Komisch, denke ich, er müsste doch eigentlich spielen. Ich gehe ran.

„Hallo Mama, bist du schon da?", fragt er mich.

„Yep, habe gerade einen Parkplatz gefunden und komme jetzt."

Auf das, was nun folgt, bin ich nicht vorbereitet.

„Musst du nicht. Wir müssen ins Krankenhaus. Ich habe mir wahrscheinlich den Unterarm gebrochen", sagt Joshua.

Na, das ist ja mal ein Hammer!

Später erklärt er mir, dass er im Sprung zum Kopfball unterlaufen wurde, sein Kontrahent ihn von den Beinen riss und er auf dem Unterarm landete. Und das in der 10. Minute. So schnell kann ein Spiel dann auch vorbei sein.

Als wir im Krankenhaus sitzen und auf die Röntgenbilder warten, geht natürlich die bereits bekannte Gedankenspirale los. Joshua hat Schmerzen und ist frustriert.

„Scheiße, warum muss das ausgerechnet mir passieren? Ich bin doch gerade wieder gut im Training und jetzt das. Was für ein Mist! Da bin ich bis Ende der Saison raus ..."

Tja, Erklärungen jeglicher Art sind hier fehl am Platz. Sie führen zu nichts. Joshua will seinen Frust und seine Wut loswerden. In solchen Momenten bin ich eher relativ ruhig. „Shit happens" und ich schaue immer, dass wir das Beste aus der Situation machen.

Daher kann ich dem Ganzen zwei positive Seiten abgewinnen: Ich bin froh, dass es kein offener Unterarmbruch ist und es sich um einen einfachen Bruch handelt, der nicht operiert werden muss, wie der behandelnde Arzt uns mitteilt. Und da links, wird Joshua weiter schreiben können, also nichts mit „Ich kann keine Hausaufgaben machen".

Joshua erhält einen Gips, den er eine Woche tragen muss. Danach wird der durch eine leichte Gipsschiene ersetzt, die er zum Duschen entfernen kann. Es folgen regelmäßige Kontrolluntersuchungen bei seinem Arzt und tägliche Rehabesuche, um den „restlichen" Körper weiterhin in Form zu halten.

Wenn es günstige und ungünstige Verletzungen gibt, dann gehören Armbrüche für einen Feldspieler zu den günstigen, da schneller wieder auftrainiert werden kann.

Trotzdem machen sie das Leben nicht leichter. Auch wenn sich das jetzt sehr entspannt liest, ist die Stimmung alles andere als das. Joshua ist wie ein „Hamster im Laufrad" und wartet nur darauf, endlich wieder auf den Platz zu können. Mein Mann will jeden Abend im Detail wissen, was er in der Reha gemacht hat, wie der Fortschritt ist. Sie erinnern sich: Das trägt auch nicht wirklich zur Entspannung bei.

Nach drei Wochen bekommt Joshua das „Go" seines Orthopäden, am nächsten Tag wieder mit ersten Laufeinheiten ins Mannschaftstraining einzusteigen. Joshua ist überglücklich, doch hält das leider nicht lange an.

Das Wetter ist gut, die vorletzte Schulwoche vor den Sommerferien hat begonnen und Joshua ist abends noch mit ein paar Freunden unterwegs. In dem Alter gehören neben dem starken Drang, Dinge auszuprobieren, auch ein gewisses Maß an Fehleinschätzung dazu. Joshua trinkt – trotz Lauftraining am nächsten Tag – ein Bier und knickt mit seinem linken Fuß an der Bordsteinkante um.

Saß ich nachmittags erleichtert über die positive Nachricht mit Joshua bei seinem Orthopäden, sitzen mein Mann und ich neun Stunden später mit Joshua und einem Fußgelenk so dick wie ein Kinderkopf in der Notaufnahme. Ich denke nur: In welchem Film bin ich hier gerade?

Diagnose: Riss des Außenbandes

Therapie: Manschette für das Fußgelenk, acht Wochen Reha mit den bereits bekannten Maßnahmen, entzündungshemmende Medikamente wie Traumeel und Wobenzym, leichte Belastungen auf dem Rad, später auf dem Laufband und dazu an Krafttraining, was möglich ist.

Wir sind alle gefrustet, mein Mann und ich auch extrem genervt. Denn die Wahrheit, wie es passiert ist, kommt erst nach und nach ans Licht, und für so viel Blödheit müsste man unseren Sohn eigentlich prügeln.

Für die erste Woche der Sommerferien haben wir als Familie zehn Tage Mallorca gebucht. Im Verein gibt es Stimmen, dass es besser wäre, wenn Joshua nicht in Urlaub führe, sondern stattdessen in die Reha ginge. Ich begreife die Welt nicht mehr und denke, dass sich der Fußball nicht noch weiter in das Familienleben einmischen kann. Wir als Familie richten doch schon so viel nach ihm aus.

Joshuas Orthopäde, dem ich einfach nur dankbar für seine besonnene Art in der Vergangenheit und auch jetzt immer wieder bin, bezieht in der Diskussion einen klaren Standpunkt:

Ein verletzter Spieler braucht ebenso wie die Familie auch mal Raum und Zeit auszuspannen, gerade in Joshuas Fall nach einer so langen Verletzungsphase – er kann ja fast in die Reha einziehen ...

Da wir ein Hotel mit Pool haben, bekommt er einen „Rehaplan" fürs Wasser mit, den er im Urlaub machen wird.

Trotzdem stellt sich die Entspannung nicht so ganz ein. Denn die Verletzung nehmen wir mit in den Urlaub, und die Zukunftssorgen und Gedanken sind die gleichen wie zu Hause – zwar bei 35 Grad, tollem Hotel und gutem Essen. Aber irgendwann gehen mir als Mutter auch die Motivationsmechanismen aus. Gleichzeitig bleibt eine Spur von schlechtem Gewissen, sich gegen die „Empfehlung" des Vereins gestellt zu haben. Ist das normale Zusammenleben mit einem pubertierenden Sohn nicht immer einfach, wird die Gemeinschaft in einer Verletzungsphase noch mehr auf die Probe gestellt – egal ob zu Hause oder in sonnigen Gefilden.

Nach unserer Rückkehr beginnt die Vorbereitung der B-Jugend. Es ist klar, dass Joshua nicht mit ins Trainingslager seiner Mannschaft fahren, sondern in der Reha weiter an sich arbeiten wird. Wieder Zeit, in der er nicht Teil der Mannschaft ist, und gerade zum jetzigen Zeitpunkt, wo sich alles neu findet. Dadurch folgen die nächsten Zweifel.

„Wann kann ich wieder mit der Mannschaft trainieren?"

„Jeder versucht sich von Anfang an gut zu präsentieren. Ich kann das nicht. Was bedeutet das für mich?"

„Werde ich je eine Chance in der B-Jugend haben, wenn ich jetzt schon raus bin? Ich weiß noch, wie schwer das im letzten Jahr war, als ich eine Woche später ins Vorbereitungstraining eingestiegen bin."

Hierbei geht es nicht nur um emotionale Fragen, sondern auch fachliche. Nämlich wie das System Fußball funktioniert. Die Physiotherapeuten versuchen zu motivieren, Gespräche mit dem Trainer sind eher Fehlanzeige. Für ihn ist nur ein gesunder Spieler interessant, für die angeschlagene Psyche ist die Familie zuständig. Unfairer Deal wie ich finde.

Bernhard Peters, Sportdirektor beim HSV, sagte einmal, zwar in einem anderen Zusammenhang, der sich aber gut auf den jetzigen Moment übertragen lässt: „Im Fußball interessiert der Einzelne leider zu wenig."

Und das lernen Joshua und wir mit ihm gerade. Wenn nur noch Joshuas Verletzung das Hauptthema ist, das Gespräch sich jeden Abend nur noch um die Reha dreht, jeder Fortschritt wie ein kleiner Sieg gefeiert wird, kommen wir an unsere Grenzen.

Wie soll ich auf Joshuas Fragen Antworten finden? Meinem Mann fällt auch diese Verletzungsphase wieder nicht leicht und er fühlt sich ebenso verunsichert wie bei den vorherigen, was sich in vielen Fragen zeigt. Auch hier soll ich Antworten liefern.

Ich fühle mich überfordert von der anhaltenden Verletzungsmisere unseres Sohnes und den sicherlich berechtigten Sorgen meines Mannes. Ich selbst schwanke zwischen mütterlichen Gefühlen, die Mitleid mit Joshua haben, und kämpferischer Motivation, die lautet: Zähne zusammenbeißen und durch. Entspannte Gespräche sind schon lange nicht mehr möglich.

Ich habe das Gefühl, mein Leben dreht sich nur noch um den Fußball. Bedingt auch dadurch, dass ich Joshua während der Unterarmverletzung ständig zu seinen Rehabesuchen fahren musste, da er sie aufgrund seines Stundenplans anders nicht hätte wahrnehmen können. Und mich jetzt schon wieder in dieser Rolle sehe. Wir fühlen uns beide, als wären wir aneinandergekettet.

Wir brauchen Hilfe. Joshua braucht jemanden, mit dem er offen über seine Situation im Fußball und im Verein reden kann und der Fachkompetenz besitzt.

Mein Mann benötigt einen Gesprächspartner, mit dem er über seine Gedanken, Sorgen und Emotionen sprechen kann. Und ich einen Menschen, der mir dieses System Leistungszentrum erklärt, mit dem ich überlegen kann, was wir in Joshuas spezieller und sicherlich außergewöhnlicher Situation – in der Mannschaft gibt es zu dem Zeitpunkt keinen ähnlichen Fall – tun können oder vielleicht auch müssen. Wir suchen jemand, der uns durch den Fußball-Dschungel führt.

Unser Retter heißt Markus. Er kommt aus der Arbeitswelt meines Mannes, sodass man sich schon kennt. Seit dem Vereinswechsel vor einem Jahr haben Markus und Joshua sporadisch Kontakt und mögen sich.

Als ehemaliger Fußballer versteht er Joshuas Welt, weiß wie man sich in den verschiedenen Momenten als Spieler fühlt, wie es ist, verletzt zu sein.

Als ehemaliger Jugendtrainer kann er uns Traineraussagen „übersetzen" und erklären, was sie bedeuten. Da er selber jahrelang als Coach in Joshuas Leistungszentrum fungiert hat, kennt er die internen Strukturen. Er verfügt über ein ausgesprochen großes Netzwerk und hat Kontakte u. a. zu Ärzten, Physiotherapeuten, Ernährungsberatern, Fußballakademien, Trainern und Spielern. Er kann an den richtigen Stellen für Unterstützung bei Joshua sorgen.

Markus holt uns zu allererst auf den Boden der Tatsachen zurück und beruhigt uns, dass Verletzungen zum Fußball gehören. Auch längere Phasen, wie im Fall von Joshua kann es geben.

Für Joshua ist er ein Gesprächspartner auf Augenhöhe, bei dem er auch seine Sorgen und Ängste artikulieren kann. Für mich ein ganz wichtiger Aspekt, da ein Spieler das innerhalb seines Vereins nicht macht.

Untereinander spricht man nicht über seine Probleme. Wer verletzt ist, ist verletzt, würde aber seinen Mitspielern nie vermitteln, welche Gedanken ihn bewegen. Spieler, die nicht im Kader sind und sich über ihre Position sorgen, reden nicht offen mit ihren Mitspielern darüber.

Und erst recht nicht mit dem Trainer. Viel zu groß ist die Sorge, dass sich das negativ auswirken könnte, es als Schwäche ausgelegt wird. Denn wenn eins der Fußball will, dann sind das starke Spieler.

Sebastian Deisler beschreibt das sehr ehrlich in seinem Buch *Sebastian Deisler – Zurück ins Leben*[23]. Im Länderspiel gegen Österreich zieht sich Deisler 2002 eine neuerliche, schwere Verletzung seiner Kniescheibe zu. Mehrmals wird er von Richard Steadman in den USA operiert. In der monatelangen Reha-Zeit arbeitet er nicht nur an seinem Knie, sondern baut Muskeln auf und macht aus seinem Körper einen Muskelapparat.

„Er wollte nicht als Sensibelchen gelten (...) Geradezu panische Angst habe er davor gehabt, als zu schwach für die Fußballwelt zu gelten (...)"

„Unangreifbar wollte ich werden und machte aus mir einen Panzer (...)" Das ist seine Art mit Druck und Erwartungen umzugehen. Doch das schützt seine Seele nicht. Mit 27 Jahren kehrt er dem Fußball den Rücken zu, macht den wahren Grund erst später publik – er leidet unter Depressionen.

Markus kann aber auch unbequem und kritisch sein, Joshua da packen, wo es wehtut. Sie können miteinander diskutieren, aber auch streiten. Wenn Joshua im Kader ist, aber nicht eingewechselt wird, ist der Rat von Markus, im Anschluss noch eine Runde laufen zu gehen. Joshuas Erklärungsversuche, warum er es nicht macht, wischt Markus mit der Aussage weg: „Du selber musst wissen, wo du dich sehen willst. Wenn du nicht läufst, bist du eine faule Socke. Nichts anderes."

Markus verdeutlicht ihm, was es braucht, um im Fußball weiterzukommen, wie wichtig Wille und Eigenverantwortung sind. Dass es wichtig ist, sich aus der Gruppe zu lösen und die Dinge zu machen, die einem guttun und die einen weiterbringen. Auch wenn er Teil einer Mannschaft ist, muss Joshua trotzdem einen gesunden Egoismus entwickeln.

Markus hat immer ein offenes Ohr, erklärt gern und viel, verheddert sich darüber auch mal in den Themen, was ihn sehr menschlich und sympathisch macht und die Leidenschaft spüren lässt, mit der er bei der Sache ist. Er hat Spaß daran, Joshua in der Fußballwelt zu unterstützen. Aus seiner eigenen Fußballzeit als Spieler und Trainer weiß Markus, wie schnell ein Spieler aussortiert wird, auf der Strecke bleibt, wenn äußere Umstände nicht optimal sind. Das können wie bei Joshua immer wiederkehrende Verletzungen sein oder andere leistungslimitierende Umstände, z. B. geringe Unterstützung aus der Familie.

Markus schaut sich Joshua im Spiel an, gibt Tipps und ist im ständigen Austausch mit ihm. Innerhalb weniger Wochen entwickelt sich ein fruchtendes Miteinander. Wir setzen uns regelmäßig zusammen und schaffen gemeinsam ein sehr homogenes Umfeld. Kritische Themen müssen nicht mehr in der klassischen „Eltern-Kind-Situation" mit vermutlich unzureichendem Halbwissen erfolgen, sondern finden in einem Dreieraustausch statt, in dem jeder seine Fragen und Bedenken äußern kann. Wir nehmen nach wie vor an Joshuas Fußballleben teil, doch die nötige Infrastruktur, auf die ich später näher eingehe, erfolgt durch Markus.

Unser Familienleben ebenso das Verhältnis zwischen Joshua und meinem Mann wird durch Markus viel entspannter. Mein Mann muss nicht mehr als „Trainer" fungieren, er hat nun Markus, mit dem er sein Wissen, seine Fragen, Bedenken, Sorgen austauschen kann. Und ehrlich – Väter sind generell die schlechteren Trainer, auch wenn sie das nicht gerne hören und ich damit sicherlich einen Shitstorm heraufbeschwöre ...

Zum jetzigen Zeitpunkt weiß ich noch nicht, wie sehr ich Markus und seine Arbeit noch schätzen lernen werde. Denn Joshuas Werdegang in der B-Jugend wird nicht den Verlauf nehmen, den die Trainer in unserem Gespräch prognostiziert haben. Hatten wir bei den bisherigen Verletzungen das Gefühl, schlimmer könne es nicht mehr kommen, werden wir in den nächsten Monaten eines Besseren belehrt.

Oktober 2013

Der Belgier Frederik van Lierde gewinnt den Ironman auf Hawaii.
Die Kanadierin Alice Munro wird mit dem Literaturnobelpreis ausgezeichnet.
Joshua ist Spieler der U17.

Joshuas Außenbandriss ist auskuriert. Er ist seit sieben Wochen wieder im Mannschaftstraining und kann durch ein sehr intensives Aufbautraining an das Leistungslevel seiner Mitspieler anschließen.

Heute habe ich Fahrdienst und warte auf ihn vor dem Trainingsgelände. Als ich ihn humpelnd zum Auto kommen sehe, ahne ich nichts Gutes.

„Ich habe mich im Training verletzt. Bei einem Ausfallschritt hat es in der Leiste gezogen. Der Physio glaubt, es ist ein Muskelfaserriss."

Joshua ist frustriert und zeigt mir seinen mit Kinesio-Tape beklebten Oberschenkel. Die bunten Klebestreifen sind seit einiger Zeit der Renner.

So ein Mist, denke ich und fühle mich in der Situation ohnmächtig. Wieder die Ungewissheit, ob es eine leichte Verletzung ist oder Joshua erneut durch eine lange Rehazeit gehen wird. Da es sich um die zweite muskuläre Verletzung handelt, seitdem er Nachwuchsspieler des Leistungszentrums ist, gibt ihm sein Physiotherapeut Ernährungstipps – viel Quark und wenig Kohlenhydrate.

Der Verdacht bestätigt sich am nächsten Tag durch die Computertomografie: Es ist ein Muskelfaserriss in der rechten Leiste. Wegen der immer wiederkehrenden Verletzungen entscheidet sein Arzt, dass Joshua ab sofort in der Reha der Profis mitbehandelt wird, da dort differenziertere Behandlungsmöglichkeiten zur Verfügung stehen.

Joshua lernt hier u. a. die Kältekammer, Aqua-Jogging, Isokinetik, Ultraschalltherapie, Alter-G und den Speedcourt kennen.

Alter-G ist eins dieser Hightech-Geräte von denen man denkt, dass sie einen ins All katapultieren.

Dabei handelt es sich um ein computergesteuertes Laufband, auf dem das Eigengewicht fast bis zur Schwerelosigkeit reduziert werden kann. Dazu schließt sich der Läufer an eine luftdichte Kammer auf dem Laufband an, die wie eine überdimensionale Hose aussieht. Entsprechend dem Gewicht und der gewünschten Belastung wird die Druckluft eingestellt. Der normale Bewegungsablauf ist somit auch bei Verletzungen ohne Belastung möglich, die entsprechend des Heilungsprozesses langsam gesteigert wird.

Isokinetik ist ein Muskeltraining, das für jeden Gelenkwinkel die optimale Kraftentwicklung ermöglicht. Das Trainingsgerät ähnelt auf den ersten Blick einer klassischen Kraftstation im Fitnessstudio. Während des

---

Trainings wird die Bewegungsgeschwindigkeit konstant gehalten, gleichzeitig wird der Bewegung ein variabler Widerstand entgegengehalten. Fördert den Muskelaufbau.

Beim Speedcourt handelt es sich um ein interaktives Trainingsgerät. Auf einem Kunstrasen sind zehn Kontaktplatten verteilt, die der Spieler nach einer vorgegebenen Reihenfolge ablaufen muss. Dadurch werden Handlungsschnelligkeit, Richtungswechsel, Koordination und kognitive Wahrnehmung getestet und trainiert.

> *„Wie schnell beschleunigt und abgebremst wird, zählt zu den wichtigsten Merkmalen im internationalen Spitzenfußball, wo schnelle Richtungswechsel und ständige Rhythmuswechsel über Sieg oder Niederlage entscheiden können."*
>
> Holger Broich, Leistungsdiagnostiker[24]

Für die nächsten zwei Monate sind das Joshuas wichtigste Spielzeuge und die Reha sein neues Zuhause, denn er wird täglich von Montag bis Freitag nach der Schule behandelt.

Hier trifft er auf Profis aus der Bundesliga, die sich nach einem Innenbandriss wieder fit machen oder auch „nur" wie er einen Muskelfaserriss auskurieren. Zu wissen, dass er kein Einzelschicksal ist und es auch die „Großen" treffen kann, nimmt der Situation ein wenig die Dramatik. Gleichzeitig motiviert es ihn enorm, zu sehen, dass auch die genauso ackern müssen wir er.

In der Zeit bewundere ich unseren Sohn. Es gibt keinen Tag, an dem er sagt, dass er keine Lust hat. Natürlich weiß er, wofür er das macht, dafür ist er Sportler. Ich weiß aber, dass ich irgendwann mal einen Durchhänger und die Nase gestrichen voll hätte.

Zwei Tage vor Weihnachten darf er, nach einem guten Aufbautraining, die Reha verlassen. Auflage: Im neuen Jahr noch ein paar Stunden in der Reha zu absolvieren, bevor er wieder komplett ins Mannschaftstraining einsteigt.

Da das erste Mannschaftstraining im neuen Jahr samstags beginnt, die Reha erst montags wieder öffnet, entscheidet sein Trainer, dass Joshua das Aufwärmtraining mitmachen soll.

Weit kommt er leider nicht. Nach 15 Minuten merkt er einen Schmerz im Oberschenkel links. Um es kurz zu machen: neuerlicher Muskelfaserriss.

Mein Mann und ich sind zu dem Zeitpunkt ein paar Tage in Holland und erhalten nur ein Foto per Handy von Joshua, der uns seinen blau beklebten Oberschenkel präsentiert.

„Das darf doch nicht wahr sein! Es gab doch eine klare Ansage aus der Reha. Warum macht der Trainer das?" Mein Mann und ich sind fassungslos.

Frust, Trauer, Ohnmacht – meine Gefühlswelt läuft Amok. Es gibt vielleicht einen Grund, warum der Coach Joshua hat am Training teilnehmen lassen, aber meine Wut auf ihn ist riesig. Ich bin wirklich hart im Nehmen, doch das ist das erste Mal, dass ich in Tränen ausbreche.

Wir machen uns Sorgen um Joshua, wie er das verkraften wird. Ist sein Selbstvertrauen schon durch die letzten Monate immer wie ein Thermometer gestiegen und gefallen, ist es jetzt fast auf dem Nullpunkt angekommen. Denn er vertraut seinem Körper nicht mehr, kann sich auf ihn nicht mehr verlassen, ihn nicht einschätzen, weiß nicht, warum er von einer Verletzung in die nächste stolpert.

Der Trainerstab ist über die neuerliche Verletzung ebenso erschüttert wie wir. Doch gibt es keine Impulse, den Ursachen für die immer wiederkehrenden muskulären Probleme auf den Grund zu gehen.

Meinen Mann und mich beschäftigen die Fragen „Reicht das aus, was für Joshua im Verein getan wird?" und „Müssen wir mit dem Verein sprechen, um dieses Seuchenjahr endlich zu beenden?" Mit kleineren Unterbrechungen ist Joshua seit fast einem Jahr immer wieder verletzt. Trotzdem ist er noch immer Spieler des Leistungszentrums. Denn er schafft es, in den „Spielzeiten" genau das zu zeigen, was der Verein in ihm sieht. Und sie denken genauso wie wir nach jeder Verletzung, dass es nun die letzte ist.

Joshua ist so entnervt und gefrustet, dass er von der Idee mit den Trainern zu sprechen, nicht begeistert ist. Er hat Sorge, dass ein Gespräch den Stempel „verletzt" und „invalide" noch mehr unterfüttert.

In Joshuas Mannschaft spielen 28 Spieler, die sich alle auf einem ähnlichen Level befinden. Jeder hat seine Stärken und Schwächen. Das Leistungszentrum möchte aus jedem das Maximum herausholen. Dazu stehen ein professionelles Trainerteam, gute Physiotherapeuten und neue Trainingsmethoden zur Verfügung. Jährlich werden die Spieler internistisch wie auch orthopädisch untersucht. Es erfolgen regelmäßig Lactattests, Ausdauer, Sprint- und Sprungkraft werden getestet. Anhand dieser allgemeinen Daten und dem Geschehen auf dem Platz sehen die Trainer „in welchem Zustand" der jeweilige Nachwuchsspieler ist. Wer muss an seiner Kondition arbeiten? Wer muss seine Technik im Abschluss verbessern? Wer braucht ein zusätzliches Kopfballtraining?

So eine große Truppe gut im Blick zu haben, ist eine große Herausforderung für die Trainer. Was dabei nicht berücksichtigt wird, ist der individuelle Spieler. Der, der über diesen Rahmen hinaus Trainings- und Therapieansätze benötigt, um das Optimum zu erreichen. Gerade in der Pubertät gibt es große Unterschiede in der Entwicklung, betrachte man allein Größe und Statur der Spieler. Individuell auf den Einzelnen einzugehen, ist fast schon unmöglich.

Hat der Spieler, der an seiner Kondition arbeiten muss, Mangelerscheinungen, die über eine Blutuntersuchung diagnostiziert werden können? Muss der Spieler, der immer wieder muskuläre Probleme hat ganzheitlich durchgecheckt werden? Es werden Symptome behandelt, Ursachen aber nicht immer hinterfragt.

Genau das ist bei einem Fußballer, der immer wieder verletzt ist, notwendig. Im Fall von Joshua ist schnell klar, dass an seiner Schwachstelle – der Muskulatur rund um die Oberschenkel und die Adduktoren – etwas getan werden muss.

Ein junger Mensch, der mit 16 Jahren 1,89 m groß ist und bei dem die Wachstumsfugen noch immer nicht geschlossen sind, muss sich über das normale Training hinaus um seinen Körper kümmern. Er ist einer anderen Belastung ausgesetzt, als sein Mitspieler von 1,76 m auf gleicher Position.

Gerade Muskelverletzungen können die unterschiedlichsten Gründe haben. Sie können wachstumsbedingt sein, an der Ernährung oder Stress liegen oder Folgen von Ermüdungserscheinungen sein. Tipps vonseiten der Physiotherapeuten wie der Zusatz von Aminosäuren, wenig Kohlehydrate, viel Quark etc. sind gut gemeint, aber zu allgemein. Wenn nicht eindeutig untersucht wird, dass genau diese Maßnahmen notwendig sind, können sie dem einen Spieler vielleicht helfen, bei dem anderen die Symptomatik verschlimmern. Hier muss eine individuelle Betreuung stattfinden, muss gezielt geschaut werden, was braucht der Körper, was verträgt bzw. verträgt er nicht.

Eben das, die individuelle medizinische Betreuung und Behandlung sowie Prävention und Gesundheitserhaltung finden hier nicht statt. Ich gehöre nicht zu der Fraktion derjenigen, die Medizin um jeden Preis einsetzen und überstrapazieren. Durch meinen medizinischen Background weiß ich, dass oft einfachste diagnostische Maßnahmen ausreichen.

Ich habe in der Fußballwelt unseres Sohnes nun schon einige Aspekte kennengelernt, die ich kritisch beäuge und die mir nicht gefallen. Daraus mache ich auch keinen Hehl. Doch das, was wir gerade erfahren, macht die Absurdität deutlich – von Rundumbetreuung keine Spur. Als Nachwuchsfußballer, der auf diesem Level trainiert, muss sich Joshua um sich und seinen Körper selbst kümmern. Da das in dem Alter allein nicht möglich ist, werden wir Eltern auf den Plan gerufen.

Gemeinsam beschließen wir mit Markus – wir nehmen es selbst in die Hand! Jeder weiß, dass Erkrankungen und Verletzungen viel besser zu ertragen sind, wenn man die Gründe und möglichen Behandlungsmethoden kennt. Joshua soll die Ursache für seine Misere kennen.

Januar 2014

Nadine Angerer wird Weltfussballerin 2013, Christiano Ronaldo Weltfussballer 2013.
Kommunikationschef des ADAC und Chefredakteur der Mitgliederzeitung, Michael Ramstetter tritt wegen Manipulationsvorwürfen bei der Vergabe des Autopreises Gelber Engel zurück.
Joshua ist Spieler der U17 Bundesliga.

Neben Markus ist auch Joshuas Arzt seit dieser Zeit eine große Hilfe und von unschätzbarem Wert geworden. Er praktiziert in einer Klinik, die hell, modern und offen ist. Hier befindet sich alles unter einem Dach, von Blutuntersuchungen und Behandlungen über CT, MRT bis bin zu Operationen. Die Damen am Empfang begrüßen uns wie alte Bekannte und haben immer einen flotten Spruch auf den Lippen.

Joshuas Arzt vermittelt mit seiner ausgleichenden, ruhigen Art unserem Sohn das Gefühl, dass die Situation nicht schön ist, aber er sie meistern wird. Er gibt ihm Selbstvertrauen in den schwierigen Zeiten.

Als ehemaliger Trainer und Mannschaftsarzt des Vereins kennt er die Psyche der Jugendspieler ebenso wie die der Profis und vermittelt auch einem 16-Jährigen, dass er ihn ernst nimmt. Er erklärt, beschönigt nichts, schätzt alles sehr realistisch ein. Er ist immer erreichbar, kümmert sich um Termine für weitere Untersuchungen.

Ein Arzt, zu dem wir Joshua auch allein gehen lassen – bei der Anzahl von Terminen ist das mit dem Job nicht immer zu vereinbaren –, weil wir ihm absolut vertrauen und wissen, dass unser Sohn in „guten Händen" ist.

Da Markus seit Jahren eng mit ihm befreundet ist, setzen sie die „Maschinerie" in Gang.

WIE WICHTIG DIE RICHTIGE ERNÄHRUNG IST

Neben den bereits bekannten Behandlungen in der Reha, wird bei Joshua ein großes Blutbild inklusive aller Mineralien, Vitaminen, Unverträglichkeiten etc. erstellt. Das Ergebnis überrascht kaum. Es fehlen ihm wichtige Vitamine wie Vitamin D, Selen und Coenzym Q.

Vitamine dienen als Energielieferanten. Hat der Körper davon zu wenig, bedient er sich gerne bei den Muskeln. Über die Einnahme der fehlenden Stoffe können die Defizite aufgefüllt werden.

Zusätzlich hat Joshua eine Unverträglichkeit gegen Vollei, Milchprodukte und Bananen. Gerade Letztere stehen wie bei jedem Sportler auch auf seinem täglichen

Speiseplan. Die Unverträglichkeit ist bisher bei Joshua nie richtig aufgefallen, da sie sich in einer leichten Schnupfenform zeigt, den Körper aber ständig gegen eine Entzündung ankämpfen lässt.

Die Bananen tauschen wir je nach Jahreszeiten gegen andere Obstsorten aus, und die eh schon wenigen Milchprodukte werden durch Soja-, Reis- oder Hafermilch ersetzt. Die von seinem Physiotherapeuten empfohlene „Diät" (viel Quark, wenig Kohlenhydrate) ist in seinem Fall falsch und verstärkt die Entzündungssymptome in seinem Körper – also, keine gute Idee. Individualität ist gefordert, kein Einheitsbrei.

Ich persönlich finde das Thema Ernährung sehr spannend und probiere mich in dem Bereich gern aus. Mein Mann und unsere Kinder sind dabei dankbare „Testpersonen", sodass Joshua die Umstellung nicht ganz so schwerfällt.

Wir achten beide darauf, dass er viel Gemüse und Fleisch und immer weniger Fast Food isst. Wir experimentieren mit den täglichen Lunchpaketen, variieren das Müsli, kreieren entsprechend der Saison leckere Smoothies und versuchen viel Abwechslung in die Sandwichs zu bringen. Optimal ist das leider noch nicht, da oft durch die Ganztagsschule und ein nicht so tolles Angebot in der Mensa eine warme Mahlzeit ausfällt. Aber wir bleiben weiter dran.

Gerade Ernährung empfinde ich als „Schwachpunkt" im Leistungszentrum und vermisse dazu eine ausreichende Betreuung und Schulung der Jugendlichen und der Eltern.

Es reicht nicht aus, den Nachwuchsspielern Informationen wie die Ernährungspyramide in die Hand zu drücken. In der Pubertät sind sie mit anderen Dingen beschäftigt, aber nicht damit, sich selbstständig und eigenverantwortlich um eine gesunde und ausgewogene Ernährung zu kümmern. Sie müssen in dem Bereich viel mehr angeleitet werden.

Was bedeutet ausgewogene Ernährung für einen Sportler? Wie schaffe ich das? Was soll ich nach dem Training essen? Was kann ich essen, wenn ich unterwegs bin? Wo habe ich Unverträglichkeiten?

Die meisten Spieler gehen morgens aus dem Haus und kommen abends nach dem Training zurück. Da bleibt keine Zeit, einen Blick in den heimischen Kühlschrank zu werfen und sich entsprechend zu versorgen. Der Gang in den Fast-Food-Laden liegt dann sehr nahe, wenn man sich nicht den gesamten Tag von selbstgemachten Broten ernähren möchte.

Sogar die Profis brauchen jemand, der sie an die Hand nimmt. Obwohl die Verpflegung der Spieler von Bayern München die letzten Jahre in den Händen des Sternekochs Alfons Schuhbeck liegt, hat Pep Guardiola mit seinem Amtsantritt zusätzlich eine Ernährungsberaterin gefordert. Mona Nemmer, die bereits die deutsche Nationalmannschaft betreut, verstärkt sein Team. Gerade nach dem Spiel ist dem Trainer das gemeinsame Essen wichtig – Nudeln, Salat, Fisch oder Fleisch. Denn eine vollständige physiologische Regeneration erfordert eine gute Ernährung direkt danach.

„Medizinische Studien aus Italien zeigen, wie sehr die Regeneration der Spieler von der Qualität der Ernährung abhängt."

Lorenzo Buenaventura, Co-Trainer von Pep Guardiola[25]

Ein Spieler hat drei Tagen nach einem Spiel nur 80 % des Muskelglykogens, der für die Muskelarbeit notwendige Energielieferant, aufgebaut – bei guter Ernährung. Wie sehen die Werte bei schlechter Ernährung aus?

Dass nur wenige Profis dem Rat folgen, nach dem Spiel entsprechend zu essen, ist für Guardiola unbegreiflich. Zusammen mit Mona und seinem Co-Trainer appellieren sie immer wieder an sie, bis auch der letzte es begriffen hat.

Ich rede hier von gestandenen Profis und erwachsenen Männern, die eigentlich wissen müssten, wie wichtig das für ihren Körper ist. Und unsere pubertierenden, 16 jährigen Söhne sollen das allein auf die Reihe kriegen? Ich weiß nicht ...

Der erste Schritt in die richtige Richtung ist schon mal gemacht und bei Joshua und uns ist eine erste Erleichterung spürbar: Es gibt schon mal Gründe für die Muskelprobleme, die sich beheben lassen.

DIE KÖRPERSTATIK

Doch seinem Arzt reicht das noch nicht aus. Er will wissen, ob da noch mehr hinter steckt. Er ordnet zusätzlich eine Rückenvermessung an, die ebenfalls interessante Erkenntnisse bringt.

Die Fuß-, Gang- und Haltungsanalyse mithilfe eines 3D- oder 4D-Ganzkörperscanners kann bereits kleinste Fehlstellungen im Fuß-, Knie oder Hüftbereich aufzeichnen, die zu Veränderung der Körperstatik, zu Überbelastungszonen und Schonhaltungen führen.

Bei Joshua setzt die Problematik im Kieferbereich an. Durch Zusammenpressen des Kiefers schiebt er seinen Unterkiefer leicht nach vorne, und verändert darüber die Muskelstruktur im Körper bis hinunter zu den Füßen. Die gesamte Körperstatik gerät aus dem Gleichgewicht. Da aufgrund seiner Größe seine Muskeln eh gespannt sind und diese zusätzliche Verschiebung ausgleichen müssen, ist bei Belastung oder Einwirkung von außen der Muskel nicht in der Lage, schützend zu reagieren.

Ein Zahnarzt, der sich auf Funktionsdiagnostik spezialisiert hat, fertigt eine Aufbissschiene aus transparentem Kunststoff an, die Joshua zum Training und Spiel trägt.

Anfangs muss er sich daran gewöhnen, aber schnell merkt er, wie angenehm der Ausgleich im Rücken- und Hüftbereich ist. Eine Kontrolle drei Monate später zeigt, dass der Unterkiefer nun so steht, wie er stehen soll, und sich die muskuläre Struktur im Rücken und Beinbereich bereits positiv verändert hat.

Ähnlich erging es auch Kevin Großkreutz. Nach einer langen Verletzungspause, einer Knie-OP und immer neuen Rückschlägen in der Reha, hat sein Zahnarzt festgestellt, dass „eine Instabilität im Kiefer bis ins Knie ausstrahlte" und Probleme verursachte. Durch eine angefertigte Schiene konnte das Ungleichgewicht behoben werden.

Die Aufgabe der Physiotherapeuten im Leistungszentrum ist es, verletzte Spieler zu behandeln. Oft haben sie gar nicht die Zeit darüber hinaus prophylaktisch zu schauen. Ich weiß von einigen Spielern, dass sie mit kleineren Zipperlein nicht sofort zu den Physios gehen und eher Schmerzmittel einwerfen, da sie Sorge haben, wieder aus dem Training genommen zu werden.

„Schon in meinem ersten Jahr bei Real Madrid habe ich mit dem Osteopathen angefangen zu arbeiten, der mich noch heute betreut."

Arjen Robben, Fußballspieler[26]

Joshua ergeht es ähnlich. Seine Bedenken, beim kleinsten Ziehen als der „Dauerverletzte" zu gelten, nicht belastbar zu sein, haben dazu geführt, es ähnlich zu machen wie Arjen Robben. Joshua wird außerhalb des Vereins regelmäßig von einem Physiotherapeuten, der auch Osteopath ist, behandelt. Der Vorteil ist, dass er sich Joshua ganzheitlich anschaut und die kleinen Wehwehchen behandelt, die im Training und Spiel keine wirklichen Probleme machen, aber behandlungsbedürftig sind. Er kann offen und ehrlich sagen, wo es gerade ziept, ohne dass die Infos direkt an den Trainerstab weitergeleitet werden. Zu Hause hat Joshua mittlerweile eine kleine Reha-Abteilung. Das Airex-Kissen und die Mini-Thera-Bänder, die jeder aus dem Sport kennt, gehören ebenso dazu wie die BlackRoll.

Die BlackRoll sind Rollen und Kugeln unterschiedlicher Stärke und Größe aus gehärtetem Schaumstoff. Joshua nutzt sie bei Verhärtungen der Muskulatur. Durch Rollen über den Muskel werden die Faszien, die Fasern im Bindegewebe aufgelockert und können so besser regenerieren.

Das Airex-Kissen stärkt Gleichgewicht, Standstabilität und die Balance.

Alle genannten Maßnahmen wie Blutuntersuchungen, Rückenvermessung, Funktionsdiagnostik und Physiotherapie werden von den meisten privaten und gesetzlichen Krankenkassen übernommen, wenn sie durch einen Arzt verordnet sind.

Natürlich brauchen diese Neuerungen Zeit und greifen nicht sofort. In der Regel spricht man davon, dass der Körper ca. drei Monaten benötigt, um sich an die Veränderungen zu gewöhnen.

Joshua merkt, wie gut er sich wieder in seinem Körper fühlt. Das Vertrauen in ihn kehrt langsam zurück und er weiß mittlerweile selbst, wo Handlungsbedarf ist und wo nicht. Natürlich ist es nicht wie im Märchen mit der Fee und dem Wunsch „Ab jetzt ist alles gut." Es gibt auch weitere kleinere Zipperlein, doch sind sie nicht mehr so gravierend, wie in der Vergangenheit.

Ich erinnere mich noch an eine der letzten Verletzungen. Der körperbetonte Einsatz eines Mannschaftskollegen führt im Trainingsspiel zu einer Verletzung am linken Sprunggelenk.

Nun warten wir nach dem CT auf die Diagnose.

„Ich hoffe, dass es nur das Außenband und nicht das Syndesmoseband ist", betet Joshua.

„Ich hoffe mit dir", pflichte ich ihm bei.

Ein Riss des Syndesmosebandes — es hält das Schien- und Wadenbein zusammen und ist seit der Verletzung von Michael Ballack vor der WM 2010 in aller Munde — würde das Aus für mindestens drei Monate bedeuten.

Nachdem sich sein Orthopäde die Bilder angeschaut hat, gibt er Entwarnung. „Das Syndesmoseband ist intakt geblieben, auch wenn du dort einen Schmerz verspürst. Einzig, dass Außenband ist angerissen. Ich denke, dass du nächste Woche langsam wieder aufbelasten kannst, und ich sehe dich in drei bis vier Wochen wieder im Mannschaftstraining."

Joshua und ich hätten jubeln können. Es ist schon verrückt, wie glücklich uns ein Außenbandanriss machen kann. Vor ein paar Monaten hätte er uns noch in das tiefe Tal der Tränen gestürzt, jetzt ist er eher eine Lappalie.

DEHNEN, YOGA UND CO.

Mit der Zeit verändert sich eben die Sicht auf die Dinge. Seit seiner ersten Muskelverletzung im Leistungszentrum bis jetzt sind 15 Monaten vergangen in denen er immer wieder verletzt war. Joshua ist mittlerweile entspannter, da wir ein Umfeld geschaffen haben, von dem er weiß, dass es ihm in allen Belangen hilft. Wir sind gelassener geworden, denn wir wissen, dass zum Fußball Verletzungen gehören. Die, die durch Fremdeinwirkung herbeigeführt werden, z. B. im Zweikampf, an denen können wir nichts ändern.

Doch macht Joshua gerade die Erfahrung, dass die anderen, wie muskuläre Verletzungen, minimiert werden können.

Das heißt aber nicht, dass das, was er bisher gemacht hat bzw. macht, ausreicht. Joshuas Dehnfähigkeit – wie eine alte Frau versucht er mit den Fingerspitzen und gestreckten Beinen seine Zehenspitzen zu berühren – braucht dringend Nachhilfe. Wenn ich mich mal auf dem Platz umschaue, sehe ich, dass er nicht der Einzige ist.

Die Hüftbeuger, der obere Pomuskel und der untere Lendenwirbelbereich sind noch immer seine Schwachstellen. Die dürfen weiterhin bei der Trainingsintensität nicht vernachlässigt werden und müssen trainiert werden, um weiteren Verletzungen vorzubeugen.

Yoga hat sich zur besseren Beweglichkeit und Stabilität des Körpers bewährt. Zusätzlich ist es gut für die Regeneration und dehnt Muskelpartien. Viele Fußballer haben bereits diese Vorteile erkannt. Patrick Broome wurde unter Oliver Bierhoff und Jürgen Klinsmann Yogalehrer der Nationalmannschaft. Bis heute unterrichtet er z. B. Bastian Schweinsteiger, Mario Götze und Philipp Lahm, die begeisterte Anhänger sind. Roman Grill, Berater von Lahm, verordnet Yoga all seinen Spielern, da der positive Effekt für sich spricht.

Ich selbst bin jahrelanger Yogi und glaube an die unterstützende Wirkung auf körperlicher und mentaler Ebene. Doch will Joshua natürlich nicht mit seiner Mutter auf der Yogamatte liegen – umgekehrt ich auch nicht. Markus findet über einen befreundeten Arzt eine Alternative – Gyrotonic.

Gyrotonic ist ein ganzheitliches Bewegungskonzept, das von Juliu Horvath, einem ehemaligen Sportler und Tänzer entwickelt wurde. Es sieht den menschlichen Körper als Einheit und die Wirbelsäule als Stütze. Das von ihm entwickelte Gerät lässt dreidimensionale Bewegungsabläufe zu, über die völlige Bewegungsfreiheit erlangt werden kann. Die fließenden Bewegungen massieren die Organe, die Körpermeridiane werden angesprochen, Energien freigesetzt und nicht nur einzelne Muskeln, sondern ganze Muskelfunktionsketten aktiviert.

Joshua hat in seiner Kindheit positive Erfahrungen mit verschiedenen Formen der Körperarbeit gemacht und steht daher „dem ersten Mal" positiv gegenüber. Als ich das Foto unseres Sohnes auf dem Gerät sehe, das mir Markus aus seiner ersten Trainingsstunde schickt, kommen mir sofort Assoziationen an ein Foltergerät aus dem Mittelalter, oder je nach Übung an einen Gebärstuhl. Ich muss herzhaft lachen.

Da viele Übungen liegend oder sitzend durchgeführt werden, hat Joshua sich eher auf eine „Entspannungsstunde" eingestellt. Nach bereits 10 Minuten ist er schweißgebadet, weil es so anstrengend ist.

Beweglichkeit in einen steifen Körper zu bringen, hat nichts mit Entspannung zu tun, sondern ist leider harte Arbeit. Er spürt Muskelstränge, die er bisher nicht kannte und fühlt sich bereits nach der ersten Einheit merklich gedehnter.

Gyrotonic wird von den meisten Krankenkassen – egal ob gesetzlich oder privat – nicht übernommen. Der

Stundensatz für eine Einzelstunde liegt im ähnlichen Segment wie der eines Physiotherapeuten.

Da Joshua bereits nach der zweiten Stunde merkt, wie gut ihm das Training tut, entschließen wir uns dazu, die Stunden privat zu zahlen. An seinem trainingsfreien Tag lässt er sich nun im 14täglichen Wechsel osteopathisch behandeln und macht Gyrotonic.

Yoga dagegen wird von einigen Krankenversicherungen anteilig als Präventionsmaßnahme übernommen und ist, in der Gruppe unterrichtet, um einiges günstiger. Mittlerweile bieten auch einige Yogaschulen eigene Kurse für Jugendliche an.

Ist man selbst mit häufigen Verletzungen seines Sohnes konfrontiert, sieht man Verletzungen der Profis mit einem anderen Blick. Gerade nach der Weltmeisterschaft 2014 vergeht kein Tag, an dem nicht von einem Ausfall eines Spielers wie Hummels, Schweinsteiger, Reus oder Ribéry berichtet wird. Ganz zu schweigen von den Langzeitverletzten.

Neben İlkay Gündoğan, der sich 14 Monaten mit Rückenproblemen und einer Operation quälen musste, hat mich die Leidenszeit von Holger Badstuber sehr berührt. 20 Monate laborierte er an einem Kreuzbandriss herum. Die Genesung verlief nicht wie gewünscht und es traten Komplikationen auf. Nach der ersten Operation ließ er sich von einer Koryphäe in Amerika operieren. Er musste sich in Geduld üben, musste erkennen, dass das erste halbe Jahr Reha umsonst war. Beharrlich hat er an sich gearbeitet, ist gestärkt aus dieser Zeit hervorgegangen. Umso tragischer sind weitere Verletzungen, die ihn immer wieder zu Verletzungspausen zwingen.

Das, was Badstuber ausmacht, diesen unbändigen Willen nicht aufzugeben, beeindruckt mich auch an unserem Sohn. Joshua verliert in dieser Zeit nie die Lust am Fußball oder denkt darüber nach mit dem Sport aufzuhören.

Höre ich von einem verletzten Nachwuchsspieler, kann ich nachvollziehen, was das für den Spieler bedeutet, welche Sorgen ihn und seine Familie plagen, und vor allem wie die Stimmung im Haus ist. Fast schon körperlich spüre ich die Ohnmacht und Unsicherheit, die einen dann überkommt. Uns Eltern ist von Natur gegeben, unsere Kinder zu schützen. Gerade diese Momente zeigen uns, dass das nicht immer in unserer Macht steht.

Wir haben aus dieser kräftezehrenden Zeit viel gelernt. Ich hätte bei Einstieg ins Nachwuchsleistungszentrum nicht gedacht, dass wir in kritischen Momenten allein sind. Vielleicht ist es auch nur eine Ausnahme, dass es uns so getroffen hat. Ich weiß es nicht. Da die Situation so ist, wie sie ist, haben wir aber auch gelernt, dass wir nicht untätig sein müssen. Wir können etwas tun und haben für Joshua zusammen mit Markus, Ärzten, Physiotherapeuten und Co. ein Netzwerk geschaffen, auf das wir uns 100 % verlassen.

Mein Ratschlag daher an Eltern, die in ähnlichen Situationen stecken: Bei häufigen Verletzungen und insbesondere bei immer wiederkehrenden, dürfen nicht nur die Symptome behandelt werden, sondern sollte auch die Ursache abgeklärt werden. Geschieht das nicht auf Initiative des Leistungszentrums oder Vereins, sollte man selbst tätig werden. Denn, dass das „normal" und „grundlos" passiert, ist in den meisten Fällen bei Heranwachsenden nicht gegeben.

Oft reicht schon eine umfangreiche Blutuntersuchung, die bei einem Hausarzt durchgeführt werden kann, um Parameter zu erkennen, die auffällig sind und behandelt werden müssen.

Ist man schon länger in der Fußballwelt zu Hause, hat man über die Jahre sicherlich Ärzte der verschiedenen Fachrichtungen kennengelernt und einen herausgepickt, dem man vertraut. Auch wenn er nicht sofort weiß, was die Ursache für einige Probleme ist, wird er den Grund finden wollen.

In den letzten Jahren habe ich ausschließlich Ärzte, Physiotherapeuten, Osteopathen und Co. kennengelernt, die alle eine, wenn nicht rein fußballerische, dann doch sportliche Vergangenheit haben. Neben ihrem Fachwissen bringen sie dadurch eine besondere Empathie und ein Verständnis mit, was es Joshua oft einfacher macht, sich ihnen anzuvertrauen. Und die Kommunikation im Fußball-Fachjargon tut ihr übriges.

Kann man auf solche Ressourcen nicht zurückgreifen, gibt es die Möglichkeit mit den Mannschaftsärzten zu sprechen und gemeinsam zu überlegen, welche Schritte nötig sind. Nur sollte man hierbei bedanken: Je mehr Verletzungen und Erkrankungen des Spielers in den Verein getragen werden, desto schneller wird er in die Schublade „verletzungsanfällig" und „nicht belastbar" gesteckt. Eine Situation, die gut abzuwägen ist.

Während dieser Monate sind wir nicht nur mit Verletzungen, Untersuchungen und Reha-Maßnahmen beschäftigt, sondern auch die Schule ist ein beständiges Thema. Seit dem Wechsel in das Leistungszentrum wird das Zusammenspiel von Schule und Fußball zu einer immer größeren Herausforderung.

Mit jedem Wechsel in die nächste Klasse, steigen die Anforderungen, rückt Joshua dem Ziel näher. Doch wie heißt das Ziel? Ist es noch immer das von mir gewünschte Abitur? Hat auch Joshua das für sich vor Augen? Oder sehen seine Pläne ganz anders aus? Und wenn ja, wie, und werde ich mich damit anfreunden können?

SCHULE & FUSSBALL – WIESO MUSS ICH MICH IMMER RECHTFERTIGEN?

„Spielt Joshua noch immer Fußball?", fragt mich eine Mutter, die ich aus seiner Grundschulzeit kenne, und seit Jahren nicht mehr gesehen habe.

„Ja, er spielt jetzt in der U17", antworte ich, wissentlich was als Nächstes kommen wird.

„Und wie klappt das mit der Schule? Die haben doch so oft Training, oder?" ist die gängige Frage, an die ich mich mittlerweile schon gewöhnt habe.

In der U15, zu Beginn im Leistungszentrum, konnte Joshua beides noch gut miteinander in Einklang bringen. Jetzt zum Ende der B-Jugend würde ich am liebsten antworten: „Es ist die Hölle!" Warum?

Schule und Pubertät passen nicht immer gut zusammen, Schule, Pubertät und Leistungssport empfinde ich als eine große Herausforderung, in der man sich als Eltern nicht nur Freunde macht. Den mit dem Alter steigenden Anforderungen der Schule und des Leistungssports gleichberechtigt gerecht zu werden, bedarf schon einiger Anstrengungen.

Für uns Eltern hat die Schule Vorrang, für Joshua der Fußball. Egal ob späterer Profi – unabhängig vom Talent unseres Sohnes hat die Schulausbildung für uns Priorität. Das bietet schon ausreichend Konfliktpotenzial, was sich alle, die Kinder haben, vorstellen können. Joshua als Schüler/Spieler und wir als Eltern stehen oft zwischen den Fronten und nicht immer auf der gleichen Seite.

Wir haben nie damit gerechnet, dass aus seinem Hobby mal so ein „Fulltime-Job" wird. Oft zweifle ich daran, ob die Doppelbelastung richtig ist und sein muss. Tu ich unserem Sohn was Gutes, dass ich ihn durch die Mühlen der Schule treibe? Wäre es genau so anstrengend, wenn er nicht auf dem Niveau Fußball spielen würde? Müssen die vielen Entbehrungen sein? Ist das Profi-Dasein überhaupt erstrebenswert?

Viele Vereine schreiben sich mittlerweile auf die Fahne, dass die schulische Ausbildung einen genauso hohen Stellenwert hat wie die fußballerische. Denn Nachwuchsspieler müssen lernfähig sein. Diese Fähigkeit erlernen sie in der Schule und brauchen sie auf dem Platz, um die Anforderungen, die an sie gestellt werden, umsetzen zu können.

„Nur lernfähige Spieler sind gute Spieler."

Joachim Löw, Cheftrainer Nationalmannschaft[27]

Die Vereine sehen die Notwendigkeit einer guten Schulausbildung. Es gibt mehr Leistungszentren, die Kooperationen mit umliegenden Schulen anbieten oder Internate betreiben.

In diesen Institutionen nehmen die Spieler normal am Unterricht teil, haben aber weniger Wochenstunden als Joshua. Je nach Alter gibt es die Möglichkeit, für das Vormittagstraining freigestellt zu werden. Sie erhalten ein Mittagessen, erledigen in der Hausaufgabenbetreuung ihre Aufgaben und werden dort, wenn nötig, durch Fachpersonal in Defiziten unterrichtet. Ein Sportkoordinator in der Schule arbeitet eng mit dem pädagogischen Leiter des Leistungszentrums bzw. Jugendleiters des Vereins zusammen. Sie tauschen sich aus, wenn Training oder Auswärtsspiele anstehen, Klausurtermine verschoben werden müssen und Lernstoff nachgearbeitet werden muss. Sie wissen, wie sich eine Verletzung oder eine bevorstehende Vertragsverlängerung auf die Noten auswirken kann. Sie sehen die Jugendlichen als Schüler **und** Spieler. Schon die Sprachregelung „duale Ausbildung" bringt den Jugendlichen eine Wertschätzung entgegen und macht deutlich, dass ihr Sport nicht als Hobby gesehen wird.

Allein aus logistischer Hinsicht ist alles unter einem Dach oder in unmittelbarer Nähe wünschenswert. So die ideale Welt.

Bei Joshua sieht sie anders aus. Er geht noch immer auf seine bisherige Schule. Ihm ist es wichtig, neben dem Fußballumfeld andere soziale Kontakte zu haben und nicht nur „von Fußball umgeben zu sein". Mein Mann und ich unterstützen das und wollen ihn nicht komplett in den Kosmos „Fußball" geben. Wir finden, dass das normale Leben als Ausgleich zum Fußball wichtig ist, um ihn den Blick auf das Alltägliche nicht verlieren zu lassen.

Darüber hinaus hatte er beim Wechsel in das Leistungszentrum nur einen Jahresvertrag in der C-Jugend unterschrieben, sodass zum damaligen Zeitpunkt ein

Schulwechsel in eine der Kooperationsschulen nicht infrage kam. Wäre der Vertrag nicht verlängert worden, hätte ein weiterer Schulwechsel angestanden, da die morgendliche Anfahrt mit öffentlichen Verkehrsmitteln zu der betreffenden Schule mehr als einer Stunde beträgt und nicht mehr sinnig gewesen wäre, wenn Joshua dort nicht mehr spielen würde. Mit dem Einstieg in die B-Jugend ist wegen der unterschiedlichen Schulformen – die Gesamtschule hält am Abitur nach neun Jahren fest, das Gymnasium macht G8 – ein Wechsel nicht ganz einfach, daher auch kein Thema.

In Joshuas Mannschaft gibt es Spieler, die in die Kooperationsschulen, und einige, die wie Joshua in ihre bisherige Schule gehen. Wenn ich mal eins der wenigen Elterngespräche führe, wird über Schule selten gesprochen. Wenn doch, heißt es oft, alles problemlos und tolle Noten.

Ist es vielleicht ein ähnliches Phänomen, wie damals mit den durchschlafenden Kindern, die angeblich alle um uns herum hatten?

Verhält es sich im Fußball auch so? Man spricht nur über offensichtliche Probleme, den Rest behält lieber jeder für sich? Ich weiß es nicht.

Um zu verdeutlichen, welchen Rahmen Schule und Fußball in Joshuas Leben einnehmen, skizziere ich kurz seine Wochenstundenzahl. Er besucht eine Ganztagsschule und hat aktuell einen 33 Wochenstundenplan. Dazu kommen ca. 4 Stunden für Hausaufgaben und Nachhilfe, ergibt 37 Stunden. An drei Schultagen hat er bis 16 Uhr Schule und fährt direkt mit der Bahn zum Training. Durch fünfmal Training pro Woche, Spiele, zusätzliche Trainingseinheiten am Wochenende und An- bzw. Abreise kommen bis zu 30 Stunden zusätzlich zu den Schulstunden dazu.

In der Woche heißt es ab 20.30 Uhr Freizeit, bis Joshua um 23 Uhr ins Bett geht. Wird am Samstag gespielt, ist oft der Sonntag trainings- und spielfrei.

Hin und wieder gibt es Samstag eine zusätzliche Trainingseinheit, findet ein Meisterschaftsspiel erst Sonntag statt. Dann beginnt an beiden Tagen je nach Spielort die Freizeit erst ab 15 Uhr oder auch mal später.

Ich höre schon wieder die Gegner, die dem Sport nichts abgewinnen können: „Ach, der arme Kerl. Der tut mir leid, hat er doch so gar keine Zeit mehr für sich. Dass die Eltern so etwas unterstützen ...“

Darauf antworte ich mittlerweile sehr selbstbewusst: „Ja, das ist so, und das ist Joshuas eigene Entscheidung.“ Denn mit 17 Jahren kann Joshua gut für sich entscheiden, ob er den Sport in der Form ausüben möchte oder nicht. Ich sage das noch mal in aller Deutlichkeit – er könnte auch in einem kleineren Verein, in einer niedrigeren Liga mit weniger Trainingszeiten und -aufwand trainieren und spielen. Aber eben genau das möchte er zum jetzigen Zeitpunkt nicht. Dafür muss Joshua viel Energie aufbringen, um die durchgeplante Woche von Montag bis Freitag zu stemmen. Und ich ebenso, um ihn auf dem „Mittelweg" zwischen Fußball und Schule zu halten.

Je älter Joshua wird, desto anstrengender ist es. Früher war er jünger, die Diskussionen deswegen nicht kürzer, aber sie führten eher zum Erfolg. Wir Eltern hatten einfach noch mehr Einfluss, wenn es darum ging, die Vokabeln zu lernen oder das Heft ordentlich zu führen. Jetzt hinterfragt er viele Dinge, betrachtet sie kritisch, sieht nicht immer den Sinn in etwas. Zum jetzigen Zeitpunkt seiner Entwicklung ist es für Joshua wichtig, hinter dem zu stehen, was er macht. Nun sind nicht mehr ich oder mein Mann das Druckmittel oder der Wegweiser.

Er muss die Schule zu seiner Sache machen. Das ist ihm bisher nicht so gut gelungen und wird auch mit zunehmendem Alter immer schwerer. Das Schulleben wird für uns beide zu einem immer größer werdenden Kraftakt.

Ich fühle mich oft wie eine Kameltreiberin, die antreibt, dass noch die Hausaufgaben gemacht werden müssen. Die erinnert, dass für den nächsten Test gelernt werden muss. Die hilft, wenn es nötig ist. Mir vergeht immer mehr die Lust, und ich bin genauso genervt von den Umständen wie Joshua.

Wieso machen wir das? Ist es die Angst, mein Kind könnte es nicht schaffen? Würde das Ziel Abitur nicht erreichen? Ist es der Druck der Gesellschaft, der auf uns Eltern lastet, „tolle Kinder" hervorzubringen? Mit „toll" meine ich angepasst und erfolgreich die Schule zu absolvieren.

In unserem Freundeskreis diskutieren wir oft über Kinder und Schule. Ein wirklich heißes Thema, das starke Emotionen bindet. In vielen dieser Gespräche merke ich, wie eng der schulische Erfolg mit der Anerkennung als Eltern gekoppelt ist.

Bin ich eine schlechte Mutter und versage, wenn mein Sohn in der Schule kein Einser-Kandidat ist? Bedeutet das im Umkehrschluss: Tue ich genug dafür, dass mein Sohn erfolgreich in der Schule ist? Es ist unglaublich, wie sehr unser Seelenheil mit guten Noten und erfolgreicher Schullaufbahn unserer Kinder verknüpft ist.

Nicht erst seit PISA habe ich das Gefühl, dass Schule immer wahnwitzigere Momente kreiert. Wenn z. B. Eltern ihren Kindern seit der 6. Klasse Nachhilfe geben lassen, obwohl die Noten im befriedigenden Bereich liegen. Ein Kind wird doch heute schon nicht für ausreichend intelligent gehalten, wenn es nicht bereits im Kindergarten seinen Namen schreiben und bis zehn rechnen kann. Und weshalb müssen Eltern Projektarbeiten in der Oberstufe nicht mit, sondern immer mehr für ihre Kinder schreiben, damit die volle Punktzahl erreicht wird?

Mir geht dieser Leistungsdruck extrem auf die Nerven. Eine gewisse Menge Druck braucht es, um Leistung zu erbringen, keine Frage. Aber muss es oft ein solches Ausmaß annehmen? Wo bleibt der Raum, um eigene Erfahrungen zu machen, eigene Ideen zu entwickeln und umzusetzen?

Gerade Lebenserfahrung – negativ wie positiv – ist das, was uns als Person ausmacht, gibt uns Impulse für unseren nächsten Schritt. Etwas, was ich in unserem Bildungssystem nicht hinreichend berücksichtigt sehe, was aber Erlebnisse aus der Fußballwelt, durch ausgedehnte Reisen oder ein soziales oder ökologisches Jahr im In- und Ausland bieten können.

Insofern sind nach meiner Erfahrung aus der Leitung von Redaktionen Menschen, die keinen „gradlinigen" Werdegang vorzuweisen haben, aber aus einem großen Erfahrungspool schöpfen können, besser geeignet mit den Anforderungen des Lebens und der Arbeitswelt umzugehen als viele 1,1-Abiturienten und Hochschulabsolventinnen, die ich als Praktikanten kennengelernt habe.

Auch der Lebenslauf meiner Schwester beinhaltet verschiedene Lebensmodelle, was sie zu einer offenen, wissbegierigen, toleranten, hilfsbereiten, selbstständigen, durchsetzungsfähigen Persönlichkeit gemacht hat, deren Meinung mir in vielen Belangen sehr wichtig ist. Außerdem hat sie durch ihren früheren Freund, der in seiner Jugend Leistungsschwimmer war, einen guten Einblick in den Sport auf diesem Niveau bekommen. Mit Joshua hat sie ein enges Verhältnis, sie nimmt an seinem Leben teil, ist stolz auf ihn, was er bisher im Fußball erreicht hat.

Gerade, wenn ich wieder hadere, ob Schule **und** Fußball sein muss, ob alles so richtig ist, holt sie mich von den festgefahrenen Sichtweisen herunter. Für sie hat die schulische Ausbildung den gleichen Stellenwert wie für meinen Mann und mich. Doch hat sie von außen einen Blick darauf, dass eben nicht alles gradlinig verläuft. Dass jeder seinen eigenen Weg geht und dennoch ans Ziel kommen kann und wird. Joshua hat sich bereits durch die Wahl seines Hobbys, das von Jahr zu Jahr immer mehr Raum einnimmt, einen zusätzlichen Schwerpunkt in seinem Leben geschaffen. Und das nun seit zehn Jahren.

Diese Doppelbelastung, in zwei unterschiedlichen Bereichen zu lernen und zu leben, nämlich Fußball und Schule, findet in den herkömmlichen Schulen kaum Beachtung. Joshua hat in seiner Schule mit einigen Lehrern sehr viel Glück. Seine beiden Tutoren, die ihn seit der 5. Klasse begleiten, stehen seinen fußballerischen Aktivitäten offen gegenüber und unterstützen ihn in ihren Möglichkeiten, z. B. Freistellungen für Turniere. Gleichzeitig wünschen auch sie für Joshua das Abitur als Abschluss und werden nicht müde, ihn immer wieder in diese Richtung zu bewegen. Auch nehmen einige Fachlehrer das Pensum wahr, das er täglich absolviert.

„Unterstützungen", auch wenn sie gewollt sind, können im Schulalltag nicht so umgesetzt werden, dass sie helfen. Die Rahmenbedingungen sind dafür einfach nicht vorhanden. Wie könnte die Wochenstundenzahl beispielsweise reduziert werden, um den Tag zu entzerren?

Erschwerend kommt hinzu, dass beide „Parteien" sich nicht kennen. Nur wenige Lehrer wissen, wie ein

Fußballalltag aussieht und welcher Kraftakt dem Nachwuchsfußballer abverlangt wird. Auch hat kaum ein Trainer eine Vorstellung davon, wie umfangreich der Schulalltag einer Ganztagsschule ist, zusätzliche Hausaufgaben und Vorbereitungen auf Klausuren sind.

Ich kann verstehen, dass es Lehrer gibt, die mit dem Sport nicht viel anfangen können. Manchmal frage ich mich, wie es wäre, wenn Joshua begnadeter Musiker wäre, in einem Orchester spielen und an jedem „Jugend musiziert"-Wettbewerb teilnehmen würde.

Ich kann mich an zwei, drei Gespräche mit Lehrern erinnern, in denen es durchschimmerte, dass sie es von uns Eltern leichtfertig finden, Joshua neben der Schule noch eine so Zeit und Energie raubende Tätigkeit zu erlauben. Wäre es anders, wenn es um die Bereiche Musik, Theater, Schauspiel ginge, die in unserer Gesellschaft mit Bildung gleich gesetzt werden? Anders als der Fußball?

„Bei der Vergabe der Abiturzeugnisse sagte der Rektor zu mir: Hoffentlich klappt's mit dem Fußball. Sonst sehe ich schwarz."

Jürgen Klopp, Fußballtrainer[28]

„Die Jungs müssen ihr Zeugnis jedes Halbjahr abgeben und wenn wir sehen, dass die Noten nicht zufriedenstellend sind, greifen wir ein. Dann muss jemand für ein paar Wochen auch mal auf eine Trainingseinheit verzichten, um sich verstärkt um die Schule kümmern zu können." Oder „Wir wollen im engen Kontakt mit den Lehrern stehen" sind Inhalte, die Vereine immer wieder betonen, wir aber bisher in keinem so erlebt haben.

Diese Sätze hatten mich bei Eintritt in das Leistungszentrum hoffen lassen, dass wir hier Schule und Fußball nicht weiter allein stemmen müssen. Doch sind es wie in den Jahren davor nur schöne Worte, und wir sind weiter auf uns gestellt.

Wenn nötig, kümmere ich mich selbstständig um zusätzliche Nachhilfe, da die Hausaufgabenbetreuungen, die vom Verein angeboten wird, oft nicht auf den Einzelnen eingehen kann und durch den Ganztagsunterricht auch am Nachmittag zum Teil nicht umsetzbar ist.

Die Logistik, zwischen Schule und Trainingsbeginn eine Extrastunde zum Lernen abzuknapsen, ist oft ein Kraftakt – für meinen Sohn, die Konzentration und Energie in einer der wenigen freien Stunden zusätzlich aufzubringen, und für mich die oft wiederkehrenden Diskussionen, warum das denn sein müsse. Ja, warum muss das sein? Für uns Eltern ist das so klar wie Kloßbrühe, für Joshua immer wieder Thema.

In Joshuas Schule gibt es jedes Quartal einen Elternsprechtag. In den bisherigen sechs Jahren wurden wir zwei Mal nicht eingeladen, weil kein Redebedarf bestand – ich glaube, das war mal in der 6. und in der 8. Klasse. Wir beide haben uns gefreut wie die Schneekönige. Ansonsten sind wir gern gesehene Gesprächspartner und ich vermute, dass wir für die Lehrer schon zum Inventar gehören.

In den Wochen dazwischen werde ich gern mal von seinen beiden Klassenlehrern per Mail oder Telefon kontaktiert. Meist geht es darum, dass die Hausaufgaben nicht gemacht sind.

Auch wenn seine Lehrer dem Fußball positiv gegenüberstehen, führen wir die immer gleichen Gespräche, wenn die Noten nicht so berauschend sind. Dann wird gern nach der Beschneidung des Fußballs gerufen. Das ist natürlich auch eine logische Konsequenz und ich sehe das eigentlich auch so, würde es nicht um meinen Sohn gehen.

Ich benutze extra „eigentlich", denn im Alltag sieht es dann anders aus. Soll ich Joshua in einer Phase, in der er schulisch schon unter Druck steht und positive Erlebnisse braucht, etwas nehmen, in dem er gut ist? Einige Eltern werden jetzt sicherlich schreien und eine klare Haltung haben.

„Soll der Junge einfach weniger Fußball spielen und sich mehr um die Schule kümmern!"

Anonym

Das ist natürlich eine Möglichkeit, der ich bis heute aber nicht zustimmen will. Der Schulalltag ist für viele Jugendliche in der Pubertät generell nicht einfach zu bewältigen. Gerade Sport halte ich als Ausgleich und vor allem zum Stressabbau für elementar. Darüber

hinaus hilft jede Sportart zur Wahrnehmung der eigenen Körperlichkeit, was man in der Phase der Pubertät
nicht außer Acht lassen sollte.

Ein weiterer Aspekt kommt bei Joshua zum Tragen, der
nicht zu vernachlässigen ist. Durch sein langes Seuchenjahr hat er wenig trainiert, war kaum Teil der Mannschaft. Und genau das Training, soll ich ihm beschnei-
den, in der Hoffnung, dass es dann in der Schule besser
läuft? Wie stehen denn dann seine Chancen, im Leistungszentrum erfolgreich zu sein?

Im Fußball ist es wie mit vielen anderen Dingen im
Leben – bestimmte Gelegenheiten gibt es zu bestimmten Zeiten, und man muss sie ergreifen. Wird ein Junge
mit zehn Jahren von den Wiener Sängerknaben ange-
fragt, kann er auch nicht sagen: „Gerade passt's nicht,
mit vierzehn gerne."

Mein Mann und ich wollen Joshua seine Möglichkeiten im Fußball nicht verbauen. Daher gibt es nicht nur
eine Vorgehensweise, sondern wird jedes Mal die Situation neu betrachtet und danach entschieden. Das lässt
uns in unserem Handeln auch mal inkonsequent werden.
Eben dann, wenn eine Arbeit in die Hose gegangen ist
und wir vorher darüber sprachen, dass die Konsequenz
daraus eingeschränktes Training wäre. Aber genau zum
jetzigen Zeitpunkt wird Joshua ab der ersten Minute in
den Spielen gebracht. Unsere Maßnahme würde das
zunichtemachen, sodass wir sie nicht einsetzen.

So etwas fällt mir besonders schwer, da ich kein
Freund von Unbeständigkeit bin, sie mich nervt, ich

aber erlerne, dass auch das zum Leben dazu gehört. Im Moment gibt es eben kein eindeutiges Schwarz oder Weiß.

Mit dem Einstieg ins Leistungszentrum und der Nähe zu den Profis, reift in Joshua der eher infantile Gedanke immer mehr, irgendwann mal mit dem Fußball Geld verdienen zu wollen. Was er genau dafür tun muss, ist ihm natürlich noch nicht bewusst. Gleichzeitig kann er sich auch vorstellen, Polizist, Physiotherapeut oder Koch zu werden, was sich wöchentlich ändert. Natürlich beteuert er immer wieder, dass er das Abitur machen will. Aber die Energie für die Schule ist nicht mehr die Gleiche. Erste Gedanken kommen auf, ob es überhaupt das Abitur sein muss. Würde nicht auch der Realschulabschluss für ihn reichen? Klare Antwort von mir: „Nein! Ich will das Abitur."

Aber geht es im Alter von 17 Jahren wirklich noch um das, was ich will? Habe ich noch so viel Einfluss?

Ich glaube, es ist verführerisch, die Schule schleifen zu lassen, wenn es im Fußball gut läuft. Die Jungs haben dann schnell das Gefühl, dass der Fußball sie mal dahin bringt, wo sie hinwollen – nach ganz oben an die Spitze. Sie denken überhaupt nicht darüber nach, dass es nur ein klitzekleiner Teil der Jungs in den Profibereich schaffen wird. Nur, wenn nicht? Was passiert dann?

Gerade im Sport wird immer davon gesprochen, dass der Sportler einen Plan B haben muss. Im jetzigen Alter ist das meines Erachtens ein guter Schulabschluss als Basis.

Aber mal ehrlich. Wer redet denn andauernd davon? Das sind selten die Spieler im Alter von 17, 18, 19 Jahren. Ich glaube, sie betonen – ebenso wie Joshua –, wie wichtig ein guter Schulabschluss sei, weil wir das von ihnen erwarten. Aber ist es wirklich das, was sie wollen? Meist haben wir Eltern oder seriöse Berater den Fokus darauf und nicht sie.

Schaue ich mir die Vita erfolgreicher Sportler an, lassen sich die verschiedensten Schulmodelle erkennen. Mario Götze hat die Schule nach seinem Fachabitur verlassen, Philipp Lahm mit einem Realschulabschluss. Sebastian Kehl hat das Abitur gemacht. Im Rahmen meiner Recherche ist er mir als der Fußballer aufgefallen, der für die schulische Laufbahn den Fußball hinten angestellt hat – er hat die U17-Fußballweltmeisterschaft in Ägypten 1997 für sein Abitur sausen lassen.

Niemand interessiert, dass Jérôme Boateng einen Hauptschulabschluss hat. Denn als gut verdienender Spieler bei Bayern München und Weltmeister hat er es entsprechend den Maßstäben unserer Gesellschaft geschafft – er hat Erfolg und Geld.

Steffi Graf gilt als eine der erfolgreichsten Tennisspielerinnen. Sie hat mit 14 Jahren die Realschule verlassen und wurde privat unterrichtet. Seit dem Ende ihrer Karriere führt sie ein erfolgreiches und glückliches Leben zusammen mit André Agassi und ihren beiden Kindern.

Franziska van Almsick, mehrfache Welt- und Europameisterin, hat die Schule nach der 12. Klasse verlassen, um sich ausschließlich um ihren Schwimmsport kümmern zu können. Jahre später drückt sie nun – im Rahmen eines Fernstudiums und mit Privatlehrer – wieder die Schulbank, um ihr Abitur nachzuholen. Ihr Beweggrund: „ Ich fange mal mit meinem fünfjährigen Sohn an. Wenn ich dem eines Tages predigen werde, er solle sein Abi machen, möchte ich glaubwürdig sein. Und wenn er in die Oberstufe kommt, will ich ihm notfalls auch noch bei den Hausaufgaben helfen können."[29]

Sportlerinnen und Sportler, die in ihrer jeweiligen Disziplin sehr erfolgreich waren und sind. Sie widmen sich erst mal ihrem Sport, bevor sie sich während, kurz vor oder nach Ende ihrer aktiven Zeit um die Weiterbildung, das zweite Standbein, kümmern. Wohlgemerkt zu einem Zeitpunkt, den sie selbst bestimmen, im Gegensatz zu den Nachwuchsspielern, die sich noch im Schulsystem befinden.

Einer, der nach seiner Fußballkarriere bei Bayer 04 Leverkusen in sein Leben „danach" eintaucht, ist Simon Rolfes. Auslöser der beruflichen Planung nach dem Fußball war ein Knorpelschaden 2010, der seine Karriere gefährdet hat. Er entschied, neben dem Fußball Sportmanagement im Fernstudium an der FH Koblenz zu studieren. Jetzt hat er zusammen mit seinem Partner eine Firma gegründet, die Fußballprofis und anderen Berufssportlern bei der Karriere- und Finanzplanung helfen wird.

Ich denke, für Sportler wie auch für Eltern ist es schwer, wenn eine Entscheidung für den Sport und gegen die

Schule gefällt werden muss. Dem Sport den Vorrang zu geben, ohne zu wissen, ob er das halten wird, was er verspricht. Ich weiß von jungen Fußballspielern, die im letzten Schuljahr auf dem Gymnasium das Abitur „schmeißen", weil sie die Belastung Schule und Fußball einfach nicht mehr bewältigt bekommen. Auch wenn der Verein oder das Leistungszentrum die Entscheidung mittragen und unterstützen, frage ich mich, ob sie auch da sind, wenn es nicht so läuft wie geplant und die „Karriere" einen Knick bekommt.

Aus meinen bisherigen Erfahrungen kann ich dazu raten, die Schule immer noch im Auge zu haben und nicht die komplette Verantwortung an den Verein abzugeben. Auch wenn das „Rundum-Paket" angeboten und versprochen wird, in der Realität sieht es ein bisschen anders aus.

Bis heute, nach fast drei Jahren Vereinszugehörigkeit, gibt es kein Gespräch über Joshuas schulische oder berufliche Ausrichtungen. Gerade in der 10. Klasse ist es wichtig zu schauen, wie die möglichen Pläne des Spielers aussehen könnten. Ausbildung? Wechsel in die Oberstufe? Fachabi? Abi? Oder hat er vielleicht noch gar keinen Plan?

Läuft alles weiterhin in die bisherige Richtung, soll sich Joshua nach der Schule um den Fußball kümmern und in den Genuss kommen, die Doppelbelastung endlich hinter sich gebracht zu haben. Er kann dann für sich entscheiden, ob er direkt mit einer Ausbildung oder einem Studium beginnen möchte oder erst mal die Fußballwelt in vollen Zügen genießen will. Toll wäre es auch, wenn Joshua sich mit dem Fußball eine Ausbildung oder ein Studium finanzieren könnte oder vielleicht ein Stipendium im Ausland erhalten würde.

Egal, was er später machen wird, für all das braucht er ein Fundament, auf dem er zukünftig aufbauen kann.

Natürlich gibt es auch einen rein egoistischen Grund. Ich möchte mir später keine Vorwürfe machen müssen, nicht hartnäckig genug gewesen zu sein und „nicht alles getan zu haben".

WIE VIEL EIGENSTÄNDIGKEIT MUSS SEIN?

Joshua ist 17 Jahre, hat vor Augen, dass er später ein „gutes" Leben führen möchte. Doch was heißt gut? Für ihn sind das derzeit tolle Klamotten, schicke Wohnung und natürlich ein schnelles Auto – wie kann es anders sein.

Seitdem er vor zwei Jahren ein Schulpraktikum in einem renommierten Autohaus gemacht hat und dort drei Wochen in der Werkstatt beim Reifenwechseln helfen durfte, weiß er, dass er so einen Beruf nicht erlernen möchte und ihm dieser auch nicht das gewünschte Leben ermöglicht. Er weiß schon, dass ein guter Schulabschluss wichtig ist, doch die Umsetzung ist schwierig.

Die Eigenständigkeit, die Joshua in der Fußballwelt zeigt, fehlt ihm in der Schule. Gerade wenn es um Verantwortlichkeiten geht, holt er mich gerne ins Boot.

Genau das muss er erlernen, sonst wird er nie das Gefühl bekommen, dass er alles, was er tut, für sich macht. Und nicht für mich, meinen Mann oder die Lehrer. Das kann er aber nur, wenn ich ihn lasse.

Die ehemalige Grundschullehrerin unserer Tochter und mittlerweile nette Freundin hat sich auf Beratung rund um Schule, Ausbildung und Studium spezialisiert.

„Nicht nur für dich, sondern auch für Joshua ist es ganz wichtig, dass du ihm die Verantwortung übergibst und auch überlässt. Er ist für sein Tun oder Lassen selbst verantwortlich, und wenn er Hilfe braucht, kann er sie bei dir erfragen. Nur so kann er auch im schulischen Bereich verstehen, warum er am Unterricht aktiv mitmachen, seine Unterlagen ordentlich führen, und sich auf Arbeiten vorbereiten muss."

Das Leben wäre natürlich zu schön, wäre das so einfach. Bei den eigenen Kindern ist das ja auch immer so eine Sache. Vom Intellekt leuchtet mir das ein, in der Umsetzung sieht das ein bisschen anders aus und ich befinde mich in einem Zwiespalt, was Eigenständigkeit und Kontrolle betrifft.

Sobald die Jungs auf dem Spielfeld stehen, müssen sie Verantwortung für die Mannschaft und das Spiel tragen, Führungsspieler, egal welchen Alters, darüber hinaus für das große Ganze. Sobald dieselben Jungs wieder in die Kabine kommen, müssen sie dem folgen, was der Trainer sagt. Zu Hause geht das mit uns Eltern weiter. Schon ein bisschen ambivalent, sind wir mal ehrlich. Auf der einen Seite sollen unsere Kinder / die Spieler früh selbstständig sein, auf der anderen Seite werden sie von uns Eltern und den Trainern reglementiert.

Aber mir ist klar, dass das die Richtung ist, in die Joshuas schulische Entwicklung gehen muss: Eigenverantwortung für sich selbst. Es bedeutet für uns beide erst einmal viel Arbeit, nicht in unsere alten Verhaltensmuster zu fallen. Ich halte mich aus dem Schulalltag raus, helfe, wenn ich gefragt werde. Ich muss ihm zugestehen, dass er andere Entscheidungen trifft, als ich sie treffen würde. Oder Dinge nicht so schnell umsetzt, wie ich es mir wünsche. Zum Beispiel organisiert er fehlendes Lernmaterial immer erst auf den letzten Drücker, was ihm für die Vorbereitung auf die Arbeit gelegentlich Probleme bereitet. Für mich jedes Mal eine Übung den Mund zu halten, auch wenn ich das nächste Drama auf ihn zukommen sehe.

Erfahrungen machen ist nicht nur für unseren Sohn schwer, für mich als Mutter ist es oft schmerzhaft, ihn loszulassen und gleichzeitig Enttäuschungen, Sorgen und Nöte miterleben zu müssen, die für seine Entwicklung aber unabdingbar sind.

Obwohl ich meinen Rücktritt aus der Arbeit an vorderster Front ankündige, stehe ich Joshua dennoch zur Seite, wenn er mich um Hilfe bittet. Aber eben nur dann, wenn er aktiv wird und nicht ich.

Natürlich stelle ich mir die Fragen: Was ist, wenn Joshua einen anderen Weg einschlägt, als mein Mann und ich uns vorstellen? Wenn er nicht das Abitur machen will? Was stellt er sich vor?

Eins weiß ich allerdings längst. Ich habe so viel Vertrauen in Joshua, dass ich sicher bin, dass er seinen schulischen Weg gehen wird. Die Kernfrage bleibt nur weiterhin „Ist sein Weg auch mein (Wunsch-)Weg?"

EIN FUSSBALLER IN DER PUBERTÄT – FREUNDE, FREUNDIN, FEIERN

Joshua ist nicht nur Sohn, Bruder, Neffe, Enkel, Freund, Schüler und Fußballer, sondern auch ein junger Mensch, der mitten in der Pubertät und somit mitten im Leben steckt. Was bedeutet die Pubertät für einen Nachwuchsspieler? Wie passen denn die „drei Fs" – Freunde, Freundin, Feiern – in deren Leben?

Gerade in Joshuas Fall immer wieder abzuwägen, was innerhalb seines Fußballerlebens möglich und erlaubt ist, führt zu vielen Diskussionen. Nur weil er durch das Leistungszentrum in einer engen Struktur lebt, fällt bei ihm diese Zeit nicht milder aus. Auch diese Jungs haben ein Recht darauf individuell erwachsen zu werden.

Zur normalen Entwicklung gehört, dass Jugendliche sich abnabeln, ein eigenständiges Leben erforschen wollen, ihre Grenzen austesten. Ist schon im normalen Alltag

Natürlich weiß Joshua, dass er sich einem bestimmten Lebensstil unterwerfen muss, doch gelingt das nicht über Verbote. Vielmehr müssen wir ihm als Eltern gemeinsam mit Markus und dem Verein vermitteln, wie er mit den Verlockungen aus der Umwelt umgehen kann. Viele Vorhaben sind ja nicht für immer verboten, sondern eher aufgeschoben.

Unsere Aufgabe ist es, die Rahmenbedingungen zu schaffen und Grenzen aufzuzeigen. Er muss für sich den Weg finden, den Fußball und die anderen schönen Dinge des Lebens in Einklang zu bringen, denn nur das kann von Dauer sein. Ich glaube, dass die Gefahr sonst groß ist, dass er irgendwann aus allem ausbrechen will. Oder aber es später nicht schaffen wird, die Lücken sinnvoll zu füllen, sollte er mit dem Fußball aufhören.

Freunde außerhalb des Fußballzirkus, ein zweites, nicht zeitintensives Hobby oder Interessen helfen, den Blick auch für andere Dinge zu schärfen. Die Jungs bleiben dadurch auf dem Boden, und oft relativieren sich schwierige Situationen im Fußball und erhalten einen anderen Stellenwert.

Sollten sie ihr Hobby irgendwann mal zu ihrem Beruf machen, ist es umso wichtiger, den Fokus auch auf andere Interessen zu richten.

Ein Profi ist zwar durch die Spiele viel auf Reisen, sein Alltag bietet ihm aber gewisse Freiräume. Zieht man das morgendliche Training und die anschließende Behandlung beim Physiotherapeuten, den Besuch im Kraftraum und das Mittagessen ab, hat er viele Stunden am Tag, die er mit anderen Inhalten füllen kann. Sind diese auf den Sport reduziert, kann schnell eine Leere und Unzufriedenheit aufkeimen. Ich glaube, es kommt nicht von ungefähr, dass viele Fußballer das Klischee bedienen gern zu shoppen, ihr Geld in schnelle Autos zu stecken oder den Nachmittag vor der Playstation zu verbringen.

Vor allem die, die kein soziales Umfeld wie Freundin, Frau oder Familie haben. Viele Fußballer heiraten früh bzw. gehen in jungen Jahren feste Beziehungen ein. Philipp Lahm erklärt das damit, dass Profis vielen Unsicherheitsfaktoren ausgesetzt sind, und das Bedürfnis nach Sicherheit daher sehr groß ist.

„Da ist es ein schönes Gefühl, wenn man weiß, zu Hause ist jemand. Das ist wichtig für mich."

Thomas Müller, Fußballspieler[30]

Gerade für die Sportler und Sportlerinnen, die in ihrer Jugend früh mit dem Leistungssport angefangen und daneben nie den Blick auf das normale Leben haben, kann es schwer werden, die Mitte zu finden. Einem, dem das sehr schwerfällt, ist der Schwimmer Michael

Phelps[31]. Er ist 29 Jahre, Rekordschwimmer und mit 22 Medaillen, davon 18 Gold, der erfolgreichste Olympionike der Welt. Jahre lang Tag ein, Tag aus im Wasser gewesen, ist er abermals daran gescheitert seine trainingsfreien Zeiten sinnvoll zu nutzen. Zum wiederholten Male ist er mit Alkohol am Steuer erwischt worden. Nun versucht er mit professioneller Hilfe die Leere und Einsamkeit, die ihn umgibt, wenn er nicht im Training ist, zu bekämpfen.

Im Sommer haben wir mit Joshua eine endlose Diskussion über die Urlaubsplanung. Wenn man bei maximal zehn Tagen Urlaub von wirklicher Planung sprechen kann.

Ich bin ehrlich – ich stehe mit diesem Thema auf Kriegsfuß. Nicht nur, was die Wünsche unseres Sohnes, sondern auch was das Zeitfenster betrifft, welches die Vereine den Spielern zur Verfügung stellen.

Das Geben und Nehmen ist hier nicht gerecht verteilt. Die Familien sind diejenigen, die auf vieles verzichten und der Fußball nimmt sich das, was er braucht. Wir sind nicht die Einzigen, denen es so ergeht. Ich kenne viele Familien, die genau das beklagen. Warum kann daran nichts geändert werden? Mal von der Familiensituation abgesehen, wo bleibt die Erholung für die Spieler?

> Arbeitspsychologen empfehlen mindestens einmal jährlich drei Wochen Urlaub plus kleiner Kurzurlaube, um die bestmöglichste Erholung zu erreichen.

Warum nicht auch Nachwuchsspieler? Was haben Spieler, die noch schulpflichtig sind davon, ein bis zwei Wochen vor den Sommerferien oder Weihnachtsferien bereits trainingsfrei zu haben? Von den anderen Ferien müssen wir gar nicht sprechen.

Ich weiß, dass der Einstieg ins Trainingslager im Sommer durch den Beginn des Saisonstarts bestimmt wird. Eine gute Vorbereitung ist das A und O und kann entscheidend für einen guten Tabellenplatz sein. Sind das die Tage, an denen die Trainer zweimal täglich trainieren können. Mir alles verständlich.

Doch betrifft diese eingeschränkte Ferienplanung nicht nur den Spieler, sondern färbt auch auf die restlichen Familienmitglieder ab.

Durch unsere Jobs, Joshuas Fußball und der Ausbildung unserer Tochter ist es äußerst schwierig, dass wir alle zum gleichen Zeitpunkt Urlaub haben. Auch wenn unsere Kinder bereits in einem Alter sind, dass sie Zeit mit ihren Freunden verbringen wollen, sind ihnen ein paar Urlaubstage im Jahr zu viert dennoch heilig.

Joshuas Wunsch ist es dieses Jahr, eine Woche zusammen mit seinen beiden Schulfreunden nach Loret de Mar zu fahren – eine Woche Party pur. Das bedeutet wenig Schlaf, vielleicht doch das ein oder andere Bier, ein nicht eingehaltener Trainingsplan, der schlechte

Lactatwerte zur Folge hat. Für den Verein das Grauen und verständlicherweise absolut inakzeptabel. Für einen angehenden Fußballer ein No-Go, für einen Jugendlichen in dem Alter ein Muss.

Es schlagen schon zwei Herzen in meiner Brust ... Aber um Joshua an sein Ziel zu bringen, sind auch mal Verbote nötig. Mein Mann und ich diskutieren das Für und Wider mehrmals mit Joshua, verbieten letztendlich aber den Urlaub aus den genannten Gründen.

Joshua ist stinksauer, fügt sich aber. Was bleibt ihm auch anderes übrig? Ein wenig leichter wird es dadurch, dass seine Mannschaftskollegen, die vorher alle tönten, sie würden mit einer Jugendreise auf große Partytour gehen, schlussendlich auch alle mit ihren Familien wegfahren. In Familien mit Leistungssportlern gelten doch die gleichen Regeln.

Ich weiß, dass uns die gleiche Diskussion auch wieder im kommenden Jahr bevorstehen wird. Wie dann die Entscheidung ausfallen wird? Keine Ahnung ...

Joshua ist 14 Jahre als er im Sommer 2012 ins Leistungszentrum wechselte, also mitten in der Pubertät. Durch das Zusammentreffen mit „Gleichgesinnten", die das gleiche Leben führen, Schule, Freizeit, Fußball miteinander vereinen, ändert sich seine Einstellung. Sein Leben ist für ihn mittlerweile „normal" geworden, der Fußball ist nicht mehr nur Hobby. Es ist seine Leidenschaft und es macht ihm Spaß. Bis heute wird eine Trainingseinheit nicht mehr infrage gestellt, Lustlosigkeit wird vielleicht mal erwähnt, aber nicht mehr ausgelebt.

Joshua und seine Mannschaftskameraden wissen ihre wenige Freizeit zu schätzen. Jetzt muss man nicht glauben, dass sie alle „brav" sind. Sie suchen den Adrenalin-Kick ebenso wie ihre gleichaltrigen Freunde, die keinen Leistungssport ausüben. Wenn dem nicht so wäre, würde ich es für eine falsche Entwicklung halten, die sie nicht zu einer eigenständigen und selbstverantwortlichen Persönlichkeit heranreifen lässt.

„Heute will man offenbar Computer-gesteuerte Spieler, Spieler wie aus dem Katalog. Typen entwickeln sich so kaum noch."

Lukas Podolski, Fußballspieler[32]

Auf der einen Seite bin ich Joshuas Mutter und weiß, dass Ausprobieren und eigene Erfahrungen fürs Leben sehr wichtig sind. Auf der anderen Seite bin ich Mutter eines Nachwuchsspielers und weiß auch, dass für ihn andere Regeln gelten. Es heißt, den Mittelweg zu finden, aber gleichzeitig Joshua so viele Freiheiten zu lassen, dass er sich entwickeln kann.

Wie auch bei allen anderen Jugendlichen ist gerade das abendliche Weggehen ein immer wiederkehrendes Thema. Denn vom Verein wird das Partyleben nicht gerne gesehen.

„Am Samstag haben wir nur Abschlusstraining. Wir wollen am Freitag feiern gehen, ich übernachte dann bei meinem Freund und wir fahren morgens gemeinsam zum Training. Ist das okay?", fragt mich Joshua.

„Nee, überhaupt nicht. Ich halte das nicht für eine gute Idee. Du wirst nicht ausgeschlafen sein, ein müder Körper ist verletzungsanfällig, und du bist erst seit ein paar Wochen wieder fit. Wenn die Trainer das rausbekommen, dann wird es Ärger geben. An einem spielfreien Tag habe ich nichts dagegen, aber heute finde ich das nicht in Ordnung."

„Du kannst dich auf mich verlassen, ich werde das hinbekommen. Wir müssen eh um null Uhr aus dem Laden, und ich liege spätestens um null Uhr dreißig im Bett. Ich kann das verantworten, und die Trainer werden nichts erfahren. Vertrau mir, ich schaffe das. Das ist eine Ausnahme", versucht er mich zu überzeugen.

„Ich habe dir klar meine Meinung dazu gesagt. Du bist 16 Jahre und musst selbst wissen, was du machst, und auch die Konsequenzen dafür tragen."

Auch ein Gespräch mit meinem Mann, der die gleiche Meinung wie ich vertritt, ändert nichts an seiner Entscheidung.

Joshua geht also aus. Übrigens hat es sich nicht gelohnt, wie er später erzählt. Er nimmt am nächsten Morgen am Training teil und kommt sehr erschöpft mittags nach Hause. Da er das nicht zugeben will, legt er sich nachmittags nicht zu einem Mittagsschlaf hin, sondern quält sich durch den Tag. Aufgrund des extremen Schlafdefizits plus Training ist er das gesamte Wochenende müde. Damit er montags wieder fit ist, bleibt ihm nichts anderes übrig, als den Sonntag mehr oder minder zu verschlafen. „Blödes Wochenende, das Weggehen hat sich überhaupt nicht gelohnt", mault er Sonntag-abend.

Jetzt, Monate später, kann ich sagen, dass er das in der Form nicht mehr gemacht hat. Hätten wir ihm den Abend strikt verboten, wäre er nie zu diesem Schluss gekommen. Es ist wichtig, dass Joshua Entscheidungen trifft, und erfährt, welche Auswirkungen sie haben.

Gerade wenn es um Entbehrungen im Bereich Party, Feiern, Weggehen geht, muss ihm klar sein, warum er nicht alles mitmachen kann. Denn das entspricht nicht dem Lebensstil eines Spitzensportlers und führt ihn von seinem Wunsch, erfolgreicher Fußballer zu werden, weg.

Das hören die Trainer zwar nicht so gerne, aber den-noch muss auch mal ein Abend mit den Freunden drin sein, an dem man um „die Häuser zieht". Ich halte das für wichtig, damit die Jungs auch sehen, dass sie noch ein „anderes" Leben neben dem Fußball haben. Natür-lich immer im Rahmen.

Wenn es um Themen geht, die Joshua wegen seines Fußballs nicht ausleben kann, sind Gespräche mit Mar-kus sehr nützlich. Er beleuchtet die Dinge jeweils aus der Spieler-, aber auch aus der Trainerperspektive, da er beides gelebt hat und kennt. So kann er als objektiver Betrachter eine Position einnehmen, mit Joshua sachlich darüber sprechen und durch Beispiele aus der Szene Konsequenzen aufzeigen. Darüber erhält Joshua noch mal einen anderen Zugang als nur über die Gespräche mit uns.

Bestes Beispiel ist die Diskussion über den Führerschein für den Roller 125 ccm, den Joshua unbedingt machen will, um mit 18 den Motorradführerschein anschließen zu können. Mein Mann, ein leidenschaftlicher Roller- und Motorradfahrer, steigt mit ihm direkt in die Planung ein.

Den Wunsch mit der Volljährigkeit auf dem Zweirad zu sitzen, kann ich nachvollziehen, wollte ich selbst mit 18 auch einen Führerschein machen, wozu es allerdings nie kam.

Für einen Jungen hat das Motorrad schon einen besonderen Reiz, ist es ein Statussymbol und steht für Männlichkeit. Daher verständlich, dass auch Joshua unbedingt auf so einem Bock sitzen will. Markus stellt ihm eigentlich nur zwei einfache Fragen und das Thema, über das zu Hause tagelang diskutiert wird, ist mehr oder weniger vom Tisch: „Welchen Profi kennst du, der Motorrad fährt?" und „Wie viele Roller und Motorräder siehst du auf dem Trainingsgelände?".

Auf beide lauten die Antworten „Niemand" und „Kein Einziges". Die Gründe, dass Motorradfahren sehr gefährlich ist, die Verletzungen meist sehr tragisch sind, und die Vereine dieses Hobby nicht gerne sehen, kann Joshua sich dann auch selbst beantworten.

In einem Interview erwähnt der Basketballer Dirk Nowitzki, dass für ihn Motorrad- und Skifahren ebenso wie Bungee-Jumping in seiner aktiven Zeit verboten sind und er sich unglaublich darauf freut, nach seiner Profikarriere all die Dinge tun zu können, die er bisher nicht machen konnte. Nicht nur ein Nachwuchsspieler muss verzichten.

„Junge Menschen müssen unter die Leute kommen.
Von mir aus können sie auch mal ausgehen und
feiern."

Peter Stöger, Fußballtrainer[33]

Viele Talente, die ihren Lebensstil ohne Trinken, Rauchen und Feiern, aber mit Willen, Einsatzbereitschaft, gesunder Ernährung, Gesundheit und ausreichend Schlaf gefunden haben, finden sich in den Profimannschaften. Wie ich in einem Interview mit Peter Stöger[34] – Trainer des 1. FC Kölns – gelesen habe, ist aber der „richtige" Lebensstil auch bei den Profis ein immer wiederkehrendes Thema.

„Ich kann doch nicht einerseits im Training und im Spiel verlangen, dass die Spieler eigenverantwortlich Entscheidungen treffen, und für den Rest ihres Lebens soll das dann nicht gelten (...) Letztlich geht es darum, dass die Spieler lernen, wie sie sich im Leben zu verhalten haben (...)"

Aber was ist richtiges Verhalten für einen Nachwuchsfußballer? Was wird von ihm verlangt? Weiß er, was erlaubt und was verboten, was richtig und falsch ist?

Jeder Spieler, egal ob Profi oder Nachwuchsspieler, repräsentiert seinen Verein und es wird von ihm ein adäquates Auftreten erwartet. Doch gerade weil es Jugendliche sind, muss man sie an die Hand nehmen, damit sie wissen, was das für sie bedeutet.

Wie genau der Verhaltenskodex in Joshuas Verein aussieht, weiß ich nicht. Ich liste aber mal auf, was in der Vergangenheit in der Mannschaft Themen waren.

1. Es wird von den Spielern Pünktlichkeit, faires Verhalten und der respektvolle Umgang untereinander erwartet.

2. Klamotten mit dem Wappen des Vereins werden nur im sportlichen Kontext getragen und nicht in der Freizeit oder mit Freizeitklamotten, z. B. zerrissenen Jeans.

3. Das Handy wird mit Betreten des Geländes ausgeschaltet.

4. Kopfbedeckungen, wie beispielsweise Baseballcaps, Mützen, Kapuzen werden beim Betreten eines Raumes abgenommen.

5. Musik in der Kabine gibt es erst nach Spiel/Training als Belohnung.

6. Der Physioraum wird nur in Sportkleidung und Badeschlappen betreten.

7. Unachtsamer Umgang mit Material – Bälle, Leibchen, Wasserkästen – führt zu zusätzlichen Laufeinheiten.

8. Für unsportliches Verhalten im Spiel, dass mit einer Roten Karte geahndet wird, wird der Spieler vom Training suspendiert und muss stattdessen laufen.

9. Alkohol und Drogen sind verboten.

10. Bei respektlosem Verhalten gegenüber den Trainern, vor allem bei wiederholten Malen, wird über den Rauswurf aus der Mannschaft diskutiert.

Gerade bei Letzterem gibt es anscheinend einen großen Ermessens- und Interpretationsspielraum. In den drei Jahren sind mir einige Vorfälle zu Ohren gekommen, die für mich als Außenstehende eindeutig waren, jedoch außer Gesprächen und Trainingsstrafeinheiten nicht zum Austritt des Spielers aus der Mannschaft führten.

Der Umgang mit den sozialen Netzwerken ist ein weiteres Thema, das immer mehr zu Diskussionen führt. Gerade auch im engen Kontakt mit den Physiotherapeuten.

Die Physiotherapeuten werden auch gerne die „Mutter der Kompanie" genannt, und der ein oder anderer nimmt sicherlich auch eine Vertrauensposition ein. Sie und die Spieler sind auf Facebook, Twitter, Instagram und WhatsApp miteinander verlinkt.

Die Spieler müssen erlernen, dass sie zum „gläsernen Spieler" im Internet werden, wenn sie alles, aber auch wirklich alles, zu jeder Tages- und Nachtzeit von jedem Ort ins Netz stellen – Fotos der letzten Party, die neuesten Klamotten, das ausgefallene Urlaubsfoto.

Das kann nett sein, aber auch schnell zu Problemen führen. Nämlich dann, wenn die Jungs etwas posten, was der Verein nicht so gerne sieht bzw. was nicht zum Lebensstil eines Nachwuchsspielers passt. Das wird dann schnell an den Trainer weitergegeben, und der Rüffel lässt nicht lange auf sich warten. Joshua hat da auch schon seine Erfahrungen gemacht.

Das dieses Verhalten nicht vor dem Alter halt macht, zeigt die Reaktion von Roberto Di Matteo[35] im Januar 2015, damals Trainer vom FC Schalke 04. Er ist einer der ersten, die Konsequenzen aus den ungefilterten Einträgen seiner Spieler auf Facebook und Twitter zieht, die für Unruhe gesorgt haben. „Wir werden Verhaltensregeln für alle Beteiligten einführen", kündigt er an.

Auch Joshua hat, wie viele seiner Freunde, eine Freundin. Sie ist so ganz anders als seine erste Freundin, ich würde fast schon sagen, dass komplette Gegenteil. Sie ist aufgeschlossen und führt ihr eigenes Leben, hat ihr Hobby. Sie steht hinter Joshua und seinem Fußball, bewundert ihn für seine Ausdauer und seinen Willen. Sie kommt aus einer sehr sportlichen Familie und ihr Bruder spielt auch Fußball.

Bei den beiden erlebe ich selten, dass der Sport „dazwischen" steht. Sie sehen sich nicht oft, doch nutzen sie die Zeit dann intensiv und haben viel Spaß miteinander. Ich freue mich für ihn, dass er in seiner Freundin eine Partnerin gefunden hat, die ihn in seinem Vorhaben stützt.

In der Nacht zum 1. Mai ist es im Rheinland nun mal üblich, seiner Liebsten einen geschmückten Maibaum vor die Tür zu stellen. Joshua hat das bisher noch nie gemacht und will das nun mal ausprobieren.

Mein Mann und ich finden die Idee nett und haben nichts dagegen, zumal ich noch weiß, dass ich das in meiner Jugend extrem spannend fand. „Habe ich einen oder nicht?" Der nächste Tag ist trainings- und spielfrei, also ohne Auswirkungen auf den Fußball.

Aufstellen will er ihn mit dem Ex-Freund von Grace, der Joshua um null Uhr dreißig Uhr mit Baum bei uns abholt. Das ganze Spektakel dauert keine Stunde, und er liegt wieder zu Hause im Bett.

Stolz, dass er zum ersten Mal einen Maibaum gestellt hat, erzählt er seinem Physio beim nächsten Lauftraining von seiner Aktion. Da er sich noch in der Endphase der Rekonvaleszenz seines Außenbandrisses befindet, wird die Info an den Trainerstab weitergegeben.

Es folgt ein Gespräch mit dem Co-Trainer, der ihm deutlich macht, dass sein Verhalten inakzeptabel ist. Ein verletzter Spieler tut alles, um wieder fit zu werden. Dazu gehört auf jeden Fall ausreichend Schlaf.

Joshua ist bereits durch seinen ersten Außenbandriss am Sprunggelenk im letzten Jahr „angezählt", den er sich in der Freizeit und mit einem Bier intus zugezogen hatte. Sollte er noch mal durch „falsches" Verhalten auffallen, hätte das Konsequenzen, um genau zu sein, er könnte aus der Mannschaft fliegen.

Puh! Und da sind sie wieder: Teufelchen und Engelchen. Ich kann den Verein verstehen. Seine Aufgabe ist es natürlich gegen solch ein Verhalten zu halten, sonst würden alle Spieler über die Stränge schlagen. Ich kann aber auch Joshuas Wunsch nachvollziehen. Er wollte doch nur seiner Freundin zeigen, wie lieb er sie hat. Eigentlich doch was sehr Schönes.

Wie reagieren wir als Eltern? Ich vermute, einige finden es falsch, dass wir Joshua das überhaupt erlaubt haben. Da sage ich nur – Spielverderber. Andere werden mir zustimmen, vor allem die Rheinländer, dass das zum Leben dazugehört.

Aber darum geht es eigentlich gar nicht. Der springende Punkt ist doch der: Joshua hätte wissen müssen, unabhängig von dem Umstand, was er gemacht hat, dass der Verein es nicht toleriert, dass er nachts durch die Gegend läuft.

Ich will unseren Sohn nicht zum Lügen erziehen, er soll solche Geschichten machen. Joshua muss lernen, seinen Mund zu halten, und nicht auf „dicke" zu machen. Klar, glauben Jugendliche – Weiblein wie Männlein – in dem Alter, dass sie die Größten sind. Sollen sie ruhig, doch müssen sie sich auch der Konsequenz bewusst sein. Wenn Joshua also mit dem Maibaumaufstellen prahlt, muss er wissen, dass das nicht mit dem Verhaltenskodex eines Nachwuchsspielers übereinstimmt. Dafür hat er die Maßregelung verdient, und nicht für die Aktion.

Profis und Trainer sind Vorbilder, oder?

In einer Organisation, egal wie groß oder klein sie ist, muss es eine Struktur geben, damit die Gemeinschaft funktioniert. Da ist es einerlei, ob es sich um die Schulklasse, die Familie oder die Wandergruppe des Alpenvereins von 20 Männern und Frauen handelt. Es muss klar sein, wer das Sagen bzw. die Vision hat, wohin es für die Gruppe geht.

In der Fußballmannschaft gibt es die immer gleiche Trainerhierarchie. Was der Trainer sagt, ist Gesetz, und daran hält man sich. Das gilt in der Nationalmannschaft genauso, wie auch in den Bundesliga- und Jugendmannschaften.

Das ist auch gut so. Ich stelle mir vor, jeder der 22 Spieler hätte seine eigene Meinung, würde machen, was er für richtig hält. Das wäre ein heilloses Durcheinander, und von Struktur keine Rede.

Bei so vielen Alphatieren, die oft auf dem Spielfeld herumlaufen, muss einer die Führung übernehmen, und das ist in der Regel der Trainer. Zumal, da eine Mannschaft, egal welchen Alters, vermutlich einer ständigen Entwicklung durch regelmäßige Zu- und Abgänge unterliegt. Unter Trainern heißt es: „Du musst konsequent in der Teamführung sein, ansonsten machst du dich unglaubwürdig." Gerade in der Jugend ist es elementar, an die Hand genommen und geführt zu werden. Das gelingt nicht immer bei allen zur gleichen Zeit, ist aber

> entscheidend, um in einem Mannschaftssport bestehen zu können.

Oft frage ich mich, wie es Klopp, Guardiola oder Löw schaffen, gestandene Männer zu einer homogenen Einheit zu machen, bzw. welche Mittel sie einsetzen, wenn es nicht gelingt. Da würde ich gern mal Mäuschen spielen ...

„Der größte Fehler meiner Karriere."

Kevin Kuranyi, ehemaliger Fußballspieler TSG 1899 Hoffenheim[36]

> Dass sich Profis auch nicht immer korrekt verhalten, zeigt das Beispiel von Kevin Kuranyi. 2008 entschied sich Joachim Löw im Spiel Deutschland – Russland in Dortmund, Kuranyi weder in den Kader noch auf die Ersatzbank zu nehmen. Das hieß für ihn: Tribünenplatz. Kuranyi war darüber sehr enttäuscht, verließ in der Halbzeit seinen Platz und fuhr nach Hause. Damit hat er sich öffentlich gegen die Entscheidung des Trainers gestellt, der diese Disziplinlosigkeit nicht akzeptieren konnte. Das Ende seiner Nationalmannschaftskarriere. Trotz mehrmaliger Entschuldigungen bei Löw und der Mannschaft, hat Kuranyi bis heute keine neuerliche Chance durch den Bundestrainer erhalten.

Als Eltern versuchen wir Vorbilder für unsere Kinder zu sein. Wir vermitteln ihnen Werte, die uns im Leben wichtig sind. Geben ihnen Einblick in unsere Weltanschauungen. Zeigen ihnen durch Reisen andere Lebensmodelle und Kulturen. Lassen sie Erfahrungen machen – alleine oder gemeinsam mit uns. Tauschen die Rollen und tauchen mit ihnen in ihre Welt ein, die uns teils unbekannt ist – so wie mir Joshuas Fußball. Wir machen sie im besten Fall neugierig und wissbegierig, dass sie nie aufhören, das Leben immer wieder neu zu entdecken.

Wie ist das in der sportlichen Welt? Wer ist da Vorbild?

Zuallererst sind das die jeweiligen Trainer, da sie ganz nah an den Spielern dran sind. Ich vermute, dass ihr Auftreten dem Verhaltenskodex des Vereins entspricht, an dem sich die Spieler hoffentlich orientieren können.

Wie in anderen Sportdisziplinen verbringen unsere Söhne und Töchter bereits in jungen Jahren viel Zeit mit ihrem Sport, und damit einhergehend mit dem entsprechenden Umfeld. Wir Eltern geben sie früh in die Hände von Menschen, denen wir vertrauen. Und hoffen, dass ihnen bewusst ist, was für eine kostbare Fracht sie beaufsichtigen – junge Menschen, die am Beginn ihres Lebens stehen und wie ein nasser Schwamm alles aufsaugen, was in ihrer Umwelt passiert. Positives wie Negatives.

Umso erstaunter bin ich über Trainer, die sich ihrer Verantwortung, den Spieler nicht nur sportlich auszubilden, sondern auch auf emotionaler und intellektueller Ebene, nicht immer bewusst sind. Die bei Spielen nahezu ausrasten, den Schiedsrichter beschimpfen, auch mal in der Kabine den Wasserkasten an die Wand donnern. Oft schlimmer als der leidenschaftlichste Vater am Spielfeldrand.

Oder bei Turnieren abends noch mal auf die Rolle gehen, und am nächsten Morgen erst einmal den Kaffee – schwarz und stark – benötigen, um ins Geschehen zu finden.

Die Spieler sollen auf Alkohol verzichten. Dann sollte es auch den Trainern möglich sein, dass zumindest an einem Abend vorzuleben. Wo ist hier das Vorbild?

Vorbilder, zu denen Nachwuchsfußballer ebenfalls aufschauen, sind natürlich Profis, die es ihrer Meinung nach geschafft haben. Oft sind es die jungen Spieler, meist nur ein paar Jahre älter, die in der 1. Liga und am besten noch in der Nationalmannschaft spielen.

> Marco Reus zum Beispiel. Erfolgreicher Profi bei Borussia Dortmund, seit 2011 Spieler unter Jogi Löw. Einer, der sein Ziel erreicht hat. Seinen Werdegang habe ich zuvor beispielhaft hervorgehoben, um zu zeigen, dass es unterschiedliche Wege gibt, Karriere zu machen. Natürlich ärgert es mich, wenn ich lese, dass er seit Jahren ohne Führerschein fährt und sich über Regeln und Gesetze hinwegsetzt, die für uns alle gelten.

Wie sollen wir unseren Söhnen und Töchtern Moral vermitteln, wenn er gesellschaftliche Werte ignoriert? Ärgert mich übrigens auch beim Nachbarn von nebenan. Mir ist bewusst, dass wir, die Gesellschaft, sportlichen Erfolg gerne auf die ganze Person übertragen und am Beispiel von Reus den Spieler schnell auf ein Podest heben. Wie soll ein junger Mensch dieser Rolle gerecht werden? In der Regel werden sie auf solche Aufgaben gar nicht oder nur halbherzig von den Verantwortlichen in den Vereinen vorbereitet. Und ich finde, sie können auch Vorbild sein, wenn sie ihre Fehler einsehen und sich dafür entschuldigen. Andererseits stelle ich mir die Frage, wieso Reus' Umfeld nicht positiv auf ihn eingewirkt hat. Denn ich kann mir nicht vorstellen, dass sein Berater „davon" nichts gewusst hat.

Niemand ist perfekt, und auch ich verzettele mich manchmal in meinem Tun. Die genannten Beispiele sind nicht fußballspezifisch, können so ähnlich auch in anderen Lebenssituationen stattfinden. Doch sagen sie viel über einen Menschen aus, über Werte und Normen in seinem Leben.

Andererseits helfen solche Situationen, dass sich die Spieler mit heranwachsendem Alter ihre eigene Meinung bilden. Sie entscheiden, was sie gut, was sie schlecht finden, und erlernen darüber zu differenzieren.

MONEY, MONEY, MONEY

Seit dem Übergang von der C- in die B-Jugend bekommt Joshua sein erstes Gehalt im unteren dreistelligen Bereich. Das macht unglaublich stolz, verführt aber auch, verschwenderisch zu sein.

"Ich habe viel von meinem Geld für Alkohol, Weiber und schnelle Autos ausgegeben (...) Den Rest habe ich einfach verprasst."

George Best, ehemaliger Fußballspieler Manchester United[37]

Junge Fußballer können schon sehr früh viel verdienen. Meist wird das Geld mit vollen Händen ausgegeben, und sie denken, dass „ein paar Millionen" im Alter von 22 Jahren bis ins hohe Rentenalter reichen werden. Weit gefehlt, denn meist haben sie einen teuren Lebensstandard, und geht man von einem Lebensalter von 80 Jahren aus, sind bis zu 50 Jahre zu finanzieren.

Nicht umsonst weist der VDV – Vereinigung der Vertragsfußballer – immer wieder daraufhin, dass noch während der aktiven Zeit für die Zeit danach gesorgt sein muss.

Es gibt schon Gründe, warum wir ehemalige Fußballer wie Eike Immel, Ailton und Jimmy Hartwig in Fernsehformaten wie dem „Dschungelcamp" sehen. Weltfußballer wie George Best und Gerd Müller in den Alkoholismus abstürzen. René Schnitzler, Profi bei Borussia Mönchengladbach und St. Pauli, sein Vermögen an die Spielsucht verliert.

Viele Spieler, die vom großen Geld träumen, haben es als Jugendtalent nicht zu den Profis geschafft. Sebastian Kneißl, Anfang 2000 einer der erfolgreichsten Jugendfußballer Deutschlands, erklärt im Buch *Traumberuf Fußballprofi*[38], warum es bei ihm nicht funktioniert hat:

„Ich muss mir ankreiden lassen, mein Talent vergeudet zu haben. Anfangs bin ich davon ausgegangen, das mir alles zufliegt. Ich habe teilweise wirklich geglaubt, die Tore kommen von alleine (...) Mir fehlte es an der Einstellung. Statt Extraeinheiten zu absolvieren, habe ich darüber nachgedacht, wo ich shoppen gehen kann (...)"

Neben Playstation spielen und schnellen Autos ist Shoppen wohl eins der schönsten Hobbys von Fußballern. Um dem Shoppingwahn nicht ganz zu verfallen, wird Joshuas monatlicher Verdienst daher aufgeteilt. Eine kleine Summe darf er behalten und damit sein Taschengeld aufstocken. Der Rest wird verwaltet, um sich später davon etwas leisten zu können. Sein bisheriges Taschengeld hat er gut im Griff. Uns ist wichtig, dass er auch mit mehr Geld umzugehen erlernt. Obwohl er noch keinen Führerschein hat, träumt er davon, sich ein Auto zu kaufen.

Durch seinen Verdienst hat er jetzt schon mehr Geld als einige seiner Klassenkameraden, soll sich aber auch dafür belohnen, dass er neben der Schule noch so ackert. Ich beobachte immer wieder mit Spannung und oft auch Ungläubigkeit, was er sich kauft bzw. kaufen möchte. Wir sind eine modebewusste Familie, doch sind unsere Kinder eigentlich nicht mit dem klassischen Labeldenken groß geworden.

Joshua und ich haben gerade drei Tage gemeinsam in Amsterdam verbracht. Vor der Abfahrt hat er bereits eine Shoppingliste mit Läden, in die er will. Direkt nach unserer Ankunft leihen wir uns Fahrräder, und steuern den ersten Laden an.

Einen Schuhladen, der nur Louboutin, Balenciaga, Zanotti, Gucci, Hermès, Givenchy, Prada und Co. führt. Wer die Labels nicht kennt, muss sich nichts daraus machen, denn mir geht es ähnlich. Ich kenne einige Marken von früher, als meine Eltern sie getragen haben. Sie waren damals zwar stylish, aber wirkten schnell auch immer ein bisschen spießig.

Umso lustiger, dass heute einige Jugendliche darauf so abfahren.

Mich amüsiert der Besuch in besagtem Schuhladen ungemein. Viel Glas und Spiegel, dicker heller Teppich. Gestylte, stark geschminkte Verkäuferinnen laufen gelangweilt durch den Laden, nehmen von ihren Kunden nicht wirklich Notiz, plaudern dafür nett untereinander. Ich spreche zwar kein Niederländisch, aber aus ein paar Brocken entnehme ich, dass es um die Wochenendplanung geht.

Klar, bei den Preisen muss man nicht so viele Schuhe verkaufen wie in einem herkömmlichen Schuhladen. Da kann man sich zwischenzeitlich ruhig mit sich selbst beschäftigen ...

Der Kunde wird erst dann interessant, wenn er auf die Verkäuferin zukommt und nach dem Schuh in seiner Größe fragt. Aber bitte keine unnötigen Fachfragen stellen, denn die können eh nicht beantwortet werden.

Das Klientel ist auch dementsprechend – jung, im Alter meiner Kinder, cool, Sonnenbrille, enge schwarze Jeans oder Leggings mit langen T-Shirts und schwarzer Lederjacke, die Mädchen gerne die Prada-, Louis Vuitton- oder MCM-Tasche am Arm, das neue iPhone in der Hand.

Es wird gezielt ausgewählt, anprobiert und gekauft – das geht alles in Minuten. Woher haben sie das Geld, mal eben für 365 Euro (eher günstig) ein paar Schuhe zu kaufen? Irgendwo kommt es schon her, ich vermute mal von Mama und Papa, denn ganz ungeniert wird die Kreditkarte gezückt und ohne mit der Wimper zu zucken gezahlt.

Mein Sohn zückt zwar nicht die Mastercard, ist aber ebenso schnell in der Entscheidung und im Kauf der lang gesuchten Balenciaga. Die erste Aufgabe der Shoppingliste ist also erfüllt.

Doch damit ist der Einkauf noch nicht beendet. Nein, wir werden auch die beiden anderen Tage weiterhin Läden abfahren – alle im ähnlichen Stil und mit ähnlichem Klientel – und schauen, ob man nicht noch etwas Besseres findet.

Das Gute daran ist – ich wäre mit Joshua ohne seine Einkaufsliste nie so viel bei schönstem Wetter in Amsterdam mit dem Rad unterwegs gewesen. Das Shoppen hat also auch was Gutes.

Auf der Heimfahrt machen wir noch einen Zwischenstopp in einem Outlet. Ein MCM-Rucksack wäre noch toll. Joshua entdeckt den heiß ersehnten Rucksack – zwar in Grau und nicht in Schwarz, aber zu einem „Schnäppchenpreis", sodass er nicht Nein sagen kann. Er kostet im Sale stolze 399 Euro – zwar die Hälfte des normalen Preises, für einen Gebrauchsgegenstand viel zu teuer. Das ist meine Meinung, aber die zählt mal wieder nicht. Denn nicht ich bezahle – wir finanzieren diesen „ausschweifenden Stil" nicht.

Um die Materialschlacht der Kinder einzudämmen, haben mein Mann und ich ihnen früh vermittelt, dass nur etwas Neues gekauft werden kann, wenn etwas Altes abgegeben oder verkauft wird. Somit haben sie für jedes größere, neue Spielzeug, was auf der Wunschliste stand, ein anderes ausrangiert.

Joshua ist ein gewissenhafter Sparer. Er hat schon früh gelernt, sich seine besonderen Begehrlichkeiten selbst zu erfüllen. Seine erste große Anschaffung war sein BMX-Rad mit sieben Jahren. Dazu hat er sein altes Fahrrad verkauft und sich zusätzlich zum Geburtstag und Ostern Geld von den Großeltern schenken lassen, bis er die Summe zusammen hatte.

Heute geht der Trend der Markenklamotten sehr Richtung Secondhand, schaut man sich die zahlreichen Portale im Netz an. Es wird etwas gekauft, einige Zeit getragen, gut gepflegt und im Netz wieder verkauft.

Auf diese Art schafft sich auch Joshua das finanzielle Polster für den nächsten Kauf. Interessant bei all dem ist, dass Schuhe, Taschen, Sweatshirt & Co. nicht von Dauer sind.

Woher kommt diese Kauflust bei Fußballern? Besitzt man mit dem Fußballer-Gen gleichzeitig auch das Kauf-Gen? Ich bleibe bewusst in dieser Disziplin, weiß ich doch nicht, ob das in anderen Sportarten ähnlich oder anders ist.

David Beckham hat als einer der Ersten gezeigt, dass Fußballer nicht nur in Turnschuhen und Jogginganzug herumlaufen. Sein Modestil, inspiriert durch seine Frau Victoria Beckham, die nach den Spice Girls als erfolgreiche Designerin arbeitet, war Vorreiter der metrosexuellen Bewegung. Beckham hat Glamour in den Spitzensport gebracht, und viele folgten ihm bisher. Für die Jungs ist er ein Idol, und Joshua findet seinen Style noch immer cool.

„Inzwischen kann ich damit umgehen, wenn die Titelseiten melden, dass ich einen neuen Haarschnitt habe."

David Beckham, ehemaliger Fußballspieler u. a. Manchester United[39]

Mein Friseur hat mir vor Jahren mal erzählt: „Ich muss gar nicht in die Zeitung schauen, wie Beckham gerade das Haar trägt. Ich sehe das immer an den Jungs, die zu mir in den Laden kommen, mir ganz genau erklären, wie sie die Haare haben wollen, und dann so aussehen wie er."

Gerade das Haar ist ja auch ein ständiges Thema. Unser Sohn investiert viel Zeit und Geld in die Haare – Föhn und Glätteisen gehören zum täglichen Equipment. Der monatliche Friseurbesuch ist ein Muss.

Zum Schreien sind bei Mannschaftsfahrten die Absprachen, wer sich mit wem das Zimmer teil, und wer den Föhn und wer das Glätteisen mitbringt. Ich finde, Fußballer kann man nicht nur an ihrem Gang, sondern auch an ihrer Frisur erkennen – an den Seiten kurz, das Deckhaar meist länger oder gerne auch zum Irokesen geschnitten. Bei dem einen oder anderen Mitspieler von Joshua wundere ich mich, wie er mit dem perfekt gestylten Haar einen Kopfball machen will.

Auch wenn ich das eher belustigend finde, ist das Ausprobieren und sich über Äußerlichkeiten zu positionieren Teil der Persönlichkeitsentwicklung. Mit der neuen Klamotte gefallen oder anecken, einen neuen Trend setzen oder sich vom Mainstream absetzen hilft seine Individualität zu finden und zu erkennen. Das beginnt bereits im Kindergartenalter, wenn die Mädchen und Jungen am liebsten jeden Tag die gerade aktuelle Lieblingsklamotte tragen wollen.

Ich bin glücklich, dass Joshua neben dem Nachwuchsspieler auch ein ganz normaler Junge ist, der eine Freundin hat, sich für Klamotten und Musik interessiert, gerne auf Reisen geht, und offen dem Leben begegnet. Denn das Leben ist mehr als nur Fußball spielen. Und ein Nachwuchsspieler muss auch immer gewappnet sein, dass er nicht an sein Ziel kommt – sei es durch Verletzung, durch fehlenden Willen oder Leistungen.

Und da schließt sich doch wunderbar der Kreis zu meinem Lieblingsthema – Schule! Ich wäre ja nicht ich und Mutter, wenn ich hier nicht wieder erwähnen würde, wie wichtig daher eine gute und ausreichende Schulausbildung ist.

Epilog
April 2015

Der Eishockeyverein HC Davos gewinnt zum 31. Mal die Schweizer Meisterschaft.
Der deutsche Schriftsteller und bildende Künstler Günter Grass stirbt mit 87 Jahren in Lübeck.
Joshua steht vor dem Wechsel in die A-Jugend.

Seit fast zehn Jahren spielt Joshua Fußball. Seit rund neun Monaten ist er frei von ernst zu nehmenden Verletzungen. Es gibt mal die eine oder andere Blessur, die aber nicht wie in der Vergangenheit zum Ausfall führt.

Das erste Freundschaftsspiel zu Beginn der Saison 2014/2015 ist mir gut in Erinnerung. Nach 14 Monaten steht er von Beginn an im Kader und soll zweimal 40 Minuten spielen. Die Spannung bei uns allen ist groß. Werden Muskeln und Sehnen die Belastung aushalten? Wird die Kondition ausreichen? Ist Joshua schon wieder so weit?

Nach der ersten Halbzeit wirkt er sehr erschöpft. Ich vermute, sein Trainer wird ihn auswechseln. In der Halbzeitpause kann er sich anscheinend gut erholen, denn sein Coach schickt ihn auch in die zweite Hälfte des Spiels. Er lässt ihn über seinen inneren Schweinehund gehen. Einerseits freue ich mich für unseren Sohn, dass er spielt. Andererseits leide ich mit ihm, wie er sich quält. Doch sieht er dadurch, wozu er in der Lage ist. Und Erfolg kommt bekanntlich nicht von allein.

Mit einem schweren Foul in der 72. Spielminute gegen das Schienbein gibt es nicht nur für Joshua, sondern auch für Markus, meinen Mann und mich am Spielfeldrand eine Schrecksekunde. Joshua liegt mit schmerzverzerrtem Gesicht auf dem Boden und hält sich das Bein. Der herbei eilende Physiotherapeut gibt aber schnell Entwarnung, und Joshua kickt weiter.

Außer einem blauen Fleck ist alles heil geblieben. Gut für seine Psyche (und die des Vaters): Er sieht, dass sein Körper mittlerweile eine gewisse „Stabilität" erhalten hat.

Auch andere kleinere Verletzungen, ein Tritt gegen die Kniescheibe, ein Pferdekuss auf den Oberschenkel, eine Prellung des Daumens, sind dank physiotherapeutischer Behandlung und zwei Tagen Trainingspause schnell vergessen.

Die durch Markus eingeleiteten Maßnahmen zeigen erste Erfolge. Es ist uns bewusst, dass wir privilegiert sind, über Markus auf ein so gutes Netzwerk zurückgreifen und Joshua somit eine gute Basis bieten zu können.

Aber er ist nicht der Einzige, der vom Verletzungspech verfolgt ist. Eine befreundete Familie, die wir aus der Fußballschule kennen und der wir noch immer freundschaftlich verbunden sind, musste ebenfalls schmerzlich erfahren, dass nur Eigeninitiative ihren

Sohn weiterbringt. Er laboriert seit fast zweieinhalb Jahren an der bereits zweiten Meniskusverletzung herum. Nach der ersten Operation und Reha haben die Eltern einen Trainer aus eigener Tasche bezahlt, der ihren Sohn nicht nur körperlich, sondern auch mental wieder aufgebaut hat. Der Verein hat sich darum nicht gekümmert. Der zweite Meniskusriss erfolgte aufgrund eines zu frühen Einsatzes durch einen hoch motivierten Trainer. Und wir wissen alle, ein lange verletzter Spieler ist „hungrig", der würde von sich aus nie sagen, dass es ein bisschen zu früh ist.

Die Nerven bei Spieler und Eltern liegen blank, der Unglaube über das Geschehene ist unfassbar groß und die wiederholte fehlende Unterstützung durch den Verein unverständlich. Gerade befindet er sich mit seinem Trainer wieder in der Aufbauphase, und wir hoffen alle, ihn bald auf dem Platz zu sehen.

Auch dieses Beispiel lässt erkennen, wie wichtig eine individuelle Betreuung ist. Gute Anlagen müssen gefordert, Defizite frühzeitig erkannt und unterstützt werden.

Im Fußball ist das Sportgerät unserer Töchter und Söhne ihr Körper. Da wir Menschen und keine Maschinen sind, ist nicht jeder Organismus identisch und funktioniert nicht täglich mit der gleichen Konstanz. Er unterliegt einem stetigen Auf und Ab, besonders in der Pubertät.

In anderen Sportarten, z. B. der Formel 1, wird nichts dem Zufall überlassen. Das Sportgerät – der Rennwagen – wird stetig gewartet, Fehler werden ausgelesen, es wird geschraubt und optimiert. Weshalb wird diese Achtsamkeit nicht auch auf den Körper von Nachwuchsfußballern gelegt?

Aus den Erfahrungen mit unserem Sohn geht mir das Individuum ein wenig verloren. Natürlich ist es schwer bei durchschnittlich 5000 Spielern in den Leistungszentren jeden Einzelnen im Blick zu haben. Jeder Körper befindet sich gerade in dem Alter in unterschiedlichen Entwicklungs- und Wachstumsphasen.

Es braucht kein „Milan Lab[40]", wie es AC Mailand für die Profis hat. Sie haben die modernste medizinische Abteilung Europas und wissen – für den Laien gesprochen – alles über ihre Spieler. In einem voll digitalisierten Labor werden Daten gesammelt und ausgewertet und z. B. Training auf und neben dem Platz, Ernährung und Regeneration auf die Bedürfnisse des Spielers individuell angepasst. So weit muss man nicht gehen.

In das Nachwuchsleistungszentrum habe ich nur begrenzt durch Joshua Einblick. Wie genau wer für was verantwortlich ist, welchen Hierarchien die Mitarbeiter unterliegen oder wie es sich von anderen Leistungszentren unterscheidet, kann ich nicht sagen. Von außen betrachtet, vergleiche ich das Nachwuchsleistungszentrum gerne mit einem Start-up-Unternehmen.

In solch einem Unternehmen wird alles getan, um eine Idee in die Tat umzusetzen. Das bestmögliche Team und Equipment wird eingekauft, damit das, was entstehen soll, das Licht der Welt erblicken kann. Auf diesem Weg weiß man nie, was alles passieren kann. Doch der Unternehmer versucht so viele Unwegsamkeiten, wie möglich, im Vorfeld auszuschließen. Der Investitionsplan ist bis ins Detail ausgetüftelt und auf die nächsten Jahre ausgerichtet. Wenn schon Geld investiert wird, dann wird es bestmöglich angelegt. Die ersten Jahre freut sich der Investor, wenn die roten Zahlen sich stetig hin zum schwarzen Bereich bewegen. In den meisten Fällen dauert das, und es braucht schon einen langen Atem.

Neben den regelmäßigen Lactat-, Sprung- und Sprinttests kann beispielsweise eine Blutuntersuchung im Rahmen der internistischen Untersuchung dem Spieler wie auch dem Verein Aufschluss darüber geben, ob Handlungsbedarf besteht. Durch gezielte Ausdauerarbeit kann das Verletzungsrisiko minimiert werden. Über Stärken-Schwächen-Training kann das Talent des Einzelnen weiter gefördert werden.

Maßnahmen, die den Verein zwar Geld kosten, ihn aber an sein Ziel führen, gesunde, leistungsfähige Talente hervorzubringen. Denn das kleine Pflänzchen soll ja irgendwann mal zu einem großen Baum – den Profis – werden und Gewinne abwerfen.

Aber vielleicht ist es auch die natürliche Auslese, die hier zugrunde gelegt wird? Nur der Starke setzt sich über den Schwächeren durch? Oder die – sicherlich berechtigte – Sorge des Vereins, die Spieler sagen mit 15 oder 16 Jahren dem Fußball „Adieu", da das Leben drum herum verlockender ist? Dann ist neben Herzblut auch Geld investiert, was sich später nicht wieder auszahlt.

Wird ein Jugendspieler Lizenzspieler, erhalten rückwirkend alle Vereine bis zur U13 eine Ausbildungsentschädigung. Bei weiteren Transfers gibt es einen prozentualen Anteil. Bereits in der Jugend rattert die Geldmaschine Fußball.

> „Ohne Holger wäre ich nie dahingekommen, wo ich jetzt bin, hätte eher aufgegeben."
>
> Dirk Nowitzki, Basketballspieler[41]

In der Sportwelt sind viele Sportler Ausnahmetalente, die individuell und ihren Bedürfnissen entsprechend gefördert wurden. So zeigt die Dokumentation über Dirk Nowitzki *Der perfekte Wurf*, dass die individuelle Arbeit genau das ist, was Nowitzki zu einem Ausnahmespieler hat werden lassen. In seinem Mentor, Trainer und Freund Holger Geschwindner hat er im Alter

> von 16 Jahren jemanden gefunden, der in ihm das Talent entdeckt und durch unkonventionelle Trainingsmethoden den Besten aus ihm gemacht hat. Bis heute, auf dem Zenit seines Erfolges angelangt und Millionen verdienend, feilen sie jeden Sommer zwei Monate an den Feinheiten.

Joshua hat sich gut an das Niveau seiner Mannschaftskollegen herangearbeitet. Natürlich gibt es noch immer Defizite wie beispielsweise seine Schnelligkeit und Ausdauer. Daran arbeitet er mit seinem Athletiktrainer. Wie alle anderen Spieler ist er weiterhin in der Ausbildung.

Er steht in allen Meisterschaftsspielen im Kader, wird aber nicht immer kontinuierlich gebracht. In der B-Jugend darf viermal ausgewechselt werden. Spielt er nicht von der ersten Minute, birgt das immer eine Ungewissheit. Sind seine Gedanken mehr mit den Fragen beschäftigt „Kriege ich meine Chance?" und „Wann werde ich eingewechselt?".

Mal spielt er fast die 80 Minuten, mal eine Halbzeit, mal zehn Minuten der zweiten Halbzeit, mal gar nicht. Ich leide mit ihm, wenn die letzte Auswechslung erfolgt ist und er sich untätig wieder umziehen kann. Da ist der Frust schon groß und ich kann ihn verstehen. Die Situation stellt ihn wenig zufrieden. Gerade nach seiner langen Verletzungsphase ist für ihn das Wichtigste, spielen zu können, Einsatzzeiten von der ersten Minute zu bekommen. Er kann noch so viel trainieren, aber wirkliche Erfahrungen kann ein Spieler nur im Spiel sammeln.

Im Sommer steht der Wechsel in die A-Jugend an. Unter den gegebenen Umständen stellt sich Joshua immer öfter die Frage, ob das Leistungszentrum noch das ist, was er möchte, wo er sich sieht. Er will weiter auf dem gleichen Niveau spielen, aber eben spielen und nicht jedes Mal nur hoffen, eingesetzt zu werden.

Im März 2015 erhielt er in einem Perspektivgespräch mit den Verantwortlichen des Leistungszentrums, Markus, meinem Mann und mir ein Vertragsangebot für die A-Jugend. Über Vertragsgespräche bewahrt man Stillschweigen und auch ich werde keine Interna ausplaudern. Nur so viel sei gesagt: Joshua will sich als Nachwuchsfußballer weiterentwickeln, sein Wunsch ist weiterhin die Jugend-Bundesliga, das aber in einem anderen Verein. Er entscheidet sich nach vielen Gesprächen mit uns und Markus, das Leistungszentrum zum Ende der Saison zu verlassen. Wir alle unterstützen das, denn noch immer gilt – Joshua gibt den Weg vor, es ist sein Sport.

Aktuell spielen in der Bundesliga 517 Profis. Wird er seinen Idolen Mats Hummels und Sergio Ramos irgendwann in den Profibereich folgen?

Laut Professor Sascha Schmidt von der EBS Universität für Wirtschaft und Recht in Oestrich-Winkel schaffen nur ca. fünf Prozent der Jugendfußballer den Sprung zum Profi. Gemessen an den vielen Nachwuchsspielern eine verschwindend geringe Zahl. Nicht nur das Talent ist wichtig, sondern der Wille, die Mentalität und die Bereitschaft sind von enormer Bedeutung. Zur richtigen Zeit am richtigen Ort mit dem richtigen Trainer zu sein, gibt aber den oft alles entscheidenden Ausschlag.

Die vergangenen Monate haben Joshua reifen lassen. Durch seine Verletzungen erlebte er Höhen und Tiefen, ging auch mal durch das Tal der Tränen. Er bewies einen starken Trainingswillen, immer wieder schnell in seine Mannschaft zurückzukehren, und übte sich in Geduld, bis er zum ersten Mal wieder ein Meisterschaftsspiel bestritt.

Immer öfter sucht er die Gespräche mit dem Trainerteam, wenn er Redebedarf hat. Er lässt sich nicht unterkriegen. Er hat den Fußball nicht nur von der Sonnenseite erlebt – gesund und spielend –, sondern kennt mittlerweile auch die Schattenseite – verletzt und für den Trainer nicht interessant.

„Du wirst nur groß, wenn du lernst, mit Niederlagen umzugehen."

Christian Bischoff, Motivationstrainer[42]

Christian Bischoff ist Motivationstrainer und Basketballcoach. Er war mit 16 Jahren der jüngste Basketball-Bundesligaspieler und mit 25 Jahren einer der jüngsten Bundesliga-Cheftrainer. In einem Interview[43] erklärt er, dass jeder Sportler, jede Mannschaft durch ein Tief gehen muss, um erfolgreich zu werden.

„(...) Es kann keinen Erfolg geben, wenn es keinen Misserfolg gibt. (...), dass wenn du irgendwann ganz oben bist, dann muss es irgendwann auch wieder bergab gehen. Es ist eine mentale Frage, dass Niederlagen notwendig sind, um richtig gut zu werden (...) Gerade in Situationen der Niederlage werden die Sinne geschärft und man lernt mehr daraus als aus einem Erfolg (...) Erfolg ohne Anstrengung, den gibt es nicht."

War Joshuas Seuchenjahr für ihn „sein" Tief, um sein Ziel Profi zu werden, deutlicher zu fokussieren? Joshua ist nicht nur in seiner fußballerischen Entwicklung auf einer Reise, sondern auch in seiner persönlichen. Er hat sein Ziel im Sport weiter kommen zu wollen, zu versuchen es bis zu den Profis zu schaffen, klar im Blick.

Vor allem Markus ist in dem Bereich sein Begleiter. Sie tauschen sich aus, diskutieren, streiten, nehmen sich gegenseitig ernst, vertrauen sich und machen gemeinsam die nächsten Schritte. Er hilft Joshua, sein Potenzial auszuschöpfen. Markus ist Joshuas Begleiter und Unterstützer. Ich bezeichne ihn ungern als Berater, für mich ist er sein Mentor.

Markus weiß, dass ein Spieler in der Jugend nicht nur eine fußballerische Ausbildung erfahren darf. Der Sprung in den Seniorenbereich ist nicht allein eine körperliche neue Herausforderung, da viel schneller und härter gespielt wird. Der Jugendspieler muss auch eine

Charakterbildung durchlaufen, die ihn festigt für das, was auf ihn zukommen wird. Bis zum Alter von 22 oder 23 Jahren steht die Ausbildung eines Fußballers im Vordergrund. Bis dahin ist eine gute Basis gelegt, auf der er sich unter seinem jeweiligen Trainer weiterentwickeln kann. Dann erst erfolgt die Vereinssuche unter finanziellen Aspekten.

Für Markus wie auch für uns steht ebenso die schulische Ausbildung noch immer im Mittelpunkt. Der Vereinswechsel muss daher zwingend zur Schule passen.

Neben der Entscheidung das Leistungszentrum zu verlassen, hat Joshua eine weitere Entscheidung getroffen. Er wird die Schule wechseln. In Absprache mit uns wird er ab dem kommenden Schuljahr auf ein Berufskolleg gehen, das Partnerschule im Verbund Sportbetonter Schulen ist sowie zur Eliteschule des Fußballs des Deutschen Fußball-Bundes gehört. Fußballer, Eishockeyspieler, Schwimmer, American Footballer und andere Leistungssportler absolvieren hier ihre duale Ausbildung – ihre schulische und sportliche.

Bei Joshuas Aufnahmegespräch mit der Sportkoordinatorin der Schule bringt sie ihm eine Wertschätzung seiner Leistungen entgegen, die er bisher so noch nicht erfahren hat. Das erste Mal, dass es nicht nur darum geht, dass die Schule im Vordergrund steht und der Sport noch „nebenher" laufen muss. Denke ich an das Gespräch zurück, bekomme ich noch heute Gänsehaut. Es hat mich unglaublich für Joshua gefreut, einmal Anerkennung von schulischer Seite zu bekommen. Ihn und mich überraschen die Gleichstellung und der Rahmen, der geschaffen ist, um beides erfolgreich zu bewerkstelligen.

Natürlich kann der Fußball nur so weit ausgelebt werden, wie die schulischen Leistungen nicht gefährdet sind. Doch sieht hier erstmalig der Stundenplan Frühtraining am Morgen vor und die letzte Stunde endet spätestens um 14 Uhr. Endlich mal Zeit, zwischen Schule und Training durchzuschnaufen und in Ruhe Mittag zu essen und Hausaufgaben zu erledigen.

Die Sportkoordinatorin und Lehrerin betreut zusammen mit einem Kollegen die Sportler. Sie stehen im engen Kontakt mit den Vereinen, besprechen sich bei Freistellungen, dem Verschieben von Klausurterminen, dem quartalsmäßigen Notenspiegel und nötiger Nachhilfe.

Da auch ich die Anstrengung, die Joshua momentan leistet, um seine bisherige Schule mit dem Nachwuchszentrum zu verbinden, nicht mehr erträglich finde, sind die Voraussetzungen des Berufskollegs Gründe für mich, meinen bisherigen Widerstand gegen die Vermengung von Schule und Fußball aufzugeben.

An dieser Schule kann er das Fachabitur machen. Ich „lasse los" und mein Mann, Joshua und ich einigen uns darauf, dass das der angestrebte Abschluss sein wird.

Vor anderthalb Jahren hatte ich darüber nachgedacht, was ich machen werde, wenn Joshua sich gegen mein Wunsch nach dem Abitur entscheiden wird. Jetzt ist es so weit. Aber es geht nicht mehr darum, was ich will. Es geht darum, was Joshua für sich möchte.

Ich habe in den letzten Monaten eine sehr persönliche und wichtige Erfahrung gemacht, die mich einiges im Leben hat relativieren lassen. Allem voran die ständige Diskussion mit Joshua über die Schule. Ich habe bereits die Verantwortung für seinen schulischen Werdegang in seine Hände gelegt, immer mit der nötigen Rückendeckung durch meinen Mann und mich, wenn nötig und gewünscht. Nun ist der Zeitpunkt gekommen, auch den letzten Schritt zu gehen – ihn in die Welt loszulassen.

Joshua hat den Realschulabschluss in der Tasche. Das Fachabitur ist ein erstrebenswerter Abschluss, Ausbildung oder Studium an einer Fachhochschule im Anschluss möglich. Was mir dabei aber am wichtigsten ist: Es scheint Joshuas Entscheidung zu sein, den Schulabschluss machen zu wollen. Ich benutze vorsichtig die Vokabel „scheint". Denn hin und wieder ertappe ich mich bei den Fragen: Hat er sich dafür entschieden, weil er mich nicht enttäuschen will? Weil er weiß, wie wichtig mir eine gute schulische Ausbildung ist?

Das Berufskolleg macht jedenfalls den Eindruck, dass Joshua dort die ideale Verbindung von Schule und Fußball finden und das ständige Aufreiben hoffentlich ein Ende haben wird.

Hört sich erst mal alles gut an. Aber auch ich habe aus den letzten Jahren gelernt und traue dem Ganzen erst, wenn auch die entsprechenden Taten folgen.

Mein Mann und ich wünschen uns für unseren Sohn, dass er in dem, was er macht weiterhin glücklich ist. Egal was passiert, wir werden ihn künftig auf seinem

Weg begleiten und das Regulativ zu seiner Fußballwelt sein. Wir als Familie sehen uns als seine „sichere Bank", die ihn unterstützt, den Rücken stärkt, mit ihm jubelt, aber auch traurig ist. Joshua schätzt und respektiert das, was wir leisten, und weiß wie viel Engagement sein Sport auch von uns fordert.

> *„Ich bewundere meine Schwester dafür, wie sie mit mir und meinem Fußball umgeht."*
>
> Joshua, Nachwuchsfußballer

Diese „Liebeserklärung" hat er vor einigen Tagen seiner Schwester gemacht, als Bekannte zum Essen bei uns waren und sie sich mit ihm über den Fußball unterhielten.

„Den größten Respekt habe ich vor meiner Schwester, dass sie das Leben um mich herum so mitmacht. Dreht es sich doch oft um mich und meine Belange (...) In den ganzen Jahren habe ich nie erlebt, dass sie eifersüchtig oder sauer auf mich war. Eher im Gegenteil (...) Sie interessiert sich für mich und meinen Sport."

Uns ist es wichtig, auch weiterhin Joshuas Werdegang mitzugestalten. Denn sollte schlussendlich die Entwicklung nicht die gewünschte Richtung einnehmen, können wir unseren Sohn auffangen, weil wir mit ihm den gemeinsamen Weg gegangen sind. Das ist auch der Grund, dass wir bisher nicht alle „Zügel" aus der Hand geben. Doch ist das nicht auf jeden Spieler und seine Familie übertragbar, sondern abhängig davon, was möglich und umsetzbar ist.

Egal welche Entscheidungen wir treffen, dürfen wir nicht vergessen, dass sich unsere Söhne und Töchter in den schönsten Jahren ihres Lebens befinden, in denen es gilt, neugierig und gespannt durch die Welt zu schauen. Neben allen Regeln und Verboten, Training und Spielen brauchen sie ab und zu ihre kleinen Freiheiten.

Wir dürfen sie nicht nur über ihren Sport definieren, sondern sollten sie vorrangig als pubertierende Heranwachsende sehen. Wie auch bei anderen Jugendlichen stehen nicht nur die Haare auf dem Kopf oft Sturm, sondern geht es auch darin mitunter wild zu, werden sie geleitet vom pubertären Größenwahn.

Wir Eltern sind Gesprächspartner und Ratgeber, haben immer ein offenes Ohr, wissen aber auch, wann es gut ist, einfach mal zu schweigen. Die Jungs brauchen einen Raum, in dem sie auch mal sie selbst sein können. Dann lässt sich der Druck unter dem sie zwangsläufig stehen, besser ertragen und wir wissen alle, dass ein bisschen „neue Impulse tanken" immer guttut.

Und ich sehe es so – ich mache unseren Sohn nicht dadurch zum Profi, indem ich alles nur noch nach der Fußballwelt ausrichte. Ein Sprichwort aus Sambia sagt: „Das Gras wächst nicht schneller, wenn man daran zieht." Eine Lebensweisheit, die ich gerade für den Fußball sehr passend finde.

Ich blicke in diesem Buch auf die fußballerische Entwicklung unseres Sohnes bis zum Ende der B-Jugend zurück. Das Buch lasse ich ganz bewusst hier enden. Ich habe in diesen zehn Jahren grundlegende Erfahrungen gemacht, die einen, so glaube ich, guten Einblick in die Welt des Jugendfußballs geben. Sicherlich haben wir nicht alles, doch sehr vieles davon kennenlernen dürfen, was im Leben eines Nachwuchsfußballers und seiner Familie passieren kann. Mir hat beim Schreiben geholfen, dass ich dieses Jahrzehnt mit einem gewissen zeitlichen Abstand betrachten konnte, um die Dinge zu erkennen und nicht nur meine Emotionen zu beschreiben.

Bei Veröffentlichung des Buches wird Joshua längst volljährig sein, vermutlich die A-Jugend beendet haben und es wird sich zeigen, ob ihm der Sprung zu den Senioren (lässt mich immer schmunzeln in dem Alter von Senioren zu sprechen) glücken wird – wenn er dem Fußball treu bleibt. Und wer weiß, vielleicht beginnt damit ein neues Kapitel, das noch geschrieben wird.

Meine naive Haltung, Fußball sei für Joshua nur ein temporäres Hobby, habe ich abgelegt. Ich bin mit den Jahren reflektierter und aufgeklärter geworden. Vor allem sehe ich Joshuas Ernsthaftigkeit und Leidenschaft, seinen Willen. Es ist für mich daher selbstverständlich, ihn zu seinem Ziel zu begleiten. Aber in dem Maße, das **ich** für den Fußball aufbringen kann. Er hat es bis hierhin geschafft, nun soll er auch schauen dürfen, wie weit er kommt. Dennoch muss Joshua für mich noch immer kein Profi werden.

Ich bin ernsthafter, aber nicht verkrampfter dem Fußball gegenüber geworden. Das Fußballvirus hat mich zwar auch infiziert, aber bei mir ist es eher die leichte Form, die mithilfe homöopathischer Mittel behandelt werden kann.

Ich liebe das multi-kulturelle Miteinander auf und neben dem Platz und kann mich mittlerweile an Fußballspielen erfreuen. Sogar den letzten DFB-Pokal habe ich mit Freunden in der Kneipe geschaut. Dass ich so etwas einmal schreiben würde ...

Sehe ich Joshua auf dem Platz, werde ich immer ein wenig sentimental. Empfinde das Glück, dass er in seinem Leben etwas gefunden hat, was ihn bis in die kleinste Faser seines Körpers ausfüllt. Und Stolz, dass dieser Kerl, der mich um einen Kopf überragt, aber immer noch mein Sohn ist und bleibt, sich nicht von seinem Weg abbringen lässt – egal welche Widrigkeiten ihm bisher begegnet sind. Ich bin auf ihn ebenso stolz wie auf Grace, und das ist bei beiden unabhängig davon, was sie machen werden.

Danksagung

Danke an René, dass Du mich ermutigt hast, dieses Buch zu schreiben, und an mich glaubst. Danke an Joshua, dass ich unsere Geschichte erzählen durfte. Danke an Grace für Deine Geduld in all den Jahren. Danke an Bea für unseren beständigen Austausch und den liebevollen Blick von außen. Danke an Stefan, dass Du mich auf meinen ersten Schritten in die Autorenwelt an die Hand genommen hast. Danke an meine Lektorin Barbara für Dein Verständnis und die lebhafte Zusammenarbeit. Danke an Babse für die tolle Covergestaltung, die vom ersten Moment auf den Punkt war. Danke an Karin für Deine Hilfe bei der Titelfindung. Danke an Markus für unsere zahlreichen Fachgespräche. Danke an meine Freunde Janna, Frank, Ela und Asita für Eure Unterstützung und Begeisterung.

Nachweise

Letzter Abruf der Links: 20.7.2017

[1] http://zitate.woxikon.de/fussball

[2] Josef Kelnberger: Mein Sohn, der Fußball und ich. Piper Verlag 2010, S. 88 ff.

[3] „Brutal ärgerlich", www.faz.net/aktuell/sport/fussball/bundesliga/kramer-schiesst-das-eigentor-des-jahres-13258164.html, 10.11.2014

[4] Homepage FairPlayLiga, www.fairplayliga.de

[5] Markus Grill: Blockwart. DER SPIEGEL, 44/2014, S. 69

[6] Christian Oeynhausen: Viele Profis haben keinen Plan B. Kölner Stadt-Anzeiger, 9.9.2014, S. 16

[7] Beate Weisbarth, Christoph Henkel: Karriereziel Fußballprofi. VS Verlag, 2011, S. 87

[8] Christiane Mitatselis: Nur Fußball ist mir zu langweilig. Kölner Stadt-Anzeiger, 29./30.8.2015, S. 18

[9] Heribert Gläser, Dr. rer. Nat. Thomas Henke: Sportunfälle – Häufigkeit, Kosten, Prävention. www.budoten.org/wp-content/uploads/2010/09/arag-sportunfaelle.pdf

[10] Stefan Schnürle: Mark Verstegen im Interview: Mythen und Infos zum Dehnen. www.netzathleten.de/fitness/fit-mit-den-stars/item/3778-mark-verstegen-im-interview-mythen-und-infos-zum-dehnen, 20.9.2013

[11] Talentförderprogramm, https://www.dfb.de/sportl-strukturen/talentfoerderung/talentfoerderprogramm/

[12] Hanns-Bruno Kammertöns, Moritz Müller-Wirth: So will ich es haben. ZEITmagazin No. 23/201231, Mai 2012

[13] Jörg Runde, Thomas Tamberg: Traumberuf Fußballprofi – der harte Weg vom Bolzplatz in die Bundesliga. WILEY-VCH Verlag 2014, S. 158

[14] Kölner Stadt-Anzeiger, 30.7.2015, S. 35

[15] Jörg Runde, Thomas Tamberg: Traumberuf Fußballprofi – der harte Weg vom Bolzplatz in die Bundesliga. WILEY-VCH Verlag 2014, S. 29 ff.

[16] Jörg Runde, Thomas Tamberg: Traumberuf Fußballprofi – der harte Weg vom Bolzplatz in die Bundesliga, WILEY-VCH Verlag 2014, S. 87

[17] Marti Perarnau: Herr Guardiola. Verlag Antje Kunstmann 2014, S. 409 f.

[18] Jörg Runde, Thomas Tamberg: Traumberuf Fußballprofi – der harte Weg vom Bolzplatz in die Bundesliga, WILEY-VCH Verlag 2014, S. 35 ff.

[19] Ron Ulrich. Wo renn' ich denn da rum? 11 Freunde #154, September 2014, S. 29

[20] Timo Heinze: Nachspielzeit – Eine unvollendete Fußballkarriere. Rowohlt Taschenbuch Verlag 2012, S. 95 ff.

[21] Michael Horeni: Trainer sind zu wenig geschult. www.faz.net/aktuell/sport/fussball/hsv-direktor-sport-bernhard-peters-ueber-nachwuchsarbeit-13410035.html, 25.3.2105

[22] Philipp Lahm, Christian Seiler: Der feine Unterschied. Verlag Antje Kunstmann 2011, S. 56

[23] Michael Rosentritt: Sebastian Deisler – Zurück ins Leben. Die Geschichte eines Fußballspielers. Knaur Taschenbuch 2010, S. 178 ff.

[24] Jörg Runde, Thomas Tamberg: Traumberuf Fußballprofi – der harte Weg vom Bolzplatz in die Bundesliga. WILEY-VCH Verlag 2014, S. 160

[25] Marti Perarnau: Herr Guardiola. Verlag Antje Kunstmann 2014, S. 70

[26] Marti Perarnau: Herr Guardiola. Verlag Antje Kunstmann 2014, S. 398

[27] Hanns-Bruno Kammertöns, Moritz Müller-Wirth: So will ich es haben. ZEITmagazin No. 23/201231, Mai 2012

[28] Moritz Rinke (Hrsg.), Tim Dinter: Man muss ein Spiel auch lesen können. Ein schwarzgelbes Jahr. Blumenbar Buchverlag 2015, S. 198 ff.

[29] Till-R. Stoldt: Franziska van Almsick zieht es wieder auf die Schulbank.
www.welt.de/vermischtes/prominente/article108292489/Franziska-von-Almsick-zieht-es-auf-die-Schulbank.html, 15.7.2012

[30] Jörg Runde, Thomas Tamberg: Traumberuf Fußballprofi – der harte Weg vom Bolzplatz in die Bundesliga. WILEY-VCH Verlag 2014, S. 74

[31] Sebastian Moll: Ein Weltstar auf der Suche nach sich selbst. Kölner Stadt-Anzeiger, 7.10.2014, S. 2

[32] Lars Werner: Jetzt reicht es auch mal. Kölner Stadt-Anzeiger, 18./19.3.2017, S. 8

[33] Christoph Biermann: Ist es besser, ein großer Fisch im kleinen Teich oder ein kleiner Fisch im großen Teich zu sein, Herr Stöger? 11 Freunde #155, Oktober 2014, S. 41

[34] Christoph Biermann: Ist es besser, ein großer Fisch im kleinen Teich oder ein kleiner Fisch im großen Teich zu sein, Herr Stöger? 11 Freunde #155, Oktober 2014, S. 41

[35] dpa: Di Matteo führt Facebook-Regeln ein. Kölner Stadt-Anzeiger, 6.1.2015, S. 10

[36] Christoph Ruf: Schwacher Abgang einer Diva. www.spiegel.de/sport/fussball/kuranyi-rauswurf-schwacher-abgang-einer-diva-a-583664.html, 12.10.2008

[37] Die schönsten Sprüche von und über den Fußballer. www.sueddeutsche.de/sport/george-best-die-schoensten-sprueche-von-und-ueber-den-fussballer-1.885745, 19.5.2010

[38] Jörg Runde, Thomas Tamberg: Traumberuf Fußballprofi – der harte Weg vom Bolzplatz in die Bundesliga. WILEY-VCH Verlag 2014, S. 122

[39] Simone Werle: David Beckham – der Schönling. www.focus.de/kultur/mode/maennermode/tid-20215/traummaenner-david-beckham-der-schoenling_aid_564762.html

[40] Christoph Biermann: Im Geheimlabor des Fußballs. DER SPIEGEL 14/2007, S. 138 ff.

[41] Sebastian Dehnhardt: Nowitzki. Der perfekte Wurf. DVD, 2014

[42] Konstantin Muffert: Du wirst nur groß, wenn Du lernst, mit Niederlagen umzugehen. SPORTSFREUND, 12/2014, S. 50

[43] Konstantin Muffert: Du wirst nur groß, wenn Du lernst, mit Niederlagen umzugehen. SPORTSFREUND, 12/2014, S. 50

[44] IHK Frauen-Business-Tag Köln 2015

Zeitfracht Medien GmbH
Ferdinand-Jühlke-Straße 7
99095 Erfurt, Deutschland
produktsicherheit@kolibri360.de